DADO VILLA-LOBOS
memórias de um legionário

DADO VILLA-LOBOS
memórias de um legionário

dado villa-lobos | felipe demier | romulo mattos

*m*auad X

para

Fernanda, Nicolau e **Miranda**

copyright © by
Eduardo Dutra Villa-Lobos, Felipe Abranches Demier e Romulo Costa Mattos, 2015

direitos desta edição reservados à
MAUAD Editora Ltda.
Rua Joaquim Silva, 98, 5º andar
Lapa | Rio de Janeiro, RJ | CEP 20241-110
tel. (21) 3479-7422 | fax (21) 3479-7400
www.mauad.com.br

capa e projeto gráfico **Fernanda Villa-Lobos**
fotos **arquivo pessoal**
foto da quarta capa **Maira Cassel**
editoração **Raphael Botelho de Moura**
transcrição das entrevistas **Maria Cristina Martins**
preparação de originais **Leandro Salgueirinho**
revisão de língua portuguesa **José Augusto Carvalho**
coordenação editorial **Maria Cristina D. Portela**

CIP-BRASIL. CATALOGAÇÃO NA FONTE
SINDICATO NACIONAL DOS EDITORES DE LIVROS, RJ

V759d

Villa-Lobos, Dado, 1965-
Dado Villa-Lobos: memórias de um legionário / Dado Villa-Lobos, Felipe Abranches Demier, Romulo Costa Mattos. - 2. ed. - Rio de Janeiro : Mauad X, 2015.
256 p. ; 23 cm.
ISBN 978.85.7478.685-8
1. **Villa-Lobos, Dado**, 1965-. 2. Cantores - Brasil - Biografia. 3. Legião Urbana (Conjunto musical). 4. Rock - Brasil - História. 5. Música e história - Brasil.
I. **Demier, Felipe Abranches**. II. **Mattos, Romulo Costa**. III. Título.

14-15807

CDD: 927.845
CDU: 929:821.134.3(81)

Este livro foi produzido no outono de 2015, no Rio de Janeiro, pela Mauad X. Foi utilizada a família de fontes Kozuka Mincho e Kozuka Gothic.

sumário

apresentação	Este é o livro de nossos dias,	**09**
introdução	Se fosse só sentir saudade,	**11**
I	Lembranças e histórias,	**15**
II	Será que vamos conseguir vencer?,	**47**
III	Mas agora chegou nossa vez,	**69**
IV	Nas favelas, coberturas, quase todos os lugares,	**85**
V	As antenas de TV tocam música urbana,	**107**
VI	Um retrato do país,	**121**
VII	E o resto é imperfeito,	**151**
VIII	O mundo anda tão complicado,	**179**
IX	Quando a esperança está dispersa,	**203**
X	Os nossos dias serão para sempre,	**227**

meus agradecimentos,

mais do que especiais, a
Renato, Bonfá, Hermano, Herbert, Bi, João, Zé, Maurício V.,
Fernanda, Jorge D., Mayrton e Rafa

aos que me ajudaram a seguir em frente
Fausto, Laufer, Nenung, Paula T., Toni P., Sérgio, Victor,
Tambellini, Zé Henrique e Mini

pelo incentivo de me fazer reviver e repassar esta história adiante
Felipe, Romulo e Elio

apresentação

ESTE É O LIVRO DE NOSSOS DIAS

Sempre me interessei por História e suas várias narrativas acerca das transformações humanas no tempo e no espaço, porém jamais havia imaginado contar minha própria história de vida – que se encontra, em grande parte, ligada à da música brasileira do período recente.

No entanto, de um tempo para cá, decidi narrá-la, e essa decisão se deu no lugar onde se é mais brasileiro: dentro das quatro linhas, no campo de futebol da pelada que eu jogo, às terças-feiras à tarde, na rua ao lado do meu estúdio. Lá encontrei Felipe Demier, jogador habilidoso, canhoto e polêmico. Em uma jogada truncada, dividimos uma bola que saiu pela linha lateral, e eu reivindiquei o arremesso a meu favor. Para a minha surpresa, Felipe imediatamente aceitou: "*Dois, Que país é este, As quatro estações...* é claro que a bola é sua, não tenho como negar!", disse ele, declarando-se um grande admirador da minha banda.

Voltamos a nos encontrar às terças, e, entre conversas sobre o Vasco, seu clube de coração, ele sugeriu que eu escrevesse minhas memórias. Por coincidência, eu havia acabado de ler *Life*, a autobiografia do Keith Richards. Respondi-lhe que não teria tempo nem disposição para relembrar e redigir minha história de quase 50 anos de vida. "Não sou escritor", disse-lhe eu. Historiador, militante trotskista e interessado na minha trajetória na Legião, Felipe insistiu na ideia. Sugeriu que fizéssemos o livro a seis mãos: eu, ele e o seu amigo Romulo Mattos, o Rominho, também historiador, professor da PUC-Rio, amante e profundo estudioso do rock mundial e da música brasileira. Depois de um tempo, concordei, levando em conta o complicado momento pelo qual estão passando aqueles que *verdadeiramente* participaram da história da Legião Urbana. Estabelecer a verdade sobre aquela parte das nossas vidas, sobre aqueles intensos dias, é fundamental para mostrar quem fomos, o que somos e, assim, nos ajudar a saber o que seremos.

Passamos os meses finais de 2012 e o ano de 2013 registrando meus depoimentos, minhas lembranças e histórias em um gravador digital, ao longo de inúmeras sessões na casa do Felipe. Foram noites às vezes exaustivas e também divertidas, verdadeiras sessões terapêuticas de quase regressão, onde o passado nem tão distante vem avassalador como antídoto ao efeito anestésico do tempo. Transcritas horas e horas de conversas, foram surgindo os capítulos, revisados e reescritos por nós três, e que contaram, ainda, com uma cuidadosa pesquisa histórica do Rominho nas fontes de imprensa e no acervo da banda, organizado pela Fernanda, minha mulher. Foi assim que surgiu esta história que se apresenta adiante, a minha História.

Dado Villa-Lobos, março de 2015

introdução

SE FOSSE SÓ SENTIR SAUDADE

Onze de outubro de 1996, 2h15 da madrugada. Toca o telefone na minha cabeceira. Do outro lado da linha, o doutor Saul me dava a notícia que, infelizmente, eu já esperava: o Renato estava morto. Atordoado, desliguei o telefone, acordei Fernanda e liguei pro Rafael, empresário da banda e grande amigo. Eu e ele chegamos às 5h na casa do Renato, na Rua Nascimento Silva, em Ipanema. Lá estava Seu Renato, quieto e resignado, talvez aliviado com o fim do sofrimento do filho. Abraçamo-nos, e ele narrou rapidamente os últimos momentos daquele drama. Logo apareceu um tio do Renato que, sereno e disposto a conversar, nos sugeriu tomar o café da manhã fora de casa.

Na Chaika, tradicional confeitaria do bairro, a conversa com o tio do Renato, acompanhada por um pão na chapa e um café, ajudou a confortar a mim e ao Rafael. Ouvimos atentamente os seus relatos sobre a infância do nosso amigo, na Ilha do Governador. Recordações da Rua Maraú, do Jardim Guanabara, do colégio Olavo Bilac, e da tia Edilamar e da tia Esperança. Lembro-me especialmente de uma história que ele nos contou, que mostrava o quanto Renato, aos 10 anos, já se interessava pelo universo do pop/rock. Certo dia, Renato lhe pedira insistentemente o primeiro disco do Elton John, de 1970. Sem conhecimento básico do gênero, e incorrendo em uma confusão fonética, seu tio voltou da loja com um LP do Tom Jones, mais famoso na época, porém totalmente distante dos interesses musicais do sobrinho – que reagiu com um sonoro "nãooooo!", e ficou inegavelmente frustrado com o mal-entendido. Essas lembranças leves e curiosas nos distraíram naquele momento.

De volta ao apartamento, encontramos Seu Renato ao telefone, já cercado por alguns familiares recém-chegados. Mari Stockler, diretora e amiga, me ligou querendo notícias, e eu respondi secamente que o Renato tinha morrido. Aquela breve distração do café da manhã deu lugar à preocupação quanto às tarefas que tínhamos pela frente: a insuportável burocracia em torno da cremação e do contato com a imprensa, que já se aglomerava em frente ao prédio. O telefone não parava de tocar na minha casa, e a Fernanda despistava os jornalistas dizendo que não sabia de nada, e que eu tinha saído para jogar futebol. Publicamos uma nota de falecimento: "Renato Russo faleceu à 1h15, do dia 11 de outubro de 1996, em decorrência de problemas infecciosos pulmonares. Seu corpo será cremado conforme o seu desejo, assim como, também a seu pedido, não haverá cerimônia de velório. A Legião Urbana, consternada, agradece desde já todas as manifestações de carinho. Dado Villa-Lobos, Marcelo Bonfá e Rafael Borges." Os amigos mais próximos foram chegando – Bonfá, Ana Paula, Maurício Branco, Luís Fernando Borges e Cíntia, entre outros –, e, aos poucos, fomo-nos juntando na biblioteca do Renato. Ali ficamos consultando os seus livros e manuscritos, e também ouvindo alguns discos da sua vasta coleção. Um de nós encontrou uma pedra de maconha prensada na gaveta da escrivaninha, que devia estar lá havia muito tempo, e fizemos bom uso dela.

Por volta do meio-dia, começaram a aparecer os parentes do Renato vindos de Brasília e, inclusive, sua mãe, Dona Carminha. Com a chegada da funerária, seguimos para o crematório do Caju, no final da tarde. No engarrafamento, pude notar que dentro de alguns carros as pessoas manuseavam e escutavam o recém-lançado *A tempestade*. Assediado pela imprensa, o doutor Saul não parava de falar ao telefone dentro do nosso carro, o que foi me irritando profundamente. "Chega! Desliga essa porra!", esbravejei a certa altura.

Chegando ao Caju, deparei com uma multidão de fãs. Uns choravam copiosamente, outros cantavam nossas músicas. Muitos faziam as duas coisas ao mesmo tempo. Alguns traziam flores e violões, e o clima era de forte comoção. Lá encontrei muitos amigos próximos, inclusive o Dinho, que chegara de São Paulo. Depois da cerimônia, eu e Fernanda fomos para nossa casa, acompanhados do Hermano Vianna e do próprio Dinho, entre outros. Lá assistimos ao *Jornal Nacional*, praticamente todo dedicado ao Renato. Anos depois, ouvi dizer que, antes de o programa ir ao ar, Lilian Witte Fibe perguntou ao William Bonner se a morte do Renato mereceria mesmo todo aquele destaque. Respondendo de forma afirmativa, Bonner ameaçou cantar a letra inteira de "Faroeste caboclo", explicitando, de um modo inesperado, a importância do Renato e da Legião para a cultura popular brasileira.

Uma vez terminada aquela edição do *Jornal Nacional*, histórica para o rock brasileiro, eu, Fernanda, nossos filhos e alguns amigos pegamos a estrada, rumo a minha casa em Mangaratiba. Inconsolado, não parei de chorar durante o caminho. Terminava assim aquele que foi talvez o dia mais triste da minha vida. O Renato havia partido, e a banda de rock mais popular do País automaticamente se desfazia. Como eu cheguei até a Legião Urbana, a sua história e alguns de seus curiosos casos são o que pretendo narrar nas páginas seguintes.

1965 com Tavo, minha mãe (Lucy) e Bebel, em Bruxelas, Bélgica
1968 com meu pai, Jayme, em Skiathos, Grécia

I
LEMBRANÇAS E HISTÓRIAS

O ano de 1965 foi especial para o rock. Com "Like a rolling stone", Bob Dylan contribuiu para a sofisticação poética desse estilo e desafiou as regras do mercado ao gravar uma música com seis minutos de duração. Já os Rolling Stones entraram para a linha de frente do rock com "Satisfaction", canção que aborda a alienação consumista e o tédio decorrente de uma carreira pontuada por excursões internacionais e plateias histéricas. Também em 1965, os Beatles ajudaram a definir o conteúdo visionário de tal ritmo com o disco *Rubber soul*. A popularidade inigualável da banda foi confirmada no dia 15 de agosto, em um show realizado no Shea Stadium, de Nova York, para 55.600 pessoas. O público recorde dessa noite consolidou o rock como uma marca fundamental da juventude.

Orgulhosamente, posso dizer que vim ao mundo nesse ano em que o rock atingiu a maturidade artística e, mais especificamente, no mês em que "Like a rolling stone" foi gravada e "Satisfaction" foi lançada. Nasci a 29 de junho de 1965, na cidade de Bruxelas, Bélgica. O meu gosto pela música, assim como pela cultura em geral, deve-se muito aos meus pais, Jayme Villa-Lobos e Lucy Dutra. Formado em Direito, meu pai, aos vinte e poucos anos, completou o curso para diplomata do Instituto Rio Branco. Criado na Rua do Santana, no centro do Rio de Janeiro, ele sempre foi decidido, focado e, sobretudo, um amante das artes. Levou a sério os seus estudos de piano clássico com professores particulares, na década de 1950, antes de deixar o País por exigência da carreira diplomática.

Nascida em Juiz de Fora (MG), minha mãe aprimorou os seus dotes artísticos na Escola de Belas Artes da então Universidade do Brasil (atual Universidade Federal do Rio de Janeiro, UFRJ). Ela participou de uma exposição coletiva ainda bem jovem, em 1955, no Salão Nacional de Belas Artes. A sua primeira exposição individual ocorreu em 1969, na Galeria Moretti, em Montevidéu, Uruguai. Também cedo se casou com o meu pai e dessa união nasceram, ainda no Brasil, os meus irmãos Luiz Octávio e Isabel. Em 1963, o casal partiu com os filhos pequenos para Bruxelas, o primeiro posto diplomático do meu pai. Ainda que eu não tenha recordações do meu primeiro ano de vida na capital belga, os relatos familiares são de que, todas as noites, o meu pai tocava no seu piano Steinway (sonho de consumo de todo pianista) um repertório de clássicos que incluía Chopin, Bach e Beethoven – prática essa que ele mantém até hoje. Os meus pais contam ainda que a casa da família hospedou por um longo período dois jovens pianistas que se tornariam internacionalmente conhecidos: o brasileiro Nelson Freire e a argentina Martha Argerich, cuja pequena filha Lyda Chen (hoje violinista) chegou a morar conosco. Ela completava o quarteto de crianças daquela espécie de república sul-americana em Bruxelas.

Por volta de 1966, o meu pai foi transferido para Belgrado, na antiga Iugoslávia do Marechal Tito, e o meu avô materno, Luiz Dutra, juntou-se a nós. Tenho lembranças esparsas dessa época, como a presença do meu avô, a temperatura baixa, a neve que caía e a cerejeira do jardim de minha casa. Quando eu ainda estava com 3 anos de idade, meu pai foi transferido para Montevidéu. A minha memória afetiva dessa cidade é significativa. Nela aprendi a andar de bicicleta, o que faço até hoje por questões de lazer e saúde. Aos 4 anos de idade, conheci o Bi Ribeiro, futuro baixista d'Os Paralamas do Sucesso, que devia ter seus 8 anos. O seu pai, Jorge Carlos Ribeiro, também era diplomata. Nossas famílias eram muito amigas, e as crianças brincavam juntas.

Vivemos conjuntamente o clima de tensão decorrente do sequestro dos cônsules americano e brasileiro (Dan Mitrione e Aloysio Dias Gomide, respectivamente) pelos Tupamaros. Esses guerrilheiros lutavam contra o regime político uruguaio, então apoiado pelo governo do Brasil, ditatorial, e dos Estados Unidos, que promovia golpes militares na América Latina cinicamente em nome da democracia. Logo após o incidente, abordado no filme de Costa Gavras intitulado *Estado de sítio* (1972), apareceram policiais nas casas dos diplomatas brasileiros lotados no Uruguai. Tivemos que sair temporariamente do país em um avião da Força Aérea Brasileira (FAB) e fomos para Belo Horizonte (MG), onde tínhamos familiares. Um mês depois regressamos a Montevidéu.

As minhas recordações dessa temporada uruguaia estão fortemente ligadas ao meu avô Luiz, dono de um gravador cinza retangular, da marca Phillips, com um alto-falante de alumínio, incrível. Ele colocava várias músicas ali e costumava registrar a fala e o canto dos netos. Por meio desse gravador, conheci o álbum branco do Caetano Veloso, de 1969, que tem "Irene". E ouvi bastante "La pinta es lo de menos", sucesso de Juan y Juan sobre um *gordito simpaticón*. Essas são as minhas primeiras referências musicais, além do piano do meu pai, é claro.

Fumante inveterado, o meu avô morreu do coração ainda em Montevidéu, para a imensa tristeza da família. Eu e os meus irmãos conversávamos geralmente em castelhano, embora o português continuasse a ter lugar lá em casa. Só me tornei fluente na língua portuguesa depois que o meu pai foi transferido para Brasília (DF), em 1971. Com 6 anos de idade, eu finalmente cheguei ao Brasil para morar. O meu primeiro contato com Brasília foi um choque. Acostumado ao traçado das cidades tradicionais, fiquei surpreso com a arquitetura e o planejamento urbano modernistas da capital federal. No plano piloto de Brasília, avenidas substituem ruas e o espaço é setorizado, ou seja, cada setor deve corresponder a uma respectiva função (embora ultimamente ocorra cada vez mais mistura de atividades nos setores projetados). Eu me perguntava como seria a vida ali, e o que teria para fazer em uma cidade estranha como aquela. Tinha a impressão de Brasília como um lugar inacabado, ainda em formação, e essa avaliação fazia sentido. Afinal, eu tinha 6 anos, e a cidade, 11: éramos quase da mesma idade.

Fui alfabetizado em uma instituição pública bem bacana, chamada Escola Parque, perto da quadra 104 Sul, onde eu morava. Ali viviam famílias de diplomatas, de militares de alta patente e de funcionários especializados do Banco do Brasil. Por volta dos 8 anos, retomei o contato com o Bi, cuja família morava em um bloco próximo ao meu. Ele estava com seus 12 anos e já conhecia o Herbert Vianna, que também residia naquela quadra. Mais ou menos uns seis anos depois, eles formariam Os Paralamas, a primeira banda formada por amigos meus a se tornar famosa.

Eu estava descobrindo a cidade aos poucos. Andava de skate e esbarrava na quadra com uns caras mais velhos, próximos dos 20 anos. Eram cabeludos, hippies e tocavam rock progressivo. Nessa época, tinha muita obra em andamento ou abandonada, que as crianças invadiam com skates e carrinhos de rolimã. Também utilizávamos essas construções inacabadas para brincar de polícia e ladrão e, é claro, jogar futebol. Batíamos pelada em terreno baldio: nos dias de chuva, tudo ficava alagado e tomávamos banhos de lama.

O Brasil havia sido campeão da Copa do Mundo de 1970, no México, e, nos anos imediatamente seguintes, o futebol foi intensamente utilizado como instrumento de propaganda da ditadura militar. Era o auge do milagre econômico e também da repressão política. Certo dia, uma professora pela qual eu era apaixonado disse que o presidente visitaria a escola. Ele tinha um nome estranhíssimo, com uma sonoridade diferente – Gar-ras-ta-zu Mé-di-ci – e era tratado como um grande homem, um super-herói, o chefe incontestado da nação. Mas o curioso é que eu não tive vontade de vê-lo; acho que fugi na hora em que o Médici apareceu no colégio. Os meus pais não costumavam abordar o tema da ditadura em nossa casa, que, aliás, era frequentada por um bando de malucos. Maconheiros e gays eram visitas habituais. Uma turma certamente malvista pelos militares, para os quais os comportamentos alternativos seriam uma forma privilegiada de penetração dos valores comunistas, subversivos. Havia a presença constante de artistas, como o Hugo Rodas, que minha mãe tinha conhecido no Uruguai e hoje é diretor de teatro em Brasília.

Tratava-se de uma casa muito musical. O meu pai continuava a tocar o seu piano clássico, mas a música popular aparecia por meio dos discos da Gal Costa, do Chico Buarque, do Caetano e do Gilberto Gil. Em 1972, esses dois últimos estavam voltando do exílio, e, no ano seguinte, saiu o primeiro disco dos Secos & Molhados, que eu ouvi sem parar. Era uma sonoridade especial, meio rock, meio MPB. O visual demonstrava atitude: na capa, havia quatro cabeças em cima de uma mesa, sendo oferecidas em um banquete. O Ney Matogrosso, com a sua voz feminina e o rosto fortemente maquiado, como se a maquiagem fosse uma máscara, sintetizava a sensação de estranhamento despertada em mim pelo álbum.

Esse não foi o primeiro disco que me deixou entusiasmado. Pouco antes, eu tinha escutado dois álbuns duplos com os maiores sucessos dos Beatles, um de capa vermelha (com músicas de 1962 a 1966) e outro de capa azul (de 1967 a 1970). Essas coletâneas foram lançadas em 1973, no mesmo ano do LP dos Secos & Molhados, mas, sabe-se lá por quê, esse caiu na minha mão mais tarde. Por coincidência, na mesma época, passava na televisão o filme *A hard day's night*, de 1964, dirigido por Richard Lester e protagonizado pelo quarteto de Liverpool. Eu ouvia canções como "Can't buy me love" e ficava em frente ao espelho com uma raquete de tênis pendurada no pescoço, imaginando tocar guitarra como o John Lennon.

No Brasil, o filme estrelado pelos Beatles se chamou *Os reis do iê, iê, iê*, em alusão ao fenômeno da Jovem Guarda, que eu não cheguei a ouvir. Mas me recordo bem do Roberto Carlos cantando "Jesus Cristo", sucesso do seu disco de 1970, que se tornou a canção de encerramento dos seus shows. Recentemente, eu o ouvi em uma casa de espetáculos do Rio, e a Fernanda, minha mulher, pegou uma rosa jogada por ele, enquanto aquela música era tocada. O repertório do Roberto rolava direto nas rádios, e ele foi uma presença forte, principalmente, devido a composições como "Debaixo dos caracóis dos seus cabelos", de 1971, feita em homenagem ao Caetano, que estava no exílio.

Eu me interessava cada vez mais pela música popular, mas também pelo futebol. A Copa de 1974, na então Alemanha Ocidental, foi a primeira a que eu assisti em cores, pela televisão. Eu me lembro nitidamente da derrota do Brasil pelo placar de 2 a 0 para a Holanda de Cruyff e Neeskens. Este país inovou o futebol com um esquema tático batizado de carrossel, embora tenha perdido a final para os donos da casa. Outra lembrança que guardo é a do Rivelino cobrando uma falta contra a Iugoslávia, partida que terminou sem gols. A bola bateu na barreira e um adversário simplesmente desabou. Eu veria o Rivelino, ao vivo, com a camisa do meu Fluminense, em 1977, no Estádio de Colombes, na França. Para a minha decepção, ele saiu de campo machucado, no empate de 1 a 1 com o Paris Saint-Germain. E ainda passou por mim, na maca. Mas eu tive dias mais gloriosos nesse estádio, onde fui campeão de rúgbi no torneio de escolas de Paris.

Eu estava morando na capital francesa desde setembro de 1975, e ter deixado o Brasil foi terrível. Nessa época, eu tinha abraçado a minha possível raiz, a minha identidade brasileira. Afinal, eu sou brasileiro. Além de Brasília, um lugar diferente e até místico, eu tinha uma ligação especial com o Rio, por meio de parentes que eu costumava visitar. Como não existia voo Brasília-Paris, eu parava no Rio e ficava um tempo na casa dos meus avós paternos, Manoel e Perolina, que moravam na Rua República do Peru, em Copacabana. Curiosamente, não tenho muitos vínculos com a Bélgica, o país onde nasci, embora não os tenha perdido completamente. Em meados da década de 1990, fui com a Fernanda à Bélgica. O funcionário da imigração virou para mim e perguntou: "O que você veio fazer aqui, meu filho?" Respondi, irônico: "Vim saudar o meu rei." Ele ficou satisfeito com a resposta e devolveu o meu passaporte com a entrada autorizada... A minha irmã caçula, Maria Clara, nascida em Brasília, em 1972, trabalha lá como coreógrafa e tem dois filhos belgas.

Como saí de Bruxelas muito novo, não aprendi a falar francês. Quando cheguei a Paris, eu só me comunicava por meio de expressões básicas, como *oui, bonjour, monsieur*, essas coisas. Tivera apenas uma semana para estudar o idioma antes da mudança. Fui parar em um colégio público de excelência, o Liceu Janson de Sailly, no bairro onde eu morava, o *16ème*, e não pagava um centavo por isso. Havia estudado ali o homem que é casado com a minha mãe há 30 anos, o embaixador Affonso Celso de Ouro Preto, que é o pai do Dinho, do Capital Inicial. Também estudara naquela escola um sujeito muito ligado à família, o Wladimir Murtinho, outra grande figura humana, marido da Tuni, da família Álvares Penteado, uma das mais tradicionais de São Paulo. Pensei: "Ok, boas referências." Na escola pública francesa não há privilégios; se repetir, roda! Há sempre outro para entrar no seu lugar. Então, havia aquele lance: "Putz, não posso ser reprovado." Mas isso só veio a acontecer no meu último ano na França, o que não fez a menor diferença, pois eu já estava de malas prontas para o Brasil.

O meu primeiro trimestre na França foi dificílimo. Eu tinha saído de Brasília, uma cidade nova, em construção, e chegado a Paris, a maior referência da cultura ocidental. Outro problema dizia respeito a uma espécie de síndrome de filho de diplomata, que faz amizades em um país e depois de quatro anos é obrigado a abandoná-las. Tem de recomeçar, sabendo que tudo vai acabar novamente. Na escola, as coisas não foram mais fáceis. O ensino era integral, e a primeira aula que eu tive foi de Francês. A professora, Madame Trottereau, pediu aos alunos uma redação. Eu me virei para ela e consegui dizer que não dominava o idioma. Ela então falou: "Escreva o que você quiser, do jeito que você quiser." O que eu escrevi ali? Uma tentativa de descrição de Brasília, em uma mistura improvável de português e francês...

Eu adorava estudar História, que era valorizada nas escolas e na sociedade francesa em geral, e também estudava Latim, que acompanhava o curso de Francês. Com o tempo, fui perdendo a gramática portuguesa, que era cada vez mais englobada pela francesa. Eu interagia com os meus colegas de escola por meio da prática do futebol e do *jeu de paume*. Neste esporte, um participante joga uma bola de tênis contra a parede com a palma da mão, para o outro jogador rebater. Há na parede um rodapé e o desenho de um quadrado, o que torna o jogo mais complexo.

Morava em um bairro da alta burguesia, mas ali também viviam pessoas com menos grana, principalmente imigrantes portugueses e espanhóis, que trabalhavam como porteiros em Paris, e seus filhos. Aproveitei bastante a capital francesa, mas sempre com saudades do Brasil; pensava muito no que tinha vivido em Brasília entre 1971 e 1975. Apesar da histórica rivalidade entre a França e a Inglaterra, em torno da hegemonia cultural da Europa, nas festas infantis tocava-se bastante música cantada em inglês. Para ser mais exato, rock'n'roll americano dos anos 1950: Chuck Berry ("Johnny be good"), Bill Halley & His Comets ("Rock around the clock"), Jerry Lee Lewis ("Great balls of fire"), etc. Achava aquilo meio estranho, mas acabei aprendendo a dançar esse tipo de música para me aproximar das meninas.

Essa não foi a minha principal descoberta musical em Paris. Um dia, tocou a campainha da minha casa um rapaz do colégio, que namorava a minha irmã Isabel, então com seus 13 anos. Era um típico galã francês, com um cigarro no canto da boca, no estilo do personagem de Jean-Paul Belmondo em *O acossado*, de Godard; foi só eu abrir a porta e ele jogou fumaça no meu rosto. Menos mal que ele estivesse com o disco *Transformer* (1972), do Lou Reed, debaixo do braço. Esse vinil ficou lá em casa e teve a mesma importância do LP dos Secos & Molhados na minha formação musical. "Walk on the wild side", a última música do lado A do álbum, impregnou o nosso ambiente residencial, de tanto que eu a ouvi. Eu pedi ao meu pai que traduzisse a letra daquela canção, que falava sobre os travestis e o submundo nova-iorquino, e então ele começou: "Holly veio de Miami, Flórida/ Atravessou os EUA pegando carona/ Depilou as sobrancelhas no caminho/ Raspou as pernas e então ele virou ela..." A história desse traveco alucinado, em uma canção tão *cool*, era algo bem diferente daquelas músicas que se tocavam nas festinhas infantis de Paris.

Ouvi bastante "Walk on the wild side" no verão de 1976, quando fomos passear pela Península Ibérica. Conhecemos o Algarve, em Portugal, e voltamos de carro pela Espanha. Foi curioso ver, na estrada, uma placa indicativa de que a cidade de Villa-Lobos, na província de Zamora, ficava a 6km de distância. Os primeiros Villa-Lobos que vieram para o Brasil chegaram na primeira metade do século XIX. Eles viajaram da Andaluzia até a região do Caribe, possivelmente Cuba, então colônia espanhola, e de lá se transferiram para a Amazônia, e depois para outras partes do País. O meu pai, que é primo distante de Heitor Villa-Lobos – o maior compositor brasileiro da história (e talvez das Américas) –, passou tais informações para o Vasco Mariz, biógrafo do maestro. Segundo o inventário do patriarca Gabriel Villa-Lobos, pesquisado pelo artista Eduardo Dias, os antepassados do maestro se estabeleceram na cidade de Óbidos, no Pará.

Ainda na Espanha, fomos conhecer o Sítio Real de São Lourenço de El Escorial, a 40km de Madri. De repente, em meio ao almoço, desmaiei.

Voltamos a Paris e, quando eu estava no Grévin, um museu de cera, apaguei de novo. Minha mãe resolveu me levar ao médico, e então descobri que era diabético tipo 1, infantojuvenil. Eu tinha 11 anos na época. Fiquei uma semana internado no Hospital das Crianças Doentes, onde uma equipe médica brilhante conversou comigo sobre a doença, recomendou-me uma dieta alimentar e me ensinou a aplicar insulina. Assimilei bem a notícia sobre a diabetes e posso dizer que ela trouxe aspectos positivos a minha vida. Por um lado, a minha alimentação se tornou balanceada e, por outro, a prática de esportes passou a fazer parte do meu cotidiano. Foi um trauma que me trouxe disciplina e certa responsabilidade precoces. Havia formas de controlar essa doença crônica e resolvi seguir em frente.

Em termos de cinema, eu via muito mais filmes americanos do que franceses. Lembro que assisti ao filme *Os embalos de sábado à noite*, dirigido por John Badham e estrelado por John Travolta, em 1977, em um antigo cinema pornô do Champs-Élysées. Literatura francesa era um tipo de cultura que eu associava mais à escola. Nas horas livres, gostava de ler *Mafalda* e outras tirinhas do argentino Quino, que eu havia descoberto pouco antes de sair de Brasília.

Também por volta de 1977, em Paris, iniciei breve carreira na delinquência juvenil, roubando mobiletes com o meu irmão. Ele chegou a roubar umas motos de verdade, com 125, 250 cilindradas, e foi preso por isso. Meu pai teve de ir buscá-lo na delegacia e foi aquele climão. Era com interesse que eu passeava pelo lado selvagem de Paris, para fazer referência a Lou Reed. A pequena rua onde eu morava terminava na Avenida Foch, onde prostitutas faziam ponto. Eu cresci vendo-as ali, com aquelas roupas e acessórios clássicos de meninas que ganham a vida na rua. Mas era uma coisa platônica, eu só as olhava, claro, pois eu tinha 12 anos. Por volta das 16h, elas chegavam com os seus carrões a uma praça em frente ao local onde os garotos jogavam bola e faziam circuitos com as suas mobiletes. Havia uma loura de cabelo curto que era dona de um Cadillac e também de um dobermann, que ficava sentado no banco de trás do veículo, latindo. Eu achava aquilo realmente estranho. Às vezes, aparecia a polícia e ela tinha que acelerar o carro, cantando pneu, uma confusão. Os homens organizavam uma fila, e o primeiro entrava no automóvel da moça, que saía da praça e 10 minutos depois voltava. O cara descia do veículo, e outro subia. Como tínhamos as nossas motinhas, um dia resolvemos seguir a menina. O que acontecia era o seguinte: ela parava em uma rua escura, pagava um boquete, abria a porta, cuspia e dava partida no automóvel. Custava cinquenta francos cada boquetezinho desses e a fila era enorme!

Com uns 13 anos de idade, comecei a fumar. Eu gostava do Marlborão vermelho, que inclusive, rolava na escola. Eu havia experimentado cigarro aos 10 anos, em Brasília, em um barraco erguido pelo meu irmão Tavo no jardim da casa onde morávamos, na Península dos Ministros, um lugar supernobre. A partir daquela primeira experiência – na qual, além do meu irmão, estiveram presentes também a minha irmã Isabel e alguns amigos –, eu tinha passado a fumar, mas parei logo depois, ainda em Brasília. Em Paris, eu gostava de usar uma jaqueta de couro modelo Perfecto, sempre com um maço de cigarros em um dos bolsos. Esse era o figurino Lou Reed, com o qual me achava o rei da calçada e da rua.

Para coroar a minha fase delinquente, furtei um relógio de bolso em ouro, numa festa privada. Mais tarde, já em Brasília, ofereci esse relógio ao meu irmão em troca de uma guitarra que estava em seu poder, e o acordo foi fechado. Loro Jones, futuro guitarrista do Capital, chamava esse instrumento de "guitarra boi", devido ao seu som grave. O potenciômetro do *tone* estava quebrado e então não saía som agudo dessa guitarra, cuja aquisição está relacionada a um furto – mais rock'n'roll, impossível... Mas é claro que a minha trajetória no mundo do crime não foi muito longe. E paguei tudo em vida: no Brasil, já roubaram o meu carro, instrumentos musicais e vários outros pertences. Portanto está tudo devidamente quitado, inclusive os furtos nas lojas de roupa parisienses e nos vestiários do colégio, antes que eu me esqueça.

Exatamente naquela fase de delinquência, em 1978, o Dinho, que eu havia conhecido em Brasília, estava em Genebra, e acabei indo para lá passar férias. Ele já era cabeludo e me perguntou o que eu estava ouvindo. Eu não escutava nada em especial, acompanhava o que rolava nas rádios e não soube responder direito. Citei sem muita convicção uns artistas de disco music. O Dinho ficou surpreso por eu não conhecer o Led Zeppelin ("O quê?!!! Não conhece?!!!") e me apresentou o quarto disco da banda, o mais conhecido. Ele colocou "Black dog", a primeira faixa do vinil, e eu fiquei realmente impressionado. Esse foi outro álbum que fez diferença na minha formação musical. No livro *Renato Russo: o filho da revolução*, do Carlos Marcelo (Agir, 2012), há uma história curiosa, da qual eu realmente não me lembrava. O Dinho diz que, em Brasília, eu era alvo dos colegas por ser tímido, baixinho e usar óculos fundo de garrafa. Uma vez, ele viu uns garotos tirarem onda comigo até eu chorar, sem nada ter feito para me ajudar. Por esse motivo, eu questionei o seu comportamento, mostrando estar magoado. O Dinho então se encheu de culpa e, na sua visão, esse incidente quase atrapalhou a nossa amizade. Não foi nada.

Na segunda metade da década de 1970, Paris me parecia uma cidade bastante politizada. Muitos exilados políticos viviam lá, e boa parte deles era sul-americana. Havia grandes passeatas de rua, comandadas pelo comunista George Marchais e pelo socialista François Mitterrand, que pouco depois se tornaria presidente. Em 1978, lecionou lá no Liceu Janson de Sailly uma professora substituta de Francês ruiva, sardenta e de olhos verdes – linda e cheia de charme –, que certamente marcou todos os caras, já marmanjos, da turma *4ème 2*. Lembro que ficamos maravilhados quando ela passou por nós pelo corredor da sala, com casaco de pele, calça justa de veludo verde e bota para fora: *"C'est quoi ça?"* ("O que é isso?") – falamos. Fui seu aluno de Francês e também de Latim, e nunca estudei tanto essas matérias na minha vida. Eu já havia me apaixonado por uma professora em Brasília, como disse, mas dessa vez era diferente, mesmo porque agora eu tinha 13 anos – ou seja, era um adolescente, cheio de hormônios. Disputei e ganhei a eleição de representante dos alunos só pra ficar mais perto dela (nas reuniões trimestrais de mestres e alunos).

Um dia, em uma aula, ela virou-se para mim repentinamente e disse: "Esse colega aqui de vocês vem do Brasil, onde existe uma ditadura pró-imperialista, patrocinada pelos Estados Unidos, etc." Eu imediatamente pensei: "O que essa mulher está falando? O meu país é maravilhoso! É tricampeão mundial de futebol, construiu a rodovia Transamazônica, tem a Floresta Amazônica..." Recordei todas aquelas imagens de exaltação do Brasil grande, típicas da propaganda da ditadura militar. E a minha professora citando a tortura, a censura, o privilégio dos interesses econômicos das empresas americanas, em detrimento das necessidades dos trabalhadores brasileiros...

Foi um choque. A coincidência é que, justamente no contexto em que aquela professora hiperpolitizada, militante do Partido Comunista Francês, me apresentava a visão da América Latina como quintal dos Estados Unidos, o Renato Russo estava escrevendo "Que país é este" ("Terceiro Mundo se for/ Piada no exterior"). Apesar de ter entrado em contato com uma versão não oficial da História do Brasil, a notícia de que voltaria para esse país foi ótima. Paris é incrível, uma cidade linda e incomparável, mas a verdade é que os parisienses podem ser insuportáveis, e eu estava lá havia quatro anos, morrendo de saudades do Brasil. Voltei em 1979, ano da posse do último presidente da ditadura militar, João Baptista Figueiredo, e do regresso dos anistiados políticos ao País. Eu estava novamente em Brasília, mas com as questões de sempre: encontrar um novo colégio, fazer amizades, etc. Eu não sabia que esse meu retorno seria definitivo, e que a teia de relações construída dessa vez na capital federal me colocaria na linha de frente da renovação cultural pela qual o Brasil passou na transição para a democracia.

Fomos morar no bloco B, apartamento 206, da superquadra 213 Sul. Ela apresentava o mesmo perfil da 104 Sul, o meu primeiro endereço em Brasília: um lugar convencional, ainda em construção, habitado por famílias de diplomatas, funcionários graduados do Banco do Brasil e de outras carreiras bem-remuneradas do funcionalismo público federal. Essas quadras eram os guetos dessa classe média alta empregada no funcionalismo público federal. A cidade era extremamente organizada e, portanto, diferente daquilo a que me acostumara em Paris. Eu ia encontrando os meus pares e fazendo amizades com jovens que haviam chegado dos mais diferentes países, como Estados Unidos, Suíça e China. Quase todos eram filhos de diplomatas e estavam, como eu, mais uma vez recomeçando uma etapa da vida.

Eu estava com meus 14 anos e dessa vez me matricularam em um colégio particular, o Marista, que me parecia bom. Cheguei a Brasília no meio do ano e, na tradução do meu currículo escolar francês, a diretoria omitiu que eu tinha acabado de ser reprovado. Nos meus últimos momentos em Paris, eu tinha chutado o balde e aprontado, e a escola ficara em segundo plano. Por conta dessa omissão curricular, pude ser inscrito no segundo ano do científico. Mas fiquei preocupado por nunca ter visto Química e Física, essas matérias que geralmente complicam a nossa vida na escola. Na verdade, fui colocado de ouvinte no primeiro ano, mas admitido previamente no segundo. O Marista era católico, mas as obrigações relacionadas ao ensino religioso tinham ficado para trás, no primeiro grau; portanto eu não precisaria frequentar aula de Religião (ainda bem).

Aos poucos, fui-me readaptando à cidade e conhecendo pessoas que chamavam a minha atenção. A Cris Brenner, futura vocalista da Blitx 64, era uma figuraça da minha turma. Eu passei a frequentar festas e a descobrir drogas como maconha, loló, cogumelo e, principalmente, álcool. Durante o dia, eu ia ao Clube das Nações, fundado por um pequeno grupo de diplomatas brasileiros e estrangeiros. Ali havia piscina, lago e rolava futebol aos sábados e domingos, jogado pelos filhos dos diplomatas. Assim, a rede de amizades foi sendo refeita, e as coisas começaram a acontecer.

Por volta de 1981, em uma tarde quente, a turma estava no maior bode embaixo dos pilotis do prédio, sem nada para fazer. De repente, passaram quatro caras com visual punk: cabelos desgrenhados, calça e camiseta rasgadas, *patches*, etc. Sem falar com a gente, eles foram até a parede do bloco onde eu morava e picharam as letras "AE". A gente olhou e pensou: "Cara, o que é isso? Quem são eles? Chegaram aqui e picharam a parede, no 'nosso' território!" Depois disso, os intrusos foram embora, na maior cara de pau.

Eu estava sentado com o Dinho, o Pedro Ribeiro (irmão do Bi) e outros amigos, e aquilo realmente ficou na nossa cabeça. Uma semana depois, o Dinho apareceu e falou: "Cara, descobri o que significa aquela pichação. É uma banda chamada Aborto Elétrico, que está tocando ali no Food's", uma lanchonete que ficava a mais ou menos 1km de casa. A gente estava na 213 e o Food's ficava na 111, em frente ao Eixão Sul, então bastava cortar as quadras em diagonal para se chegar lá. Era um final de tarde e lá estavam os caras. Tinham levado uma bateria, dois amplificadores Giannini (um Duovox e um Bag 7), e a voz saía precariamente de um deles. Esse equipamento era ligado em uma única tomada cedida pelo gerente e não havia mesa de som, nem nada. E ali estava o Aborto, que naquela época era formado pelo Renato, com uma guitarra Giannini preta modelo Les Paul, e pelos irmãos Fê e Flávio Lemos, na bateria e no contrabaixo, respectivamente. A banda não contava mais com o André Petrorius, guitarrista que havia sugerido o nome Aborto Elétrico, inspirado em uma história em que, em uma das invasões à Universidade de Brasília (UnB), a polícia teria utilizado cassetetes elétricos contra mulheres grávidas. Petrorius tinha voltado havia pouco tempo para a África do Sul, a sua terra natal, com o propósito de servir no Exército. Quanto ao show em si, aquilo foi... Magnético! Era elétrico, barulhento e intenso. A energia que saía dali era muito forte e sedutora. E o Renato já cantava com o seu jeito peculiar músicas como "Que país é este", "Fátima" e "Geração Coca-Cola".

Desde esse dia, eu passei a seguir os caras. Aonde eles iam, eu ia atrás, e começamos a trocar uma ideia aqui, outra ali. Brasília é um lugar pequeno, e logo aquele núcleo – formado, sobretudo, pela rapaziada que vinha da Colina – começou a crescer. A Colina é um conjunto de blocos residenciais que fica dentro da UnB. Logo, havia muitos professores lá. Esse era o caso, por exemplo, do pai do Fê e do Flávio (que formariam o Capital, em 1982). Por volta de 1976-77, a família Lemos tinha voltado de uma estada em Londres. E o Fê e o Flávio chegaram com várias novidades na cabeça: Sex Pistols, The Stranglers, The Clash e aquele lema punk "*Do it yourself*" (Faça você mesmo). O lance era aprender três acordes, formar uma banda e incentivar a galera a fazer o mesmo. Assim, começou a aparecer um pessoal que curtia aquele tipo de música, e algumas bandas foram surgindo em torno do Aborto: a já mencionada Blitx 64, o segundo grupo punk de Brasília; a Plebe Rude, que ganhou a admiração da turma logo após a sua criação, em 1981; os Metralhas (que também atendiam por SLU e Quinta Coluna), a terceira banda punk da cidade, com o Marcelo Bonfá, futuro baterista da Legião Urbana; e o Dado e o Reino Animal, a minha primeira banda – que, além de ser instrumental, contava com um tecladista (duas novidades na época).

O Aborto centralizava essa energia não só porque era pioneiro, mas também porque era sensacional. "Que país é este" era uma letra que, até mais ou menos a quinta apresentação, você não entendia absolutamente nada, até começar a perceber o que ele estava falando. A turma foi crescendo e começou a formar um amálgama por meio do aumento progressivo das adesões. Logo começaram as apresentações em botecos como o Cafofo (no Setor Comercial da 408 Norte, perto da Colina) e o Só Cana (no segundo Centro Comercial do Lago Sul, que chamávamos de Gilbertinho, em referência ao primeiro, o Gilberto Salomão); em lanchonetes como o mencionado Food's; e em colégios, como o Objetivo e o próprio Marista, onde eu estudava. Neste último, lembro ter visto um show da Blitx 64, em que Cris urrava ao microfone. Ela destruiu! O curioso é que a banda estava ali abrindo o show da Baby Consuelo. Mais tarde, surgiram até teatros que abriam as suas portas para bandas de rock, como o Rolla Pedra, na cidade-satélite de Taguatinga.

Com o surgimento desse circuito roqueiro na cidade, a necessidade de encontrar uma tribo e fazer parte dela se tornou urgente. Era uma forma de me sentir preenchido existencialmente, ter uma perspectiva e seguir adiante. Existia muita amizade e fraternidade entre aquelas pessoas, que estavam a fim de tocar, de trocar ideia e se divertir. Uns tiravam fotos, outros faziam *silkscreen* com o nome das bandas e ainda havia aqueles que produziam *bottons* de Durepoxi. O Geraldo Ribeiro (Gerusa), baixista da Blitx 64, chegava a ponto de construir os seus próprios instrumentos, especialmente baixo e guitarra, porque não tinha onde comprá-los.

Por essa época, houve diversas apresentações. Nós viajávamos juntos e acampávamos em certos lugares, como o terreno do pai do Bi, atrás do Brasília Country Club (no setor Mansões Parkway), e o Salto do Tororó, uma cachoeira a cerca de trinta minutos da cidade. Tratava-se de um terreno isolado, e, para lá chegar, saíamos do asfalto, entrávamos em uma estrada de terra, depois parávamos o carro e seguíamos andando por uma trilha. Dali a pouco avistávamos uma clareira e um rio incrível, que levava a umas cachoeiras. O legal é que eram umas trinta pessoas viajando juntas! O Paulo Marchetti, no livro *O diário da turma 1976-1986: a história do rock de Brasília* (Conrad, 2001), lembra que os acampamentos foram acabando à medida que a turma foi crescendo. Segundo ele, os últimos acampamentos aconteceram em 1982.

Eu confesso que não me lembrava bem quando foi que nós paramos de acampar. Mas o que tinha de mais interessante acontecia no Plano Piloto. Os ensaios do Aborto ocorriam na nova casa do Fê, que havia se mudado da Colina para o Lago Norte, em 1980, e a gente ia para lá de ônibus ou de bicicleta, percorrendo distâncias de 20km. Outra curiosidade é que, por essa época, os filmes chegavam a Brasília antes de entrarem no circuito comercial, pois eles tinham que passar pela censura. Assim, o Ministério das Comunicações fazia projeção para os censores. O lance é que a mulher do ministro das Relações Exteriores resolveu projetar os filmes por conta própria e todo mundo passou a ir lá, no sábado à noite. Era bastante divertido, porque o ambiente do Itamaraty era fechado, e aquelas pessoas eram normalmente formais. E, de repente, chegava aquele bando que parecia ser formado por delinquentes... Ninguém nos barrava: assistíamos aos filmes e íamos embora, sem criar tumulto. Brasília tinha muitas salas de projeção, e frequentávamos os festivais no Goethe, na Cultura Inglesa, na Embaixada da França... Era a semana Herzog aqui, o Festival Renoir ali, e isso ajudava bastante a preencher o vazio, a frieza e o tédio (com um T bem grande) que sempre estiveram entranhados em Brasília.

Éramos todos filhos de diplomatas (pejorativamente chamados de "itamaratecas"), de professores universitários, de militares de alta patente e de economistas do Banco do Brasil (sendo esse o caso do Renato e Bonfá). Estávamos sempre em contato um com o outro, mas não creio que houvesse um sentimento de estar realizando um movimento. Não havia uma cartilha, um estatuto, o que fosse. Existia, sim, a vontade de fazer algo que mudasse de verdade as nossas vidas e isso necessariamente se relacionava com a música. Queríamos, sobretudo, tocar rock e nos apresentar ao vivo.

Havia um festival de música em Brasília que se chamava *Concerto Cabeças*. Quem o organizava era um famoso produtor cultural da cidade, o Neio Lúcio. O evento acontecia todo domingo, no Parque da Cidade, um espaço ao ar livre, com uma concha acústica incrível, e as pessoas lotavam aquele lugar. Mas ele nunca nos deixou tocar no

1967 com Tavo e Bebel em Belgrado, antiga Iugoslávia

Cabeças, onde se apresentava uma rapaziada mais hippie, ou mais pop, talvez. As bandas que lá tocavam tinham nomes como Mel da Terra, Sol Maior, Hortelã, e os seus vocalistas cantavam em falsete... E isso era tudo o que nós não éramos. Eu não me sentia um punk, mas aquilo que eu via no palco era exatamente o que eu não queria ser. Ironicamente, quando esse projeto voltou, em 2010, com o próprio Neio Lúcio na organização, foi incluída em um painel de fundo a imagem do Renato, como um dos principais representantes da arte e da cultura de Brasília.

No início dos anos 1980, eu também gostava muito de disco music, especialmente do Chic e do seu guitarrista, Nile Rodgers. Mas, em Brasília, era impossível ouvir rádio: não tocava nada de interessante. As poucas revistas de música que chegavam do exterior – a *New Musical Express* e a *Melody Maker*, vendidas em uma banca da 103 Sul – eram compartilhadas pela turma, que as traduzia e tentava acompanhar o que estava acontecendo na cena londrina e europeia, em geral. Embora a maioria de nós já tivesse morado fora do País, não tínhamos a real consciência do que se passava nos Estados Unidos e na Europa – ou mesmo em outras cidades do Brasil. Estávamos em uma bolha. O que rolava de som em São Paulo? Eu não sabia. Até 1982, para nós só existia a galera de Brasília.

Sei que as versões em torno dessa questão são contraditórias. No mesmo sentido do que afirmei anteriormente, o Marchetti transcreve um depoimento do Fê, segundo o qual, no fim de 1981, o Pretorius assistiu a um show da Plebe, no setor de clubes Norte, e a criticou por ela ainda estar estagnada naquele estilo punk. Ele falou que fora do País já estava rolando o pós-punk com o PIL, Gang of Four, B-52's, Pretenders, e todo o movimento *New Wave*. Essa crítica atingiu várias bandas de Brasília, é claro. Diferentemente, o Arthur Dapieve, no livro *Renato Russo: o Trovador Solitário* (Ediouro, 2006), afirma que, com a morte do Sid Vicious, baixista dos Sex Pistols, em 2 de fevereiro de 1979, a turma da Colina "virou a casaca" e passou a ouvir pós-punk. Érica Ribeiro Magi também sugere a existência de uma comunicação facilitada entre os brasilienses e o exterior em seu estudo *Rock and roll é o nosso trabalho: a Legião Urbana do underground ao mainstream* (Alameda, 2013). A socióloga diz que as escolhas estético-musicais do pessoal de Brasília tinham como principal marca o seu "desenraizamento social". Isso porque a sociabilidade que marcava esses jovens, que haviam vivido em outras cidades do País e do exterior, passava pelo conhecimento da língua inglesa e pelo que acontecia fora do Brasil em termos musicais. Eu diria que, se, por um lado, havia, sim, essa preocupação com o que estava rolando no exterior, por outro, a informação disponível sobre o cenário musical da Inglaterra e dos EUA ainda era restrita para nós.

Havia muitas festas em Brasília, que eram uma forma de compensar a falta de opções de lazer. Elas eram fundamentais nos fins de semana e eram as únicas possibilidades para se dançar, por exemplo. Esses encontros se davam geralmente ao som de fitas cassete. Cada um montava as suas, e o repertório era formado por música punk e, com o tempo, também pós-punk. Muito Joy Division, New Order, o já citado Gang of Four, The Psychedelic Furs, os primeiros álbuns do The Cure e muito álcool e bagulho. Em 1982, os meus pais se separaram e, em 1983, a minha mãe e o pai do Dinho saíram de Brasília, casados. Foi quando moramos eu, o meu irmão, o Pedro e o Dinho, em um apartamento alugado no bloco K da mesma 213 Sul. Na verdade, tratava-se de uma república. Um dia, o Wellington, amigo nosso da UnB, tocou lá em casa e falou: "Você sabia que tem um pé de beladona na portaria do seu prédio?" O diálogo que se seguiu foi mais ou menos assim: – "Beladona? Que é isso?" – "Ah, é uma florzinha assim..." – "Mas é o quê?" – "Cara, experimenta aí." O Pedro, o Dinho e o meu irmão desceram, pegaram as flores e fizeram um chá. Eu não tomei porque odeio chá e tenho o maior respeito pela força dos psicotrópicos naturais, mas eles enlouqueceram muito.

Naquele apartamento, começaram a rolar drogas pesadas. Basicamente cocaína. O Pedro deu um depoimento para o Marchetti segundo o qual a nossa residência era uma espécie de *point*, e que qualquer pessoa que quisesse cheirar ia para lá. Lembrou também que o Renato virou várias noites conosco. Àquele mesmo autor, a Renata, então minha namorada, falou que presenciou "coisas impressionantes" em tal ambiente, e o Dinho garantiu que nunca viu tanta cocaína como nessa época. Mas não havia um clima decadente, e as drogas nunca chegaram a atrapalhar as nossas vidas. Era assim: – "Vamos nos divertir hoje?" – "Tá bom!" A semana corria bem, os ensaios aconteciam, e, enfim, a rotina seguia.

Ninguém correu risco de morte ali. No começo de 1982, o grande lance em Brasília era o seguinte: ir para o Rio assim que chegassem as férias. Principalmente porque nessa cidade morava o Bi, que se dividia entre a casa da mãe, o apartamento dele na Universidade Federal Rural do Rio de Janeiro (UFRRJ), em Seropédica, região metropolitana do estado, e o sítio da família em Mendes, no sul fluminense. Então chegávamos ao Rio, encontrávamos o Bi na Rural, e de lá íamos para aquele sítio – um lugar lindo, onde andávamos a cavalo e ficávamos reunidos, acampados. Eu também frequentava os ensaios do que viriam a ser Os Paralamas. Quase todo fim de semana, o Bi e o Herbert passavam a tarde tocando na casa da avó do Bi – homenageada na música "Vovó Ondina é gente fina", do disco *Cinema mudo*, de 1983 –, na Rua Souza Lima, em Copacabana. Eles tocavam clássicos de Jimi Hendrix, Santana, Led Zeppelin, Deep Purple, etc. Eu chegava lá e passava a tarde inteira ouvindo aqueles dois dentro de um quarto. O Herbert, especialmente, já era um exímio guitarrista.

O universo que vivíamos em Brasília estava ligado aos shows e aos ensaios das bandas, principalmente, aos do Aborto. Um belo dia, quando eu voltava de umas dessas férias no Rio, encontrei o Dinho, o Bonfá e o Loro Jones juntos, e então pensamos: "Pô, vamos montar uma banda?" Finalmente eu ia tocar em um grupo de rock! O Pedro Thompson Flores, também filho de embaixador, era um cara que morava em um casarão à beira do Lago Sul e tinha um Fender Rhodes. E teclado era um negócio que eu nunca tinha visto. Era muito difícil um tecladista que tivesse o seu instrumento. Ainda não estávamos propriamente na era do Casiotone, um teclado pequeno e barato da marca Casio, lançado no início dos anos 1980, que simulava com pouca precisão os sons de outros instrumentos. Para a minha alegria, logo começamos a ensaiar. O Pedro Thompson no seu imponente Fender Rhodes, o Dinho no baixo, o Loro e eu nas guitarras, e o Bonfá.

Foi nessa época, aliás, que eu conheci o baterista com quem eu tocaria por muito tempo. Quando eu assisti ao Aborto pela primeira vez, o Bonfá já estava ali, vendo o show. Lembro que, também lá no Food's, ele tocou no show dos Metralhas, com uma bateria Pinguim azul. E o Bonfá era meio diferente, tinha um cabelo totalmente ruivo, era magrinho, parecia um pouco o Salsicha do *Scooby-Doo*, mas era um cara bonito. O mencionado livro do Carlos Marcelo reproduz uma lista elaborada pelo Renato, então vocalista do Aborto, com os nomes dos rapazes da turma, separados em duas categorias: a dos garotos bonitos (*"Cute boys"*) e a dos outros (*"The other boys"*). O Bonfá foi incluído na primeira, ao lado de outros três garotos (e eu, na segunda, na companhia de quase trinta!). Aquela lanchonete foi o lugar onde praticamente tudo começou: lá eu conheci o Renato, o Negrete (Renato Rocha), o Geraldo, o Loro, enfim, quase todo mundo.

Eu ainda tinha aquela "guitarra-boi", que eu gostava de chamar de Dadocaster, em referência à Fender Stratocaster. Uns dias antes de a minha banda ser fundada, o Herbert tinha passado por Brasília e me dito o seguinte: "Ó, vou te dar essa correia aqui (uma daquelas coloridinhas, com um bordadinho meio hippie), mas, quando você tiver a sua banda, vai ter que colocar o nome dela de 'Dado e o Reino Animal', certo?" "Beleza", disse eu. Quando finalmente montamos o grupo, eu virei para os caras e falei: "Olha, é o seguinte, vamos ter que nos chamar Dado e o Reino Animal..." E o bacana é que o pessoal concordou. O Loro, talvez por ter esquecido essa história, disse ao Marchetti que a banda teria esse nome porque eu era muito novo e não sabia tocar uma nota sequer – e que eu ficava afinando o meu instrumento enquanto os outros ensaiavam.

Essa banda durou apenas uma apresentação. Fizemos quatro músicas instrumentais, pois nenhum de nós cantava ou sabia escrever letra. Era uma banda realmente pós-punk, pois era meio dançante e tinha uns teminhas de teclado. Gravávamos os ensaios em fita cassete e colocávamos nossas músicas para tocar nas festas, porque o nosso repertório tinha uma *vibe* bacana para pista de dança. Dá para ouvir trechos do nosso som no site do *Fã Clube Oficial Dado Villa-Lobos*. O Dapieve disse em seu livro que o The Damned era o nosso paralelo na Inglaterra, mas o punk gótico dessa banda não era bem o que fazíamos. Os ensaios eram geralmente naquela mansão do Pedro Thompson, onde havia uma piscina em que caíamos entre um ensaio e outro. Fumávamos muita maconha e lá ainda havia um narguilé, que enchíamos com loló. Quando o efeito batia, os ensaios eram logo interrompidos... Já li tanto o Dinho dizer que se lembra de um ensaio no quarto do Bonfá, quanto o Loro afirmar que os encontros eram na casa do Dinho. Eu me recordo mais dos ensaios na residência do Pedro Thompson, apesar de toda aquela fumaceira.

Embora ensaiássemos bastante e as nossas fitas até tocassem nas festas, não nos apresentávamos em público. Até que rolou uma oportunidade em um festival que a UnB fazia todo ano, o *Expoarte*, no Centro

Olímpico – Faculdade de Educação Física. Em 1982, o evento estava em sua sétima edição e nós nos inscrevemos para tocar. Foi o único show do Dado e o Reino Animal, e a Plebe e o Aborto também tocaram naquela noite. O Marchetti reproduz um depoimento do Dinho, segundo o qual a apresentação foi horrível, principalmente porque ele tocou com o baixo todo desafinado, além de não ter aguentado o peso do instrumento, acostumado que estava a tocar sentado. Na verdade, o Dinho achou que foi uma bagunça generalizada. Dizem que nessa apresentação eu estava com a guitarra desligada, o que é bem possível. Eu geralmente fazia uns barulhinhos aqui e ali, mas, em meio àquela zoeira, não faria a menor diferença... Eu achei que o show foi ótimo, mas, logo na sequência, o Pedro Thompson viajou, e eu pensei: "Bom, acabou, né?" Enfim, a banda tinha cumprido a sua função.

Eu comecei a aprender a tocar sozinho, como a maioria dos garotos de Brasília. Ao violão, tocava "Smoke on the water", até chegar a "Stairway to heaven". Ou seja, um caminho que muitos seguiram. O meu repertório não era nada punk, mas eu seguia aquele lema *"Do it yourself"*. Eu ficava muito tempo na casa do Dinho, porque ele e o irmão, Ico Ouro Preto, tinham uma boa discoteca de rock. Havia bastante disco de hard rock (vários do Kiss), mas, em termos de peso, não chegava nem ao Iron Maiden. O estilo predominante ficava entre o Led Zeppelin e o Rush, que, aliás, tinha um lance progressivo que eu achava meio chato. Foi nessa época que passei a me ligar em muita coisa que eu poderia vir a fazer na guitarra. Ficava viajando nos timbres, nas levadas...

Um dia, no quarto do Ico, apareceu o *It's alive*, disco dos Ramones, de 1979. Eu ouvia aquele "*one, two, three, four*" e, em seguida, vinha uma música veloz, com guitarras distorcidas e três *power chords*. A identificação foi imediata. Eu fiquei fascinado pelo ritmo da bateria, a pulsação e a energia das faixas do álbum. Era o som que o Aborto fazia. Nesse disco há "Do you wanna dance", música de Bobby Freeman, que se tornou famosa na versão do Cliff Richard & The Shadows (que eu dançava nas festinhas de Paris). Eu ouvi a interpretação punk dessa canção e falei: "Olha que incrível, é isso que eu quero tocar!" Então, naquele quarto mesmo, começamos a tocar Ramones. O Ico tinha uma guitarra Strato, que estava ali, de bobeira. Passamos a perceber que a guitarra era realmente um instrumento diferente do violão; tinha outro som, uma *vibe* especial.

Tudo isso que eu vivi desde que voltei a Brasília aconteceu muito rápido e praticamente ao mesmo tempo. Ouvir Ramones e assistir ao show do Aborto no Food's foram dois grandes momentos que me formataram. Lembro muito bem que o Renato estava lá tocando, e a sua palheta caiu no chão, perto de mim: eu a peguei e entreguei a ele, que a colocou direto na boca. Foi o nosso primeiro contato. O Renato era a figura central daquela cena emergente, um cara mais velho, que já estudava no Centro Universitário de Brasília (Ceub), enquanto eu ainda estava no segundo grau. A partir do momento em que a gente se conheceu, ele esteve sempre presente. A turma se encontrava para ir à Feira dos Estados ou beber nos bares. E ele tinha uma personalidade magnética, que seduzia com a força das palavras, mas também por dar valor àquilo que estava acontecendo na área cultural. Assim, as pessoas foram se reunindo com o propósito de agitar culturalmente a cidade. Ele, sim, talvez tivesse muito mais uma visão daquilo como um movimento do que eu ou qualquer outra pessoa envolvida. Renato foi o cara, o motor, a força motriz, a centelha. Era um cara que se destacava desde a época do Aborto e, no começo da Legião, já era considerado um ídolo por parte da turma, como bem afirmou o Marchetti.

Felizmente para mim, agora eu estava próximo aos caras que haviam pichado o meu prédio, como eu disse anteriormente: o Renato, o Loro e o Geraldo (acho que o Fê também estava entre eles). Aquilo tinha sido uma visão do outro mundo, principalmente porque o Geraldo era uma figura inusitada para aquela turma com a qual eu andava, formada por filhos de diplomatas: alto, magro, com olhos azuis, mas virados para lados opostos (era estrábico ao contrário), e cabelo sarará louro. O irmão dele, o Loro, era bem parecido, só que mais atarracado. E o Renato também não se encaixava no padrão de beleza estabelecido... Para completar, todos estavam de uniforme punk. Aquela cena tinha me causado uma impressão muito forte, talvez assustadora. E eles se tornaram meus parceiros.

O Renato falava bastante sobre cinema e literatura. Ele estava sempre falando e gesticulando, como se estivesse dando aula para alguém: explicava teorias e procurava interlocutores para discutir Freud, Jung, Engels, Marx, o que fosse. Quando me aproximei do Renato, eu estava com 16 anos e ele com 20. Eu não era exatamente um interlocutor durante aquelas discussões homéricas que ele protagonizava, em mesas de bar e nos acampamentos. Eu era muito mais um ouvinte, um observador. Mas o Renato era um amigo. Havia as situações mais comuns, em que conversávamos sobre qualquer coisa – a cidade, o colégio, o que estávamos pensando, estudando, etc. Como bons amigos, falávamos sobre tudo e também sobre nada em especial.

O Renato era um cara interessado em artes, e eu tinha lá minhas predileções artísticas, possivelmente influenciado pelos anos vividos na França. Um pouco mais para a frente, nos primeiros tempos da Legião, houve um caso que eu acho que ilustra um pouco essa empatia que se deu, de imediato, entre mim e o Renato. Isso aconteceu quando nós fomos fazer a prova da Ordem dos Músicos do Brasil (OMB). Até hoje, para atuar como músico, é-se obrigado a fazer essa prova e a se sindicalizar, o que não me parece ter muito sentido. A questão é que a banda seria atração de um projeto patrocinado pelo Governo do Distrito Federal, portanto precisávamos ter a licença da entidade. Havia a opção de tirar a carteira de músico estagiário (amarela) ou a de músico profissional (azul). Com qualquer uma das duas se podia tocar sem problemas em eventos públicos.

E o curioso é que o Renato procurava nos orientar: "Agora a gente vai fazer essa prova da OMB, e ela é mais ou menos assim: tem que saber certas informações, além de um pouquinho de música. Vê aí quem escreveu o Hino Nacional, porque essa pergunta sempre cai..." Eu estava com um livro que reunia as obras completas do Baudelaire, em francês, em capa dura e papel-bíblia. Quando o Renato chegou e viu aquilo na minha mão, perguntou imediatamente: "O que você está lendo?" Eu disse: "Baudelaire, cara." Ele me olhou e emendou: "Ahhh, não é possível, meu Deus, mas como isso?" O Renato ficou empolgado e orgulhoso com o fato de o guitarrista da banda dele ler Baudelaire no original (eu estava tentando não desaprender o francês).

A nossa passagem pela OMB de Brasília foi mesmo interessante. Quando chegou a hora da prova, havia uma partitura que precisávamos analisar. Era o Prelúdio nº. 1 de Bach e a primeira pergunta era: "Qual o tom dessa peça?" A resposta era dó maior, mas eu pensei: "Ferrou, não tenho a menor ideia." E acabou que eu errei quase tudo da parte teórica. Mas também havia a prova prática. O Bonfá na bateria, o Renato no baixo e eu na guitarra. Acho que o Renato tinha um amigo ali na OMB e esse cara nos perguntou: "O que vocês vão tocar?" Nós respondemos, com certo orgulho: "Bom, vamos tocar um rock." Então tocamos "Geração Coca-Cola", depois "O reggae" e por aí foi. O Renato saiu de lá com a carteira de músico profissional, mas eu e o Bonfá fomos reprovados e ficamos com a carteira de estagiário; o nosso batera também foi muito mal na prova teórica.

Nada que afetasse os rumos da Legião... Depois do Dado e o Reino Animal, eu tinha decidido fazer o vestibular. Em 1982, passei em Sociologia na UnB e, no ano seguinte, começaria a frequentar as aulas. Como eu gostava de História e Antropologia, me encantava a possibilidade de entender mais profundamente a dinâmica dos grupos sociais. Além disso, o meu pai tinha virado cônsul em Marselha, e eu estava pensando em ir para lá estudar, em um futuro próximo. Eu sabia de uma universidade em Aix-en-Provence, que era perto de onde o meu pai estava.

Só que a essa altura a Legião já estava na ativa. O Renato tinha saído do Aborto por uma série de motivos. Acho que isso está bem documentado, mas vale a pena lembrar. Ele deixara a banda uma vez, após ter sido atingido no rosto por uma baqueta atirada pelo Fê, em um show na cidade-satélite do Cruzeiro. O baterista se enfurecera porque o vocalista, embriagado, esquecera a letra de "Veraneio vascaína" (que seria gravada no disco de estreia do Capital, de 1986). Na verdade, o Renato já havia se atrasado para o evento, pois estava isolado, rezando em memória de John Lennon. O Carlos Marcelo afirma que essa apresentação ocorreu "exatamente dez dias após a morte de John Lennon", logo, em 18 de dezembro de 1980. Já o Dapieve escreve que o mesmo show aconteceu "em 8 de dezembro de 1981, primeiro aniversário da morte de John Lennon". Apesar de haver discordâncias quanto à data daquele conflito entre o Fê e o Renato, sabe-se que o primeiro pediu desculpas ao segundo, que aceitou voltar ao grupo. Mas esse episódio não foi capaz de pôr fim à competição que os dois travavam pela liderança do Aborto.

Outra desavença mais séria ocorreu em um ensaio no fim de 1981, quando o Renato apresentou uma composição nova, chamada "Química", que seria incluída no *Que país é este 1978/1987*. Segundo o Carlos Marcelo, o Fê disse que a música era uma "merda", que o Renato estava perdendo o seu jeito de escrever e que o discurso direto que ele usava era coisa do passado. Mas o Renato também reclamava que o Fê estava mais preocupado em vender camisetas do que em ensaiar. Para aumentar a crise, o Petrorius, em rápida passagem por Brasília, assistiu a um show do Aborto e sentenciou que o grupo estava sem rumo. Finalmente, quando o Flávio e o Fê voltaram de uma viagem de dois meses na praia, o Renato comunicou-lhes que estava saindo definitivamente da banda. No seu entender, os irmãos Lemos se comportavam como amadores. O Fê escreveu no livro *Levadas e quebradas* (Pedra na Mão, 2012) que tal notícia foi bastante difícil para ele: "O mundo desapareceu sob os meus pés."

Isso aconteceu no verão de 1982. O Fê ainda tentou continuar o Aborto com o Flávio e o Ico, que havia entrado na banda em meados de 1981, para tocar guitarra – e assim livrar o Renato da obrigação de ser também instrumentista. O grupo ainda conseguiu se apresentar no Centro Olímpico da UnB, na mesma ocasião em que o Dado e o Reino Animal tocou em público pela primeira e última vez, como eu disse. Nesse dia, o Ico desapareceu e o Renato, que estava lá na plateia, assumiu a guitarra e o vocal, a pedido do Fê (que vinha tocando bateria e cantando ao mesmo tempo). O show foi sensacional, com o público cantando as músicas mais conhecidas, como "Que país é este", "Tédio" e "Veraneio vascaína". Mas o Aborto não continuou. Na primeira metade de 1982, o Renato se apresentava como Trovador Solitário. Nesse período bastante criativo de sua carreira, ele parecia o Bob Dylan de 1963. Só precisava de uma craviola Giannini de 12 cordas e um microfone para mostrar as suas novas composições, que jamais teriam espaço em uma banda punk.

O Renato geralmente pedia para tocar antes das apresentações dos grupos estabelecidos na cena roqueira da cidade, que crescia a cada dia: "Pô, deixa eu abrir, eu vou cantar as minhas músicas no violão..." E assim ele executava várias canções que anos mais tarde ficariam famosas. "Eduardo e Mônica" foi gravada no *Dois*, com uma letra um pouco diferente; "Faroeste caboclo" e "Eu sei" (que nessa época se chamava "Entre 18 e 21") foram incluídas no *Que país é este 1978/1987*; e "Mariane", "Marcianos invadem a terra" e "Dado viciado" (que se refere ao seu primo Zé Eduardo) foram registradas no nosso último disco de estúdio, *Uma outra estação*. Eu o vi abrir show de bandas como a Plebe, na base da camaradagem. Eu o achava incrível: além de apresentar um repertório original, diferente de tudo o que se fazia em Brasília, a sua atitude de subir sozinho ao palco era bastante corajosa. Porém tinha gente que não gostava. O Renato chegou a ser vaiado nesses tempos, e teve que conviver com o comportamento irônico de parte do público – que jogava moedas no palco, como se ele fosse um mendigo, e pedia sucessos de ídolos da velha guarda, como Cauby Peixoto e Nelson Gonçalves.

Apesar dessa experiência solo e acústica, acho que o sonho do Renato sempre foi ter um grupo de rock, desde criança. Ele escreveu muitas páginas em inglês sobre bandas imaginárias, como a 42nd Street Band, na qual assumia a persona de um baixista inglês chamado Eric Russell, que integrava um grupo de blues com os guitarristas Mick Taylor (ex-Rolling Stones) e Jeff Beck. Ele descrevia detalhadamente a trajetória de Russell, "transcrevia" as suas entrevistas e se referia à recepção de sua obra pelos críticos, que comentavam cada música fictícia. A sua criatividade era impressionante. Sempre foi.

Em meados de 1982, o Renato desistiu de ser o Trovador Solitário. Foi em uma festa no Lago Sul que ele cruzou com o Bonfá e o chamou para fazer uma banda. A sua intenção era que os dois constituíssem o cerne do grupo (um no baixo e o outro na bateria), sem guitarrista fixo. Cada músico seria convidado, de acordo com as suas características, a contribuir em uma determinada canção. Em seu caderno de anotações (reproduzido pelo Carlos Marcelo), o Renato considera que esse núcleo da Legião – com ele e o Bonfá – foi formado em julho. A intenção por trás do tal rodízio de instrumentistas era ter um som mais diversificado, mas essa proposta não foi adiante. O conjunto começou com o Paraná, guitarrista mais técnico do que a média da turma, com uma pegada hard rock, e o Paulo Paulista, que tocava um teclado Casiotone. Os quatro se reuniram para um ensaio em agosto e, no primeiro *release* da Legião (documento que faz parte do acervo da Fernanda), o Renato aponta esse mês como o da formação de fato da banda. Na época, o cenário musical de Brasília era mais ou menos este: a Plebe era a principal banda; o Capital já existia (ele foi fundado logo após o fim do Aborto), embora o Dinho só tenha entrado para o grupo em julho de 1983; e o XXX (mais tarde, Escola de Escândalo) estava começando a tocar, e o seu potencial era tão grande quanto o das outras bandas que gravariam disco – o Bernardo Mueller era considerado um dos melhores letristas da turma. No Rio, Os Paralamas estavam prestes a fazer as suas primeiras apresentações, com o João Barone na bateria.

O rock brasileiro tinha começado a mostrar a sua força, a sua viabilidade comercial, e esse tipo de notícia chegava a Brasília. Lembro que a revista *Veja* passou a abordar as bandas nacionais, e isso me deixou entusiasmado. Quando comecei a escrever este livro, eu me recordava vagamente de ter visto fotos da Blitz e do João Penca e Seus Miquinhos Amestrados em tal publicação. A consulta ao acervo *online* da *Veja* confirma que, em fevereiro de 1982, o João Penca foi tema de uma reportagem que ressaltava o fato de o grupo ter atraído setecentas pessoas para uma festa chamada *Rock, Meu Bem*, no Rio. Em junho, um texto de duas páginas afirmava que uma "nova geração" do rock tinha invadido as rádios na trilha aberta por Rita Lee, tratada como a maior estrela do gênero. Havia nessa reportagem uma foto da Blitz, mas também do Rádio Táxi, do Lulu Santos, do Ricardo Graça Mello e do Barão Vermelho. Finalmente, em dezembro, ao realizar um balanço de 1982, a publicação considerou a Blitz um dos destaques do "ano do bom astral" na música brasileira. "Você não soube me amar" foi um sucesso estrondoso e todo mundo repetia a frase "Ok, você venceu". O compacto com essa música vendeu 1 milhão de cópias e eu, é claro, comprei o disco *As aventuras da Blitz*, que incluía outros *hits*, como "Mais uma de amor (Geme Geme)". Esse vinil chegou ao mercado com as duas últimas músicas do lado B propositadamente arranhadas, porque haviam sido vetadas pela censura. E isso não impediu que cerca de 500 mil exemplares dele fossem vendidos.

A Blitz tinha um sotaque fortemente carioca e o Rio tinha estabelecido em 1982 um circuito roqueiro da maior importância, com o Circo

Voador e a Rádio Fluminense. Aquela casa de espetáculos abria espaço para shows de bandas amadoras que esta emissora veiculava em sua programação, após selecionar as fitas demo enviadas de todo o País. Como se convencionou dizer, 1982 foi o verão do rock. A sensação de que a turma de Brasília vivia em uma bolha começava a sumir. O sentimento era o de que essa era a hora, e de que o bonde não podia passar sem que a galera do rock de Brasília estivesse dentro dele. É interessante como o Herbert tinha uma percepção diferente acerca desse processo. Ele disse para o Marchetti que chegava a ter inveja das bandas da capital da República porque elas dispunham de mais espaços para tocar! Ele querendo ir a Brasília, e a gente querendo ir ao Rio. A respeito dos grupos do Distrito Federal, havia uma característica que deve ser ressaltada: nenhum deles tocava *cover*. Essa é uma questão interessante. A primeira vez que a Legião tocou músicas inteiras de outros artistas foi em 1988, quando fez um show com muitos *covers*, na comemoração de três anos da revista *Bizz*.

Em 1982, o rock brasileiro conquistava fatias mais consideráveis do mercado fonográfico. No dia 5 setembro, a Legião participou do Festival Rock no Parque, na cidade de Patos de Minas, ao lado da Plebe. O evento foi patrocinado pela TV Triângulo (da Rede Globo). Tratava-se do primeiro show do grupo, mas os cartazes anunciavam a presença do Aborto no evento. O local era bem inusitado para shows de bandas influenciadas pelo punk: um parque agropecuário, com estábulo e tudo, o qual, aliás, a turma usou por conta própria como camarim. O Marchetti cita um depoimento do Philippe Seabra, da Plebe, segundo o qual, na apresentação da Legião, o Paraná não parava de solar, o que não tinha nada a ver com a estética punk. O Renato teve que dar um chega pra lá no guitarrista, enquanto o pessoal da Plebe ria no *backstage*.

Esse festival ficou marcado não apenas por ter sido o palco da estreia oficial da Legião, mas também pela atitude abusiva da polícia, que deteve os grupos de Brasília para averiguações. Ela certamente não gostou muito do visual punk da turma, assim como das provocações dos integrantes da Plebe – que, além de terem imitado patos em alusão ao nome da cidade, perguntaram à plateia se a sigla PM significaria Patos de Minas. Porém o que mais deve ter irritado os policiais foram os versos que o Renato cantou em "Música urbana 2", mais tarde incluída no disco *Dois*: "Os PMs armados e as tropas de choque vomitam música urbana." Em 5 de setembro de 2012, o *Estado de S.Paulo* publicou uma matéria intitulada "Primeiro show da Legião Urbana completa 30 anos". A reportagem era praticamente uma homenagem à banda, e o incidente com os policiais não chegou a ser mencionado.

A formação original da Legião, que tocou em Patos de Minas, não duraria muito tempo. O Bonfá via o Paulista pejorativamente como um sub-Brian Eno (ex-Roxy Music), e o Paraná também questionava a sua contribuição. Então a banda já tocou sem tecladista no seu segundo show, em outubro, num festival ao ar-livre no Estádio do Cave, no Guará, em Brasília, com a presença de outros grupos da cidade. No mês seguinte, a Legião participou do *VI Concerto da Área de Lazer do Lago Norte* (na Ciclovia). Ainda em novembro, apresentou-se na Associação dos Servidores Civis do Brasil (ASCB), em um evento protagonizado por ninguém menos que a Blitz. O curioso foi que a Legião entrou no palco depois da atração principal. Após essa apresentação, o Paraná decidiu sair da banda, entre outros motivos, porque os seus colegas não queriam mais tocar "O cachorro", composição que agradava especialmente ao guitarrista. Embora ele tenha saído por conta própria, o Bonfá e o Renato geralmente não engoliam a sua pretensão musical. Em seguida, ele foi estudar música no Conservatório de Tatuí (SP), pois o seu lance na época era ser violonista clássico. Mas essa ainda não seria a minha vez de entrar para a Legião; em dezembro, o Bonfá e o Renato chamaram o Ico para tocar guitarra – informação encontrada no já citado caderno de anotações do vocalista. Ele ficou pouco tempo no grupo, pois tinha pânico de palco, e depois partiu para Madri, onde morava uma avó sua. O curto período em que o Ico ficou na banda foi suficiente para ele participar da criação de "O grande inverno na Rússia" e "Ainda é cedo" (sucesso do primeiro disco da Legião).

Mais uma vez, a Legião ficou sem guitarrista. Dessa vez, o grupo tinha no horizonte um festival com a presença dos principais nomes do rock de Brasília, no teatro da Associação Brasileira de Odontologia (ABO), na 616 Sul. De acordo com o cartaz de divulgação – outro documento do acervo da Fernanda –, em dois fins de semana consecutivos (duas sextas, dois sábados e dois domingos) se apresentariam, além da Legião, a Plebe, o XXX e o Capital (ainda com a Heloísa no vocal). Quando entrei para a banda, em março de 1983, faltava apenas um mês para esse evento, intitulado *Temporada de Rock Brasiliense*. Ele foi o primeiro organizado pela turma, e contou com o patrocínio da Ellus Jeans. A Legião tocaria nos dias 23, 24 e 29 de abril. Era um teatro pequeno, mas com uma estrutura boa, capaz de comportar umas duzentas pessoas. E a ideia era demarcar o território por meio de um grande acontecimento: "Olha, aqui estamos nós, e essas são as bandas de rock deste lugar." De fato, o festival foi um marco, e a partir dele os shows dos grupos de Brasília passaram a ser mais organizados e profissionais.

Eu sabia que o momento era especial para quem tocava e curtia rock. Por essa razão, ao ser chamado para fazer parte da Legião, abandonei o plano de morar na França com o meu pai. O Pedro, que morava comigo, disse para mim que o Renato e o Bonfá estavam precisando de um guitarrista e que estavam pensando em me chamar, caso eu fizesse um som tipo Talking Heads. O primeiro disco dessa banda era um dos preferidos da turma: toda sexta-feira, a gente ia para uma quebrada na UnB, fazia uma fogueira, e colocava o *Talking Heads: 77* no toca-fitas do carro. Então eu fiquei entusiasmado com aquela notícia. Foi em uma festa que o Bonfá se virou para mim e falou: "Cara, vamos fazer um som? Você está a fim? Tem um festival daqui a um mês!" E em seguida veio o Renato: "Vamos fazer, vamos nessa!" Enfim, eu estava com 17 para 18 anos e pensei: "Vai ser maravilhoso." Aquele era um convite de respeito e por isso eu o recebi muito bem. Mais tarde, o Dinho revelou que ficou arrasado por não ter sido chamado pelo Renato, porque se considerava um dos principais interlocutores dele. Seja como for, as coisas estavam realmente acontecendo para mim. Eu tinha passado no vestibular e agora iria levar um som com o Bonfá e o Renato, que era um sujeito incrível, com um imenso prestígio entre nós. Com isso, a Legião constituía o trio que se manteria unido até o fim da banda.

1969 logo após a cirurgia no olho em Montevidéu, Uruguai

II

SERÁ QUE VAMOS CONSEGUIR VENCER?

O Renato e o Bonfá chegaram à conclusão de que o nome Legião Urbana seria perfeito para a banda porque sintetizaria o momento vivido por nós em Brasília. Aquela coisa de andar sempre em turma, de morar na cidade... Na hora de explicar publicamente o porquê de a dupla ter optado por aquele nome, o Renato viajava. Dizia que Legião Urbana teria a ver com o filme *Brigade mondaine* (*A brigada mundana*), do Jacques Scandelari, de 1978, e com as Brigadas Vermelhas, uma organização guerrilheira italiana dos anos 1970. Ele citava também a Legião Romana e assim acabava dando um jeito de incluir a Bíblia nessa história. Os soldados de Roma eram figuras comuns no cotidiano da "Terra Santa", e metáforas acerca dos militares são encontradas no *Novo Testamento*. Embora as explicações pudessem ser confusas, o nome me parecia simplesmente algo que eu tinha que abraçar para acreditar – e foi o que eu fiz.

No mês que antecedeu aquele festival na ABO, o Hermano foi visitar Brasília. Ele escrevia em uma revista cultural chamada *Mixtura Moderna* e estava atrás de um objeto de estudo para desenvolver um trabalho de campo antropológico – o que ele continua fazendo até hoje. Ele queria saber o que era aquela cena alternativa e amadora do rock de Brasília. Claro que, por conta das relações pessoais, ele tinha um *feedback* do que estava acontecendo por lá. O Hermano havia morado em Brasília com o Herbert Vianna (seu irmão) e, quando decidiu fazer a reportagem, Os

Paralamas do Sucesso estavam despontando. No dia em que o Hermano chegou a Brasília, a galera das bandas combinou de encontrá-lo em uma festa na embaixada de um país árabe, no Lago Sul. Em depoimento ao Paulo Marchetti, publicado n'*O Diário da Turma 1976-1986: a história do rock de Brasília*, o Hermano disse que ouviu mil avisos de que o Renato era difícil de lidar. Tendo chegado tarde da noite àquele evento, o vocalista da Legião contou ao visitante que não saía mais de casa, e que só tinha ido até lá para conhecê-lo. Mais tarde, o Hermano afirmaria que foi engraçado ser recebido como o "salvador da pátria", como aquele que divulgaria ao País o cenário rock da capital federal.

No dia seguinte, foi organizado na casa do Fê, local de ensaios do Capital Inicial – e, portanto, onde havia uma estrutura mínima de instrumentos e amplificadores –, um showzinho particular para o Hermano com as bandas amigas (Plebe Rude, XXX, Legião e o próprio Capital). Eu tinha sido convidado para entrar na Legião em uma quinta e o evento ocorreu em um sábado. Cada grupo tocou uma música, e a nossa foi "Ainda é cedo" – a mais bem-estruturada do nosso repertório até então, embora ainda não tivesse nome –, com três acordes. Eu me lembro perfeitamente de o Renato me ter passado essa composição, dizendo: "Você vai fazer uns barulhinhos tipo Andy Gill, Gang of Four, sacou?" Falei: "Beleza." Eu não precisei tocar nem um acorde sequer naquela apresentação que seria a minha primeira com a Legião – depois, reelaboramos "Ainda é cedo" e me tornei coautor dela. Finalmente, no terceiro dia da visita do Hermano, ele pintou no ensaio da Legião e entrevistou o Renato durante horas.

Depois desse contato com o Hermano, havia um grande desafio pela frente, que era montar um *set* de, pelo menos, umas oito músicas para tocar no festival da ABO. Em suma, precisávamos de um repertório. Fazíamos ensaios diários, sistemáticos, geralmente com a presença dos três componentes da banda, mas, às vezes, só eu e o Renato – que era um excelente baixista, com influências da Motown, do Paul McCartney e do Jah Wobble (PIL), mas sem perder de vista o punk.

Nessa época, as bandas alugavam juntas uma sala de ensaios no Brasília Radio Center, um prédio comercial. Ela foi equipada com o amplificador de guitarra do Philippe Seabra, com o Duovox que o Renato utilizava para o baixo, e as baterias do Bonfá e do Gutje Woortmann (também da Plebe, assim como o primeiro). Quando não tinha vaga no Brasília Radio Center, ensaiávamos no quarto do Renato mesmo. O nosso repertório foi sendo montado nesses dois lugares, e boa parte dessas músicas apareceria no álbum de estreia da Legião. Nessas semanas de ensaios exaustivos, nós fizemos "Teorema", "Petróleo do futuro", "A dança" e "Perdidos no espaço". Não havia ainda "Será", que só seria composta um pouco antes de o disco ser gravado, em 1984.

Surpreendentemente, conseguimos preencher os cinquenta minutos aos quais tínhamos direito no show da ABO. Realmente, foi ali que a nossa identidade foi formatada. No livro *Renato Russo: o filho da revolução*, o Carlos Marcelo afirma que o público do festival vibrou mais com a apresentação da Plebe. No trabalho do Marchetti, há depoimentos do Buticão (um integrante da turma) e do Flávio Lemos, que, respectivamente, gostaram mais das performances do XXX e da Plebe. Mas, em *Renato Russo: o Trovador Solitário*, o Arthur Dapieve defende a ideia de que a Legião se sobressaiu em tal evento. Eu concordo com essa avaliação e até disse a ele que o principal motivo de termos vencido aquele páreo – apesar das poucas semanas de ensaio com a nova formação – se chamava Renato Russo (isso, é claro, sem esquecer aqueles outros dois caras que seguraram as pontas durante o show). A maioria do público era composta por amigos e amigos dos amigos. Lembro que toquei com uma calça de pijama, daqueles clássicos, listrados, estilo vovô. O mais importante é que a Legião saiu do festival muito mais consistente.

No mês seguinte, em maio de 1983, marcamos presença no *Expoarte VIII* da UnB, no Teatro Galpão, e também no *III Festival de Windsurf da Lagoa Formosa*, em Planaltina (GO), evento com apoio do Guaraná Antártica. Embora a banda estivesse mais coesa, o nosso relacionamento interno não era nem nunca chegaria a ser como o d'Os Paralamas, ou como eu acho que era o do Barão Vermelho. Cada um de nós sempre foi muito reservado em relação aos outros membros do grupo. Quando tínhamos um show, éramos "um por todos, todos por um", mas, fora do palco, nunca existiu uma grande cumplicidade. Éramos amigos, claro, porém, em primeiro lugar, vinha a Legião. Isso ficaria muito claro para mim com o passar do tempo. Quando fomos ao Rio de Janeiro gravar o primeiro disco, em 1984, ficamos todos em um hotel, juntos, como uma banda em viagem. Mas, em meados de 1985, quando fomos morar de vez na cidade, cada um foi para um canto. O Bonfá, para a Barra da Tijuca (Zona Oeste); o Renato, para a Ilha do Governador (Zona Norte); e eu, para a Gávea (Zona Sul). Nem sequer cogitamos dividir um apartamento, até porque eu já estava casado. Enfim, sempre fomos, acima de tudo, um grupo de rock, e era isso que nos unia. Desde os primeiros momentos, como nos shows da ABO, isso talvez estivesse claro para nós.

Em 1983, tudo acontecia muito rápido para mim e eu não tinha muito tempo para refletir sobre isso. A reportagem do Hermano para a *Mixtura Moderna* foi publicada em junho. Sobre a Legião, ele ressaltou o talento do Renato como cantor e letrista, e também as bandas que tínhamos como referência: "Renato, dono de uma voz poderosa, é o primeiro grande cantor do rock nacional. Também letrista de grande originalidade (...), seus temas e imagens são uma reação direta às metáforas estúpidas que dominaram a nossa música popular em todo o decorrer dos anos 70. (...) A música da Legião Urbana está muito próxima do som de grupos como Joy Division, Public Image e Cure, suas principais influências." Essa foi a primeira vez que o rock de Brasília cruzou a fronteira e chegou às bancas do Rio e de São Paulo. Isso foi definitivamente uma conquista e realmente nos incentivou. A matéria fez muitas pessoas perceberem que havia em Brasília um movimento de bandas correspondente àquilo que acontecia nas principais cidades do País. No Rio, Os Paralamas e o Barão já conseguiam encher uma casa como o Circo Voador. A Blitz, então, já tocava em ginásios.

Também em junho de 1983, Os Paralamas lançaram o compacto "Vital e sua moto"/ "Patrulha noturna", pela EMI-Odeon. Lembro que eu ouvia com frequência a primeira música nas rádios, em lojas de discos do Conic – alcunha do Setor de Diversões Sul, um centro comercial de Brasília – e também em redes especializadas, como a Gabriela, no Rio. A gente então falou: "Cara, a bomba estourou muito próximo, está aqui do lado. Por que não?" Ainda em 1983, Os Paralamas gravaram "Química" no seu primeiro LP, *Cinema mudo*, que conta ainda com outra composição do Renato, em parceria com o Herbert e o Barone, chamada "O que eu não disse". No livro *Os Paralamas do Sucesso: vamo batê lata* (Editora 34, 2003), o Jamari França conta uma história curiosa sobre o álbum de estreia dessa banda, envolvendo outro legionário. O Bonfá foi chamado para assobiar na faixa "Vovó Ondina é gente fina", mas o assobio dele falhou na hora da gravação, e a música chegou ao público sem a sua participação. Dizem que foi uma cena engraçadíssima...

Outra conquista naquele ano foi termos conseguido alcançar a Rádio Fluminense FM, onde o Maurício Valladares tinha um programa chamado *Rock Alive*. Essa emissora era uma força aliada do rock brasileiro, uma caixa de ressonância no Rio que, por sua vez, era (e talvez ainda seja) o principal polo cultural do País. Tendo como alvo justamente a Fluminense, começamos a gravar as nossas músicas. Fizemos uma demo com o pessoal do Artmanha, em um estúdio que ficava em um prediozinho pertencente àquelas autarquias típicas de Brasília. Registramos uma versão de "Ainda é cedo" marcadamente pós-punk, com o Renato tocando um teclado Casiotone do estúdio, e mandamos para o Maurício. Ele colocou a gravação no ar e acho que essa foi a primeira vez que a Legião tocou no rádio.

Nossa música já atingia o Rio, mas ainda não tínhamos muito público em Brasília. O País estava lentamente se redemocratizando, os milicos estavam entregando os pontos, e havia uma sensação de liberdade maior. Porém, até mesmo no ambiente universitário, menos careta do que muitos outros, essa coisa do punk rock, ou do rock de uma maneira geral, ainda era um pouco discriminada. Para parte dos estudantes mais engajados, fazíamos "música imperialista". Lembro que um pessoal do Partido Comunista do Brasil (PCdoB), seguidor da linha albanesa na época, nos acusava disso. Na visão dessa turma, ainda que cantássemos em português, o nosso jeito de tocar era "americano", "importado" e outras besteiras do gênero. Mas, é claro, esse era apenas um lado da moeda: o pessoal do Diretório Central dos Estudantes (DCE), também militante, promovia festivais de música (como o *Expoarte*) e nos chamava para tocar. A questão é que, mesmo nesses eventos universitários, nós acabávamos tocando para pouca gente.

A minha experiência na universidade, aliás, foi muito rápida. No meu primeiro e único ano na UnB, em 1983, eu fiquei decepcionado.

Na primeira aula, de Português, o professor levantou a questão: "O que é o verbo?" Eu pensei: "Não, não acredito que é essa merda que vou ter que estudar..." Por isso, eu acabei assistindo a pouquíssimas aulas. Mas durante todo esse primeiro ano eu ainda me mantive matriculado. Achava a universidade bonita e cheguei a fazer uns amigos, principalmente entre os maconheiros do campus...

Depois de termos aparecido em uma revista que circulava na região Sudeste e emplacado uma fita demo em uma rádio carioca, nós recebemos um convite para tocar no Circo Voador, em um projeto chamado *Rock Voador Brasil*. O show foi marcado para o dia 23 de julho e ensaiamos intensamente no curto período que havia até lá. A casa estava fervendo naquela noite, principalmente porque a atração principal era o Lobão e os Ronaldos. Eu realmente me amarrava no seu primeiro disco, o *Cena de cinema* (1982); inclusive, quando o saiu o *Murmur* (1983), do R.E.M., do qual também gosto bastante, eu o achei meio parecido com o LP do Lobão. Na época dessa apresentação, a banda dele tinha a Alice Pink Pank nos vocais de apoio e nos teclados. Eu me amarrava na Alice desde quando ela tocava com a Gang 90 e as Absurdettes. Mas eu fiquei incomodado com o fato de que, volta e meia, o Lobão gritava para a plateia: "rock n' roll!" Aquele grito primal me incomodava muito e eu pensava: "Por que o cara está gritando isso???" Era como se ele, o Lobão, estivesse tentando sustentar e afirmar um rótulo clichê. Embora o campo do rock ainda não estivesse consolidado, aquilo me soava chato e desnecessário. Mais tarde, ele pararia com esse negócio e até batizaria um disco com o nome de *O rock errou* (1986).

Naquele show do Circo Voador, em que o Capital também tocou, nós éramos simplesmente mais uma banda de Brasília. Ninguém nos conhecia, mas a reação da plateia foi boa. Acho que, nessa época, os ouvidos e o espírito das pessoas estavam muito abertos e receptivos para o que surgisse de interessante. Era um momento de ruptura – tanto na política, quanto na cultura –, e as coisas pareciam tomar um rumo novo. No dia da apresentação, o *Jornal do Brasil* publicou um texto do Jamari intitulado: "O rock de Brasília desce o planalto". A matéria abordava a turma da Colina, a história do punk em Brasília, as principais bandas da cidade, mas também o desafio vivido pela Legião naquele momento, segundo o Renato: "(...) a busca de uma linguagem e estilo que aproximem o experimental do pop sem cair no pasteurizado ou em soluções fáceis." Na verdade, essa proposta continuou nos orientando ao longo de nossa trajetória. O nosso vocalista já sabia muito bem o que dizer à imprensa, e deu o seu recado: estava na hora de os grandes centros conhecerem o que se fazia no resto do País.

O Renato tocou com o baixo do Bi, um Fender Precision preto. Aliás, há 15 anos esse instrumento está no meu estúdio, ou seja, o Bi me empresta esse baixo há muito tempo. Sempre que eu o encontro, digo: "Ó, teu baixo está lá..." Para completar, eu toquei com uma Gibson SG, também preta, emprestada pelo Herbert. A gente ainda não tinha instrumentos de qualidade para se apresentar nos palcos importantes do País. Só depois desse show é que eu viria a ter minha primeira guitarra de verdade (já que a "guitarra-boi" não pode ser incluída nessa categoria): uma Ibanez Roadstar 2, bem característica dos anos 1980, comprada quando eu estava de passagem pela capital francesa, antes de visitar o meu pai em Marselha e assistir ao casamento da minha irmã Isabel. "Putz, que maravilha, consegui um instrumento" – eu me lembro ainda hoje do meu entusiasmo.

Nosso próximo compromisso foi em setembro de 1983, no *II Festival Livre de Música Popular* (Flimpo) da UnB, quando apresentamos "A dança", que não chegou a ser classificada. Em outubro, o Renato – que conhecia toda a galera da imprensa local e tinha talento para produtor – descolou um show bem bacana na Escola Parque, no dia 10, onde fizemos uma gravação *overall*. Esse evento teve apoio do governo do Distrito Federal, da Fundação Cultural e da Secretaria de Educação e Saúde. Já nos dias 20 e 21, tocaríamos no Napalm, um buraco meio punk no centro de São Paulo, que foi um dos palcos mais importantes do rock naquela cidade (apesar de ter existido por apenas cinco meses). O João Gordo era o *barman* de lá: ele tinha 19 anos, e era magrinho, se comparado com o que é hoje.

Seria a nossa primeira vez em São Paulo, e foi nessa ocasião que eu me aproximei do pessoal das bandas de lá. O fato é que ouvíamos muito mais o rock paulista e o achávamos mais visceral, mais pulsante, com aquele 4/4 acelerado típico do punk. Em fevereiro de 1983, eu havia ido com o Pedro Ribeiro e o Dinho ao Western Club, no Rio, ver o Lixomania, uma banda punk de São Paulo. Eu tinha estado em São Paulo também, circulando com a nossa demo e o *release* que o Renato tinha escrito – e acabei vendo um show do Ira! (embora o seu nome ainda não incluísse o ponto de exclamação). O André Villar, primo do Fê e do Flávio, também fez esse trabalho de divulgação do rock de Brasília em Sampa, tendo estado justamente no Napalm para entregar à Fernanda, então programadora da casa (e que se tornaria minha mulher), uma fita com músicas da Legião, Plebe e Capital.

Se o interesse pelos grupos de São Paulo vinha de antes, foi no Napalm que começamos a interagir de fato com essa galera. Existe uma filmagem do momento em que o Nasi, vocalista do Ira!, me apresentou à Fernanda no Napalm. Ela costuma dizer que, logo na primeira audição daquela *demo*, foi possível perceber que a Legião era a banda a ser convidada para se apresentar na casa. O engraçado é que o Renato fez o maior jogo duro na hora de negociar com a Fernanda. Queria saber quanto a banda receberia e fingiu não estar muito interessado naquela oportunidade – enfim, comportou-se como se a Legião fosse uma grande banda. Porém, não demorou muito, eles descobriram ter muitas afinidades musicais e passaram a ficar horas ao telefone conversando sobre o assunto (era o Renato quem costumava ligar).

O que os aproximou foi a admiração pelos Young Marble Giants, que lançaram apenas um disco, o *Colossal youth* (1980). Outra banda de que eles gostavam era o Gang of Four. O gosto musical, acho que para todos nós naquela época, era muito relevante na hora de fazer amizades. Por essas e outras, ela manteve o convite para a gente tocar no Napalm, mesmo com as dificuldades impostas pelo Renato. O problema era que o convite foi para dois shows, em dois dias consecutivos, e a data do segundo batia com a de uma apresentação que faríamos novamente no Circo Voador, que era a vitrine desse rock emergente. O Renato pensou em resolver a questão da coincidência de datas da seguinte maneira: faríamos a primeira noite em São Paulo e, ainda de madrugada, fugiríamos para o Rio, sem falar nada com ninguém. Mas acabamos ficando em Sampa para o show do dia 21, entre outros motivos, porque o lance no Circo Voador não valia muito a pena – o convite feito pela Maria Juçá era

1976 com meus amigos senegaleses, Thierno e Omar em Paris, França

para que participássemos de um evento com diversos artistas naquele dia. Com a maior naturalidade, o Renato chegou a revelar sua intenção original à Fernanda; conforme disse o nosso vocalista, a ideia da fuga não se concretizou porque seria sacanagem com ela.

No dia da nossa estreia no Napalm, chegamos mais cedo para passar o som, e eu fui tomar uma Coca-Cola no bar em frente. Eu estava com uma calça do Exército e uma camisa social azul meio rasgada, com a inscrição "Capital Inicial", porque a turma de Brasília costumava vestir camisas com o nome das bandas da cidade. Quando entrei no bar, o ambiente estava tomado por punks, que imediatamente se viraram e me encararam. Quando eu vi o primeiro cara, um negão, eu o reconheci: era o Clemente, dos Inocentes. Falei para ele: "Cara, a minha banda vai tocar ali no Napalm, tem uns ingressos aqui, se quiser pinta lá." Era a primeira vez que eu falava com ele, que foi muito receptivo.

De volta ao Napalm, quando passávamos o som, começou a rolar uma reunião, na nossa frente, com os representantes das bandas que costumavam tocar lá – Mercenárias, Voluntários da Pátria, Ira!, Azul 29, etc. Eram umas oito pessoas discutindo com o dono do local, o Ricardo Lobo, que filmava em VHS todos os grupos que se apresentavam naquele palco. E eles estavam lá pleiteando justamente que fossem pagos para serem filmados. A Sandra, baixista das Mercenárias, falou: "O cara está nos filmando e não nos paga nada por isso; estamos falando para ele que não tocamos mais aqui se nos filmarem!" Nós, da Legião, perguntamos: "Vamos tocar aqui hoje. Então, se não pagar, não pode filmar. É isso?" Alguém respondeu: "É isso mesmo. É o que a gente está decidindo aqui, agora!" Naquele momento, resolvemos tomar parte da nossa categoria. Na hora em que subimos no palco para tocar, lá estava o Ricardo, com o tripé dele, pronto para filmar. Nós três nos olhamos, sem saber exatamente o que fazer, e o Bonfá falou: "Deixa comigo!" Ele saiu da bateria, cutucou o Ricardo e falou: "Não filma. Se filmar, a gente não toca!" O cara recolheu tudo e fizemos o show – por causa disso, todo mundo que passou pelo Napalm tem uma filmagem, menos a Legião...

A verdade é que o público da casa foi hostil conosco. Enquanto tocávamos, havia em frente ao palco uns punks virados de costas; e a plateia, no geral, formada por umas trinta pessoas (ou nem isso), parecia não estar gostando. Houve até mesmo um cara que logo começou a gritar, com aquele sotaque paulistano carregado: "Mais forte, filho de general, mais forte!" Que situação... Não satisfeitos, ainda roubaram o meu casaco! Mas fomos até o fim e fizemos todo o show. O melhor dessa noite, sem dúvida, foi ter conhecido a Fernanda. Na madrugada, eu fui para a casa dela e nos apaixonamos. Totalmente encantado por ela, eu retornava sempre que podia a São Paulo para vê-la. Em dezembro de 1983, estivemos novamente na cidade, dessa vez no Rose Bom Bom (onde a Fernanda era programadora), na Rua Oscar Freire, um das mais chiques dos Jardins. Nessa época, nós ganhávamos um cachê mínimo, próximo do que hoje seriam uns trezentos reais, para dividir por nós três – logo, só viajávamos de ônibus.

No fim do ano fomos surpreendidos com a ligação do Jorge Davidson, diretor artístico da EMI-Odeon. O Herbert tinha dado a ele uma fita cassete com umas músicas do Renato. O Jorge ligou para o nosso vocalista e disse: "Venham fazer uma demo aqui na EMI." Nós seríamos a primeira banda de Brasília a pisar em uma gravadora do Sudeste. O Renato estava eufórico e foi ele mesmo quem chamou a Fernanda para ser a nossa empresária. Em dezembro, todos nós fomos para o Rio. Foi um verão cheio de expectativas.

A EMI pagou a nossa passagem de avião e também a nossa hospedagem no Hotel Astoria, na República do Peru, em Copacabana. Ficamos os três em um mesmo quarto. A turma d'Os Paralamas fez a intermediação com a gravadora, que queria uma demo, com duas ou três músicas da Legião. A EMI designou o Marcelo Sussekind – guitarrista do Herva Doce e produtor do primeiro disco d'Os Paralamas – para nos produzir e gostamos dessa notícia. Vínhamos de um estúdio minúsculo de Brasília, com uma mesa de quatro canais e, de repente, caímos ali naquele paraíso. Estávamos agora nos estúdios de uma gravadora com muita história, com dimensão nacional e internacional. Além dessa estrutura enorme, a EMI era a gravadora dos Beatles: eu (fã deles desde criança) e o Renato (um beatlemaníaco febril) ficamos especialmente empolgados. Mas o Bonfá também estava superanimado, mesmo sem curtir o quarteto de Liverpool. Entramos os três nos estúdios da EMI como se estivéssemos entrando na Disneylândia. Eu tinha 18 anos e tocava punk rock. O meu único pedal de guitarra era um MXR Distortion +, porém agora eu tinha acesso a toda uma aparelhagem de primeira. O amplificador de guitarra era um Fender Twin, e eu utilizei a guitarra que havia comprado na França, a Ibanez Roadstar 2.

Permanecemos uma semana no estúdio. Recebíamos dinheiro para a alimentação e íamos de ônibus para o estúdio. A EMI ficava na Mena Barreto, 151, em Botafogo. Lá comíamos sanduíches e às vezes pedíamos pizza no Bella Blu ou na Cantina Calabresa. Ficamos lá no estúdio 2 fazendo o que sabíamos fazer. Um dia, o Hermano apareceu por lá com o Lulu Santos, um dos grandes guitarristas brasileiros, de quem eu já era fã. E parece que o Lulu, ouvindo aquela zoeira no estúdio, disse ao Hermano: "O rock morreu aqui." Sabe-se lá o que ele quis dizer com isso. O Herbert foi outro que pintou no estúdio, e até levou um som conosco.

Gravamos "Geração Coca-Cola", "Ainda é cedo" e, possivelmente, mais outra. O problema é que estávamos recebendo uma resposta negativa da diretoria da gravadora, sem mais detalhes. A versão de "Geração Coca-Cola" que foi enviada aos executivos da EMI voltou com um monossilábico "não". O Sussekind falava: "Não é isso o que eles querem." "Mas o que eles querem?", retrucávamos. "Não sei, mas não é isso", respondia o nosso produtor. Lembro que uma vez chegamos à noite ao quarto, esbravejando: "O que esses caras querem? Nós somos um trio criado no punk rock, são esses três acordes aqui, a nossa música é assim, e é isso que sabemos e gostamos de fazer. Como arranjar isso de outra forma?" Então o Renato falou: "Vamos fazer uma versão de 'Geração' tipo 'All cats are grey', do The Cure. "É uma ideia, vamos tentar!" Era para tirar um pouco da agressividade do arranjo, em favor de uma sonoridade mais *cool*. E o que tínhamos de referência em termos de música mais calma e climática era aquela trilogia do The Cure: *Seventeen Seconds* (1980), *Faith* (1981) e *Pornography* (1982).

Modificamos o arranjo de "Geração Coca-Cola", mas novamente não rolou. Pensando bem, ela deve ter ficado um lixo. O Sussekind percebeu que estava perdendo tempo e falou ao Jorge: "Olha, esses caras aí não vão fazer o que você está querendo, e eu vou embora." E foi mesmo. Mas o Jorge acreditava muito na Legião e, imediatamente, arrumou outro produtor, o Rick Ferreira, um cara superastral, que havia produzido o Raul Seixas e também tocava guitarra com ele. O Rick tem uma pegada bem country rock e também é especialista em *lap steel guitar*. Mas acabou rolando um conflito de gerações entre ele e a banda, ou certo desencontro de referências musicais. Nós lamentávamos o fato de que o Rick não conhecesse nem o U2, enquanto ele achava que não tocávamos bem o suficiente. Passávamos horas gravando no estúdio, chegando às 15h e saindo às 3h. Gravávamos uma demo e depois íamos dormir no hotel.

A certa altura, fomos chamados para uma conversa com o Jorge, que falou: "O que eu quero de vocês é isso aqui." Então ele pegou um disco do Bob Seger e botou para tocar. Era aquele estilo country rock, e isso explicava a escolha do Rick para nos produzir. O problema é que nenhuma das nossas músicas cabia naquele formato. Ouvimos aquilo, olhamos um para o outro e pensamos: "Fodeu." Eu, aliás, nunca tinha ouvido falar no Seger. Por fim, o Rick também desistiu de nós. Mais tarde, ficaríamos sabendo que essa falta de sintonia entre nós e a direção da gravadora foi um grande mal-entendido. O Herbert tinha levado para o Jorge a fita cassete do Trovador Solitário, em que o Renato mostra o seu repertório ("Faroeste caboclo", "Eduardo e Mônica", etc.) no esquema voz e violão. Isso ajuda a entender o porquê de os diretores da EMI terem exigido um trabalho na linha do country rock. Eles tinham aquela demo do Renato como referência, e por isso se assustaram com as músicas mais elétricas, pulsantes e sujas que lhes oferecemos.

Com as sucessivas recusas dos executivos da gravadora, ficamos sem alternativa e decidimos voltar a Brasília. E foi justamente nesse momento de incerteza que surgiu uma figura que nos acompanharia por muitos anos, o Mayrton Bahia, gerente de *cast* da gravadora (ou gerente de produção, como se dizia na época). Ele é um cara de Niterói, com uma formação mais técnica, porém com muita sensibilidade musical. Tinha produzido muita gente boa, como Elis Regina, Djavan e Ivan Lins; ou seja, todo um pessoal que havia passado pela EMI na segunda metade dos anos 1970 e início dos 1980. O Mayrton tinha bastante prestígio e, não por acaso, havia sido escalado para produzir o terceiro disco da Blitz (a ser lançado em 1985), que era campeã de vendas do rock brasileiro. É inegável que a sua presença fosse forte na gravadora, e que ele tivesse bons contatos lá dentro, em especial com o Jorge. Mas ele não era o diretor artístico (como este último) e, portanto, não tinha poder de decisão. Mais tarde, o trabalho com a Legião contribuiria para ele se tornar um profissional ainda mais consagrado. Até hoje, ele mantém os discos de ouro da banda pendurados nas paredes de uma sala de aula da Universidade Estácio de Sá, onde coordena o curso de Produção Fonográfica.

Sabendo mais ou menos o que estava acontecendo, o Mayrton nos chamou à sala de mixagem da EMI, e disse: "Meninos, vamos conversar, relaxem." Ele passou a noite inteira nos explicando como tudo funcionava dentro da companhia, e o que era aquele momento da indústria musical brasileira. O Renato, como não poderia deixar de ser, também falou pra caramba, explicando quem nós éramos e o que pretendíamos. Foi uma longa e ótima conversa. E, ao fim, o Mayrton falou: "Eu vou produzir vocês no ano que vem. Vão para casa, ensaiem e, quando virar o ano, a gente vai chamar vocês de volta." Aquilo foi um alívio, pois encontramos alguém que entendeu o que queríamos e sabia aonde poderíamos chegar.

Conversando recentemente com o Mayrton, ele me disse que possivelmente os produtores da EMI estavam tentando fazer com a Legião o que era muito comum na época: limpar o som. E nós, evidentemente, não poderíamos ter uma sonoridade *clean*. O Mayrton me lembrou ainda que a gravadora dividia os seus artistas em dois grupos: os que

1977 dublando a versão francesa do filme *The big blue marble*, Paris, França

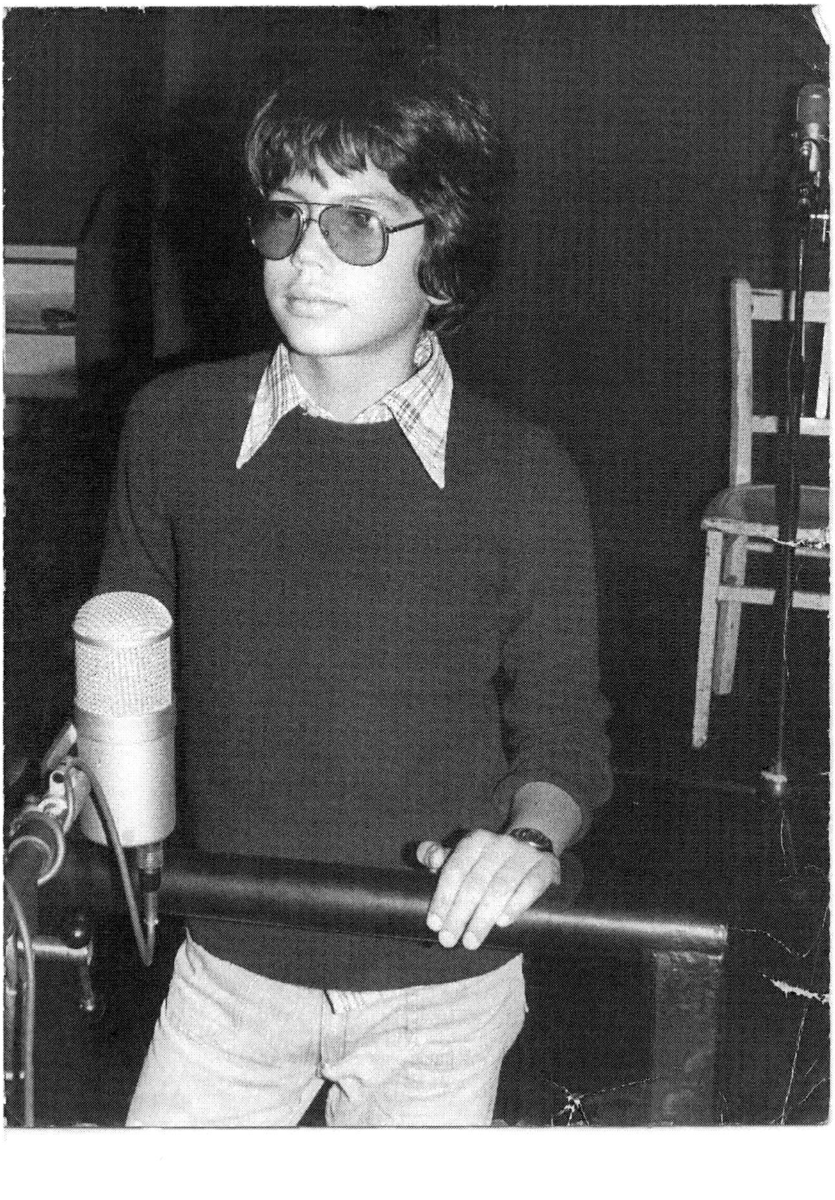

precisam ter sucesso imediato dentro de um formato padronizado, e os que gozariam de um tempo maior de maturação, com mais liberdade de criação e experimentação. Ele convenceu os diretores da gravadora de que a Legião deveria ser enquadrada neste segundo grupo, o que explica a sua promessa de nos chamar de volta em breve. Retornamos a Brasília frustrados, mas ainda tínhamos certa perspectiva. O Renato, ansioso pela tal ligação do pessoal da EMI, pediu que a Fernanda desse uma dura no Mayrton, pelo telefone, cobrando dele uma definição quanto à Legião. Mas ela logo percebeu que o produtor era gente finíssima e mudou o tom de voz.

E a vida continuou na capital federal, naquele mesmo esquema: amigos, bares, ensaios e shows. Eu dividia um apartamento com o Dinho, na 213 Sul, que eu abandonaria em meados de 1984, quando a Fernanda foi para Brasília viver sob o mesmo teto que eu, na 410 Norte – onde morava ainda uma terceira pessoa, o meu irmão. Na época, ele namorava a Cristina, filha do Rubens Ricupero, futuro ministro da Fazenda no Governo Itamar Franco, e padrinho da minha irmã Maria Clara. Como a grana era curta, eu achei ótimo quando, entre o fim de 1984 e o início de 1985, fui convocado para ocupar a casa dos meus pais no Lago Sul, abandonada desde que o funcionário de alguma embaixada cancelou o contrato de aluguel do imóvel. Mas, antes de a Fernanda se mudar para o Distrito Federal, eu constantemente ia a São Paulo para encontrá-la. O legal é que ela estava arrumando umas apresentações para a Legião nessa cidade, e assim nos víamos mais. Eu me lembro especialmente de um show "Pelas Diretas" no Centro Cultural São Paulo, no dia 23 de janeiro, quando o movimento pela volta das eleições diretas para presidente começava a crescer. Estavam lá o Tom Zé, o Ira! e o Ultraje a Rigor, entre outros. A Fernanda morava com a mãe (minha sogra, Stella) na Rua Major Quedinho, no Centro, e eu dormia lá.

No prédio em frente ao da Fernanda, havia outro bem maior, com muitos apartamentos, onde morava o Alex Antunes, que escreveria bastante sobre a Legião na revista *Bizz* e na *Folha de S.Paulo*. Ele era músico e integrava o N.º 2 e o Akira S & As Garotas que Erraram, bandas alternativas de São Paulo. O Alex dividia o aluguel com outros dois músicos/jornalistas. Um era o Celso Pucci, conhecido no meio roqueiro como Minho K, que também seria repórter da *Bizz* e do *Estado de S.Paulo*. Era o mais alucinado e tocava no N.º 2, Voluntários da Pátria, Verminose e, mais tarde, no 3 Hombres. O outro era o Cadão Volpato, que seria editor em diversas publicações, apresentador do *Metrópolis* (*TV Cultura*) e até hoje escreve artigos na imprensa. Era cantor e principal letrista do *Fellini*, um dos grupos mais cultuados do underground paulista. Para se ter uma ideia da *vibe* dessa turma, no banheiro deles havia uma foto do Paulo Maluf. Quem sentava na privada tinha que encarar a figura daquele político grotesco! E era nesse apartamento, com essa rapaziada que o Renato ficava quando íamos a São Paulo (ele dormia na sala, sem reclamar). Já o Bonfá logo arranjou uma namorada paulistana para não ter que ficar ali muitas vezes...

Mais tarde, em entrevista publicada pela *Bizz*, em maio de 1989, o Renato lembraria que o estilo de vida da rapaziada de São Paulo era *junkie*, mesmo. Aquela coisa de abrir a geladeira e só encontrar um litro de vodka para beber. Ele ficou especialmente impressionado com o comportamento mais maduro em relação ao sexo que havia naquela cidade, e teve experiências nessa área que considerou importantes para a sua vida. Eu, não por acaso, voltei casado para Brasília. O Bonfá percebeu que o nível dos músicos era mais alto – os caras geralmente dominavam o seu instrumento –, e eu quase não acreditei quando vi o Edgard Scandurra tocar. O curioso é que, em 1996, eu lançaria pela minha gravadora Rock it! o seu segundo trabalho solo, chamado *Benzina*. Ele também nos emprestava os pratos de bateria, e me lembro de andar por São Paulo inteira atrás de instrumentos. Fomos muito ajudados pelas bandas de lá, como o Azul 29. Conforme o Renato escreveu para aquela revista, tínhamos a sensação de ser os mascotes ali, e até *milk-shake* a galera nos pagava. O Thomas Pappon, outro que tocava no Fellini e escreveria na *Bizz*, além de emprestar a sua bateria, nos dava carona (e, às vezes, até almoço em sua casa). Essa turma do *underground* paulista, que brigava muito entre si, era muito amiga dos visitantes. Poucas vezes eu fiquei com raiva de alguém. Certa vez, depois do show da Legião, tocaria um grupo de rock progressivo já lendário, O Terço. O Alex foi ríspido comigo e disse para eu ficar ali e aprender a tocar guitarra com o Sérgio Hinds!

Hoje eu acho essa história engraçada. Embora não tenham conseguido sucesso comercial como músicos, aqueles caras fizeram parte de uma geração de jovens jornalistas, que foi fundamental para a consagração das bandas dos anos 1980 como porta-vozes de uma nova geração – como afirma a Érica Magi no livro *Rock and roll é o nosso trabalho: a Legião Urbana do underground ao mainstream*.

Nós circulávamos com eles, e não perdíamos nenhum show de bandas alternativas. Principalmente, conversávamos muito sobre música. Eles eram fãs de Gang of Four, cujo primeiro disco, *Entertainment!* (1979), era perfeito (e os integrantes da banda ainda eram meio estigmatizados como comunistas, maoistas, etc.). Um dia, nós paramos para ouvir o LP mais recente deles, que se chamava *Hard* (1983). Todo mundo ali ansioso ao redor de uma vitrolinha. Quando o disco começou a tocar, o som era tipo total pasteurizado FM e começava com uma voz feminina "*Is it looooove...!*" A galera se olhou e disse: "Hã? O que aconteceu? Gang of Four? Não!" Foi uma decepção, uma tragédia. Tinha sempre um violão no canto da sala e eu colocava uma pilha no Renato: "Cara, toca para eles 'Faroeste caboclo', 'Eduardo e Mônica'..." Eu queria que as pessoas conhecessem aquelas músicas que tanto ouvíamos em Brasília (mas não saíam de lá). Ele relutou um pouco, mas aceitou. "Opa, que isso? É o Bob Dylan do cerrado?", disseram os caras.

Além das apresentações em São Paulo, retornamos ao Circo Voador no dia 21 de janeiro de 1984, ao lado d'Os Paralamas, e no dia 11 de fevereiro, com o Camisa de Vênus, Lobão e Coquetel Molotov – é claro que eu só estou citando essas datas com precisão porque a Fernanda tem o registro de todos os shows que a Legião fez até outubro de 1986. Em abril, a Legião fez um giro pelas cidades-satélites do Distrito Federal, com destaque para a inauguração do Teatro Rolla Pedra, em Taguatinga, no dia 7 abril – onde a banda esteve novamente no dia 28. Eu não pude participar de uma dessas noites, porque estava em São Paulo com a Fernanda, mas o Renato e o Bonfá seguraram a onda por mim. De quebra, tocaram "Soldados" em público pela primeira vez (parceria deles e minha música preferida do primeiro disco).

No dia 5 de maio, nós voltamos à cidade de Planaltina, para participarmos do *IV Festival de Windsurf da Lagoa Formosa*, dessa vez com a Plebe e o Capital. Estava uma linda tarde de sol, com aquele visual da Lagoa, e tudo rolava no maior astral. Só que o evento havia começado e o Renato não chegava. Eu e o Bonfá pensamos: "Fodeu, a gente está longe para caramba, e ele não vai chegar." Até que aparece o Renato acompanhado da mãe, Dona Carmen, ou melhor, trazido pelo braço por ela. O nosso vocalista estava um trapo: bêbado, com olheiras, incapaz de articular uma palavra, e só por um milagre ele conseguiria cantar. A Dona Carmen colocou o Renato ao meu lado e falou: "Dado, por favor, cuida desse menino." Eu, um moleque de 18 anos, só pude responder: "Vou cuidar, sim." Levamos o Renato ao palco, onde ele segurou o baixo, mas não deu conta do vocal. O bacana foi que amigos, como o Dinho, as irmãs Ana e Helena Resende, e o Guilherme Isnard, da banda Zero (de São Paulo), saíram da plateia e subiram para cantar conosco. Eles conheciam "Geração Coca-Cola" e outras músicas mais antigas. Eu nem sei como o Renato conseguiu tocar o seu instrumento, na verdade. Mas aquilo foi um alerta. Percebemos que ele perdia o controle e que, muito provavelmente, isso aconteceria novamente.

Pouco depois fui surpreendido com a notícia de que o Renato tinha cortado o pulso esquerdo na casa dos pais. O que me disseram é que imediatamente ele se arrependeu e gritou: "Mamãe!" O nosso vocalista foi rapidamente socorrido pela família, hospitalizado, e tudo não passou de um susto. O Carlos Marcelo menciona que, momentos antes, houve um desentendimento entre mãe e filho, que tomara as dores de sua irmã, Carmem Teresa, proibida de sair com as primas. Mas outros fatores devem ter contribuído para aquela atitude do Renato, é claro. É valido lembrar que ele já vinha bebendo além da conta. Ele bebia e sumia. Ia geralmente para perto do Conic, uma área que de madrugada era habitada pela escória de Brasília. Ficava ali enchendo a cara, observando, experimentando e vivendo – e isso incrementava o universo poético do Renato, de alguma forma.

É preciso levar em conta também o romantismo exagerado do Renato, que se identificava com a história dos poetas byronistas, que, ainda novos, morriam de tuberculose (o "mal do século"). Ele se impressionava com a ideia de que "os bons morrem jovens", e no rock havia vários exemplos que reforçavam essa crença: Brian Jones, Jimi Hendrix, Janis

Joplin, Jim Morrison, Sid Vicious, Ian Curtis... E no imaginário do Renato ainda havia lugar de destaque para um escritor de vida errante como Arthur Rimbaud. O lance é que nosso vocalista já estava meio esquisito e é possível que, em Brasília, certas questões fossem ainda mais difíceis do que em outros lugares. Eu mesmo, quando estava no auge da adolescência, não atraía as garotas porque era franzino, esquisito e usava óculos fundo de garrafa – e isso me incomodava. Sexo era especialmente complicado para a juventude do Distrito Federal; pelo menos, não rolava tanto na turma que eu frequentava. Mas acho que a sexualidade recalcada do Renato pode ter potencializado a sua angústia. Ele nunca havia namorado uma menina publicamente, e dava sinais claros de que era gay. E isso não era bem aceito nem mesmo entre os setores mais esclarecidos. O Renato vivia um conflito interno, que mexia com a estrutura emocional dele. Os pais eram católicos praticantes, e ele igualmente não parecia se sentir muito confortável para compartilhar as suas aflições com os colegas de banda.

Finalmente, outra questão que pode ter aumentado a aflição do Renato foi a indefinição da EMI em relação à Legião. Recorrendo mais uma vez às preciosas anotações da Fernanda, encontro a informação de que, no fim de fevereiro de 1984, nós havíamos assinado o contrato com a gravadora. Nessa época, o Renato deixou de trabalhar como locutor na Planalto FM, sendo que antes ele estagiara no *Jornal da Feira* – vinculado à coordenadoria de Comunicação do Ministério da Agricultura –, e fora professor da Cultura Inglesa. No dia 21 de maio, entramos em estúdio para gravar um compacto, mas, em julho, houve uma reviravolta: a ideia de apostar nesse formato foi afastada e iniciamos a gravação do LP *Legião Urbana*, com data prevista de lançamento para novembro. É difícil dizer exatamente quando o Renato cortou um de seus pulsos, mas vendo a nossa agenda de shows, há um hiato entre 31 de maio, quando tocamos no Let it Be, no Rio (onde estavam Toni Platão e Flávio Murrah, do Hojerizah), e 10 de agosto, quando o Negrete fez a sua primeira apresentação com a banda, no Circo (onde tocamos também no dia seguinte). Considerando-se que o baixista foi convidado para entrar na Legião em junho, devido ao corte no punho esquerdo do Renato, o mais provável é que ele tenha cometido tal gesto naquele mesmo mês – quando a gravadora estava em dúvida sobre lançar um compacto ou um LP da Legião (já que, conforme vimos, até o fim de maio o Renato ainda tocava baixo nos shows).

Vale ressalvar que, antes de ter ficado (temporariamente) impossibilitado de tocar baixo, ele já queria se livrar do instrumento, para apenas cantar. Lembro que, após o tal incidente, o Bonfá veio com a ideia de chamar o Negrete, uma figura que curtia *hardcore* e andava com os carecas. Segundo o Carlos Marcelo, o Renato quis saber o signo e o ascendente do Negrete, antes de convidá-lo a entrar na banda! Outra história curiosa é encontrada no livro do Paulo Marchetti. Por telefone, o Renato teria perguntado ao Babu, seu colega da turma de Brasília, se ele sabia tocar baixo, tendo recebido como resposta a informação de que "só sabia tocar alto". Se essa história for verdadeira, o Babu perdeu a chance de sua vida devido a uma "piadinha sem graça", nas suas próprias palavras...

Todos nós nos encontrávamos nas festas, mas dentro dessa enorme turma havia os subgrupos: o pessoal da Asa Sul, a galera da Asa Norte, incluindo a 315... O Renato morava na 303 Sul, por exemplo, e o Negrete andava mais com a rapaziada da 408 Norte. Ele curtia Dead Kennedys, como quase todos nós, mas o seu estereótipo era o de um cara mais radical, que usava coturno e praticava fisiculturismo. Em termos sociais, era o mais desfavorecido entre os integrantes da Legião (o seu pai era sargento). O Renato o chamava de Billy, e a minha impressão a seu respeito tinha a ver com uma história um tanto curiosa. Em uma festa de fim de ano, na casa de uma amiga minha que morava no Lago, lá estava ele, na beira da piscina, com uma melancia na cabeça. Depois de comer a fruta inteira, ele cortou a casca e a encaixou na cabeça – e ficou assim a noite inteira.

Essa foi a primeira vez que eu vi o Negrete, embora eu só viesse a fazer amizade com ele no Food's. Ele era um cara muito divertido, e eu o aceitei na banda sem reservas. Ainda em Brasília, o novo baixista chegou a fazer uns ensaios comigo e o Bonfá. Rapidamente, ele começou a pegar as músicas que a Legião gravaria no seu primeiro disco.

1979 passando por Nova York na volta para Brasília

III

MAS AGORA CHEGOU NOSSA VEZ

Quando o Renato recebeu de Jorge Davidson a notícia de que a gravadora queria um álbum da Legião Urbana, e não um compacto, estávamos todos em Brasília. O nosso vocalista ligou para mim e disse: "Aí, os caras querem um LP!" E eu, exultante, respondi: "Putz, não acredito!" O Mayrton não poderia ser o produtor artístico porque estava envolvido em outros projetos. Surgiu então o nome do José Emílio Rondeau, jornalista que, desde 1977, escrevia sobre rock, cinema e cultura pop, tendo passado pelo *Jornal do Brasil*, *O Globo* e *Jornal da Música*. Com apenas 27 anos, ele também havia dirigido videoclipes para o *Fantástico* e produzido o primeiro disco do Camisa de Vênus, de 1983. O cara foi inegavelmente corajoso: quando soube do namoro da Legião com a EMI, ele, na cara de pau, bateu na porta da gravadora e se ofereceu para produzir o nosso trabalho. O Zé Emílio conhecia as nossas músicas por meio de uma fita que lhe havia sido apresentada pelo Tom Leão, então um jovem fanzineiro. Para completar as boas referências do nosso futuro produtor, ele fazia parte da turma d'Os Paralamas do Sucesso – e até trabalhara com o Hermano na *Pipoca Moderna*, depois *Mixtura Moderna* – e era o marido da Ana Maria Bahiana. Esta, vale ressaltar, já era uma referência do jornalismo cultural, e seria fundamental para o deslanche do rock brasileiro nos anos 1980, devido ao seu apoio nas páginas d'*O Globo*. Aficionado por rock, o Renato conhecia bem o trabalho da Ana Maria, que havia colaborado com a lendária versão brasileira (e pirata) da revista *Rolling Stone*, em 1972.

Em resumo, o Zé Emílio entrou na vaga que seria do Mayrton (que, no entanto, fez a direção de produção). No segundo semestre de 1984, voltamos para o Rio e ficamos hospedados em Copacabana, no Hotel Bandeirantes, Rua Barata Ribeiro, em frente ao Crepúsculo de Cubatão – uma casa noturna famosa, com um ambiente escuro, que tocava bastante pós-punk e vendia uma bebida chamada "kamikaze", um drinque à base de saquê. Logo começamos a rotina de gravações, de segunda a sexta. Os horários é que foram mudando: começamos de manhã, depois passamos para a tarde e, finalmente, para a noite, quando então só saíamos do estúdio de madrugada.

De acordo com as anotações da Fernanda, em julho começamos a gravar o LP e em novembro ele foi finalizado pela gravadora. Apesar da pouca experiência como produtor, o Zé Emílio era fã de música e entendia muito de rock. E o Jorge era um cara superquerido, mais experiente no meio musical, a quem chamávamos de "tio". Na verdade, ele era relativamente novo para a responsabilidade exigida pelo seu cargo. Tinha 34 anos, mas acertara na mosca duas vezes ao contratar a Blitz e Os Paralamas, sucessos imediatos da EMI. Dessa vez, a gente finalmente decifrou o que Jorge queria quando citava o Bob Seger como referência: os violões. É por isso, por exemplo, que "Geração Coca-Cola", a menina dos olhos dos executivos da gravadora, é mais conduzida pelo violão tocado pelo Renato do que pela minha guitarra.

Apesar de a EMI nos ter tratado a pão de ló, no início das gravações o clima ficou tenso. O Bonfá às vezes era muito impulsivo e falava o que queria, na hora que ele queria, e isso podia machucar as pessoas. Foi o que de fato aconteceu ao Zé Emílio, durante a gravação de "Ainda é cedo". Abalado, ele chegou a abandonar o trabalho, dizendo que não aguentava mais. O Renato ficou puto e bastante preocupado, porque achava que a desistência de mais um produtor poderia significar a nossa dispensa. Por essa razão, pegou o Bonfá pelo braço e juntos correram atrás do Zé Emílio, que reconsiderou a sua decisão após os insistentes pedidos de desculpa da dupla. Mal sabiam os meus colegas de banda (e eu também) que o Jorge trocaria de produtor mil vezes, se fosse preciso, pois ele considerava o Renato um gênio e adorava o nosso som – conforme o ex-diretor artístico da EMI contou à jornalista

Christina Fuscaldo, autora do texto de apresentação da edição especial de 2010 do CD *Legião Urbana*. Mas o Zé Emílio foi administrando a gravação e, fundamentalmente, a insegurança de todos. Depois daquela experiência frustrada em nossa primeira passagem pela EMI, eu não me sentia nada seguro para gravar e lidar com um equipamento diferente.

Embora amplamente utilizado em nossos shows, o pedal de distorção era quase proibido. Além da crença de que as rádios não tocariam músicas com guitarra distorcida, os técnicos preferiam o amplificador saturado. E o Fender Twin não é bom de saturação, é um *amp* basicamente limpo. Satura-se o volume, mas o som não sai distorcido – e a sonoridade baseada na distorção da guitarra faz parte da minha origem musical. Eu almejava ter o som do Johnny Ramone nos seus melhores discos, como o *Pleasant dreams* (1981), por exemplo. Mas o nosso primeiro LP praticamente não tem distorção – e, quando ela aparece, está longe da sonoridade que desejávamos.

Essa estética influenciada pelo punk dava trabalho ao Amaro Moço, técnico de som do Estúdio 2 da EMI, chamado de Abbey Road, em referência ao local onde os Beatles gravavam – e de onde viera a mesa de som onde trabalhávamos. Ele tinha vasta experiência no campo da música brasileira e, para se ter uma ideia, toda a família Caymmi havia contado com os seus serviços. Enquanto o Zé Emílio ficava com a parte das ideias, o Amaro cuidava da dimensão técnica. E ele teve que se virar diante da mania do Bonfá de abrir o chimbal (contratempo) no meio da música, para sujar o som da bateria. O Amaro ficava o tempo inteiro pedindo que o nosso baterista segurasse a onda.

O Negrete se mostrou meio duro no baixo e, na gravação de "Ainda é cedo", não conseguiu dar o *groove* que o Renato tinha elaborado. O cara tinha as limitações dele, mas nós também tínhamos as nossas. E ele teve bons momentos no disco, como o seu arranjo para "A dança". O Renato, por sua vez, causava preocupação mais pelo seu comportamento fora do estúdio do que pela sua performance nas gravações. Até mesmo os vocais sobrepostos que ele fez em "Geração Coca--Cola" impressionaram bastante o José Emílio. A Fernanda percebeu a sua reação diante do arranjo de voz do Renato e lhe disse: "Ele é foda". Antes das gravações diurnas, marcadas para as 9h (embora só chegássemos às 10h), o Renato passava por um pé-sujo e virava um copo com Dreher. Um dia ele disse: "Pô, acho que estão botando cachaça no meu Dreher"– e riu. Eram 9h e ele ainda virou mais uma dose. Deu duro? Toma um Dreher, uhhhh!

Certo dia, dentro do estúdio, eu li no diário do Renato: "*I hate those guitars*" ("Eu odeio aquelas guitarras"). Estava em inglês, claro, porque o nosso vocalista realmente achava que só ele falava aquele idioma. Fiquei puto, mas entendi o recado. Gravei todo o disco com a minha Roadstar, mas, como eu disse, não pude usar o meu pedal de distorção, o que me deixou sem confiança em relação a certos timbres. Pelo menos, o crítico Jamari França, considerado o "Rei do Rock" pelo Renato, afirmou no *Jornal do Brasil* que o meu trabalho de guitarra no primeiro disco era "um dos mais criativos do rock nacional". Na época, isso foi um superelogio e também uma motivação.

Ao final das sessões de estúdio, a sensação era: "Ufa, conseguimos!" Ao mesmo tempo, havia um sentimento geral do tipo: "Eu detesto você, chega, vou voltar para casa!" A Fernanda estava casada comigo e, agora, era oficialmente a nossa empresária. Ela começou a se encarregar de todo o lado burocrático, como assinatura de contratos, contato com a gravadora, etc. E eu estava hospedado em um quarto justamente com a pessoa a quem os outros membros da banda precisavam recorrer para solucionar qualquer tipo de problema com a EMI. Isso gerou ciúmes e divergências. Além disso, eu podia passar todas as noites com a Fernanda, enquanto os outros três ficavam confinados em seus quartos individuais. Talvez isso possa ter contribuído ainda mais para que a convivência da banda estremecesse um pouco naqueles dias.

Passamos um bom tempo no Bandeirantes, e chamávamos os amigos para o restaurante de lá, onde todos comiam e bebiam por "conta da rainha", conforme costumávamos dizer, aos risos, em referência ao fato de a EMI ser uma empresa multinacional britânica. Os convidados eram o Pedro Ribeiro, a Pati, a Márcia, a rapaziada do Finis Africae e quem mais aparecesse por lá. Depois de vários dias hospedados, não aguentávamos mais a comida do hotel.

Uma lembrança curiosa se relaciona com um hóspede ilustre do Bandeirantes, o Raul Seixas, com quem tivemos contato quando chegamos.

Em 1984, ele estava em um estado lamentável e cheirava muito éter. Quando chegávamos ao saguão do hotel, bastava respirar para concluir: "Raul is in the house (Raul está na casa)." O grande roqueiro do País tinha aquela barbicha ruiva, pela qual o seu empresário o puxava: "Vem, Raul" – e depois o colocava em um táxi. O Bonfá ficou colega do Raulzito por causa de bagulho. Um belo dia, o nosso batera atendeu ao telefone do seu quarto e era o Raul, do outro lado da linha: "Ô Bonfá, chega aqui que eu estou com o álbum marrom dos Beatles." E ele logo se animou: "Opa, Raul Seixas chamando!" Ao entrar no seu quarto, encontrou o cantor chapado, com uma garrafinha de éter ao lado, e a maconha gentilmente separada. O Bonfá então apertou o baseado, acendeu e, percebendo que o Raul estava distraído, jogou o éter dele na privada e escondeu o frasco. A conversa continuou, eles fumaram outro e, pouco depois, o Raul, sentindo falta do frasco, perguntou a si mesmo em voz alta: "Pô, cadê a parada?" Ele colocou a mão no bolso do casaco e sacou outra garrafinha de éter... O curioso é que, na mesma época, havia um morador de rua de Copacabana que também se entupia de éter e, às vezes, rolava certa confusão: será o Raulzito ou o Homem Éter? Tanto fazia...

Voltamos para Brasília e recebemos pelo correio o nosso primeiro disco. Eu lembro o dia em que eu peguei o LP e o coloquei na minha vitrola. Uau! A sensação de ouvir o vinil gravado pela minha banda foi demais. É claro que, em uma análise mais fria, dá para perceber que o álbum ficou sem peso e que o som das minhas guitarras não era o que eu esperava, com exceção de "Soldados" – um mantra antiguerra de duas notas, que eu adorava tocar e, como já falei, era minha preferida do disco –, "Teorema" e "Baader-Meinhof blues". O Zé Emílio tentou registrar as músicas com o máximo de fidelidade, evitando sempre que pôde os *overdubs* (adição de novos sons a uma gravação anteriormente realizada). Achei o resultado do trabalho aceitável, e a crítica gostou bastante dele.

O Jamari, que elogiou a minha guitarra, também destacou no *Jornal do Brasil* as letras "pessoais e políticas" do Renato, considerando que o LP dava "novos direcionamentos ao Rock Brasil". Por sua vez, o José Augusto Lemos, da *Folha de S.Paulo*, analisou o nosso disco juntamente com o *Ao vivo no Mosh*, do Smack, por enxergar nos dois a influência do pós-punk do Joy Division. Ele considerou "Ainda é cedo" uma obra-prima, e ressaltou que havia "sangue e soda cáustica em doses mais que suficientes para lavar o pop nativo de seu bom mocismo, seu laquê, seu bronzeado", em uma provocação ao rock carioca. Como percebeu a Érica Magi em *Rock and roll é o nosso trabalho: a Legião Urbana do underground ao mainstream*, o título da crítica do Lemos, "Esta não é para tocar no rádio", delimitava uma fronteira entre as "bandas comercias" e as "não comerciais", e a Legião estaria nessa última categoria.

Embora não apelássemos para as fórmulas fáceis da indústria fonográfica, queríamos fazer sucesso e viver da nossa música. O Renato, em especial, sempre alimentou o sonho de ser um astro do rock. "Será" foi uma canção importante nesse sentido, porque nos abriu as portas do mercado. Os seus primeiros versos são uma citação de "Say hello, wave goodbye", *single* de 1982 do Soft Cell: "*Take your hands off me/ I don't belong to you...*" ("Tire suas mãos de mim/ Eu não pertenço a você..."). Ela foi a música de trabalho escolhida pela EMI, apesar de o seu formato não ter agradado aos executivos da gravadora.

"Será" tem uma primeira estrofe, o refrão, depois entra a segunda estrofe, repete o refrão, e aí vem a terceira parte, "brigar pra quê, se é sem querer...". O pessoal da gravadora não entendia por que a canção terminava ali e achava que ela deveria voltar ao refrão. O Zé Emílio e o Amaro ficaram horas pensando em soluções para "Será". Chegamos a ponto de cortar a fita para realocar as partes daquela faixa. Mas como nessa tentativa a música ficou um monstrengo, ela acabou indo para as rádios com a sua estrutura original. O Amaro teve trabalho para mixá-la e teve de pedir ajuda ao Renato Luiz, mais acostumado ao rock. Já o Zé Emílio sugeriu o uso do *glockenspiel* – instrumento feito com barras de metal afinadas, dispostas como o teclado de um piano, que simula sons de sinos – para dar em "Será" um toque de "Born to run", de Bruce Springsteen.

Talvez por causa dessa insatisfação da gravadora com a estrutura de "Será", o Zé Emílio e o Mayrton – que, de vez em quando, aparecia para nos salvar – pensaram em lançar como *single*, puxando o disco, uma canção ainda sem letra, gravada com sintetizador e bateria eletrônica. Mas nos recusamos a terminá-la, pois o público poderia ter a falsa impressão de que éramos um grupo de música eletrônica. Em

1986, fizemos uma versão mais rock para essa composição, com baixo, guitarra, bateria acústica e teclado. O Renato fez uma letra para ela e a batizou de "Daniel na cova dos leões", a faixa de abertura do *Dois*.

Conforme escrevi no capítulo anterior, o lançamento do nosso disco de estreia estava previsto para novembro de 1984. Porém, como todas as atenções da mídia estavam voltadas para o *Rock in Rio*, que seria realizado em janeiro de 1985, a gravadora alterou o seu planejamento inicial e lançou o nosso LP apenas no dia 15 de fevereiro. Eu assisti àquele festival em Brasília, por meio de uma tevê em preto e branco, tarde da noite. Acho que o Bonfá foi ao festival, mas eu não tinha como acompanhá-lo naquele momento. Andava sem dinheiro, porque tinha que comprar a minha insulina, pagar as despesas da casa, e a banda não fazia tanto show assim para se bancar. Mesmo tendo atrasado o lançamento do álbum da Legião, o *Rock in Rio* me encheu de esperança. Quando vi que Os Paralamas tiveram um segmento só para si no *Jornal da Globo*, com entrevistas e imagens da massa pulando ao som de "Óculos", comecei a acreditar que algo estava realmente acontecendo na cena cultural do País e fiquei orgulhoso dos caras, meus amigos tão próximos. Estávamos no caminho certo.

Realmente, o *Rock in Rio* iniciou uma nova era na cultura musical jovem e na indústria ligada ao entretenimento. Ele foi fundamental para a formação do campo do rock nos anos 1980, um estilo que, na década anterior, tinha ficado relativamente à margem do mercado, com as raras exceções da Rita Lee e do Raul Seixas (e de eventuais estouros de venda, como o já mencionado disco dos Secos & Molhados e o *Criaturas da noite*, d'O Terço, de 1975). Era, de fato, o rock transformando a vida de diversas pessoas e ecoando para tudo quanto é canto. A força da Rede Globo fez aquilo reverberar do Oiapoque ao Chuí, e eu acreditei em que o nosso disco pudesse vingar ainda em 1985. Havia uma insegurança, é claro, porque o álbum era um tanto estranho e tinha sido feito por uns caras que não tocavam muito bem. Então era uma incógnita se as nossas músicas poderiam acontecer. Mas, quando veio o festival, eu fiquei mais certo de que algo aconteceria. Era possível.

Na segunda apresentação d'Os Paralamas no *Rock in Rio*, no dia 16 de janeiro, o Herbert citou a Rádio Fluminense e o nome de bandas novas, que haviam ficado de fora do festival: Lobão e os Ronaldos, Magazine, Titãs e Ultraje a Rigor. Em seguida, puxou na guitarra o maior sucesso deste último grupo, "Inútil", que havia sido cantada pelo povo nos comícios pelas "Diretas Já", em razão do verso "A gente não sabemos escolher presidente". No dia anterior ao do show dos meus amigos, Tancredo Neves havia sido eleito de forma indireta para a Presidência da República. Seria o primeiro civil a ocupar o cargo desde 1964, se não tivesse morrido antes da posse. Naquele 15 de janeiro, o Cazuza, esperançoso como muitos brasileiros, disse ao fim de "Pro dia nascer feliz": "Valeu, que o dia nasça lindo pra todo mundo amanhã, com um Brasil novo, com a rapaziada esperta, valeu!"

O festival acabou, e "Será" só tocaria nas rádios em meados do ano. Eu acho que, quando conseguimos finalmente chegar às paradas de sucesso, tudo correu rápido. Em agosto, fomos capa do caderno "Programa", do *Jornal do Brasil*: "Legião Urbana. O rock de Brasília chega ao Rio." O título se referia ao nosso show na Mamute, que ficava na Rua Conde de Bonfim, na Tijuca. Curioso mesmo foi o texto, escrito por Antonio José Mendes, segundo o qual seríamos uma unanimidade: "Todo mundo ama a Legião Urbana. Entre as tribos do rock, os punks reivindicam o grupo como filho legítimo. Os *heavy metal* param por alguns segundos de esnobar qualquer som diferente do seu para ouvi-los, e pelo mesmo motivo os *new wave* desligam por alguns instantes os seus microcomputadores *tecnopop*. Nas tribos independentes, o sucesso é o mesmo. Qual o segredo? 'Eles jogam limpo', já se disse sobre eles." Outro trecho abordava as nossas conquistas recentes dentro da indústria cultural: "Hoje a música 'Será', do LP *Legião Urbana*, toca de trinta a quarenta vezes por dia nas rádios FM, e chegou ao segundo lugar nas paradas de sucesso da Rádio Cidade. A agenda da Legião está lotada até o próximo ano e eles têm fã-clubes até em cidades do interior." O jornalista ainda estimulava uma competição entre a Legião e o Ultraje, que nessa época estava bombando: "É simples. Enquanto o Ultraje ameaça invadir praias e se queixa de pais excessivamente bons, o Legião invadiu mesmo e disse: 'É só você quem deve decidir o que fazer/ pra tentar ser feliz' ('Teorema')."

Essa matéria merece certos reparos. No dia em que foi publicada, 25 de agosto de 1985, "Será" já era a música mais pedida na Rádio

Cidade (que apostava em um perfil mais rock). Porém, o Ultraje estava consideravelmente à nossa frente, em termos de sucesso. O LP *Nós vamos invadir sua praia* estava em primeiro lugar na lista dos mais vendidos, e ele era o único disco de rock ali presente. Entre "As músicas mais pedidas", a banda liderada pelo Roger Moreira havia emplacado "Rebelde sem causa" (2º lugar) e "Ciúme" (6º lugar). Para resumir essa história, basta dizer que os caras ganharam disco de ouro e platina e ainda foram convidados a cantar aquela última música no especial de fim de ano do Roberto Carlos!

Quando "Será" começou a ficar conhecida pelo público, surgiu a questão de que a voz do Renato se parecia com a do Jerry Adriani. As pessoas comparavam o tempo todo. Eu então perguntei: "Quem é ele?" E o Renato: "É um cara maneiro, da jovem guarda." De acordo com o Arthur Dapieve, em *Renato Russo: o Trovador Solitário*, todas as vezes em que os dois artistas se encontravam, rolava um clima cordial. Certa vez, o Renato lhe contou que decidira se tornar cantor após ter sonhado com uma luz no céu, que se transformava em Elvis Presley e, finalmente, em Jerry Adriani. Este, em 1999, três anos após a morte do Renato, gravou dez músicas da Legião (versionadas para o italiano), no CD *Forza sempre* – que foi um grande sucesso, principalmente, porque o Jerry interpretou maravilhosamente as nossas canções.

Com o sucesso de "Será", começamos a entrar no ritmo da indústria. Visitávamos emissoras de rádio e televisão, e fazíamos shows regularmente. Havia todo um lance de aprender a lidar com os programadores e os divulgadores da gravadora: o cara que faz a imprensa, o que faz o rádio, o que faz a televisão... E tínhamos que ir aonde fôssemos convidados. "Por que tem que fazer o Chacrinha?"– perguntávamos. "Porque tem, vocês vão ao Chacrinha", respondiam os executivos da gravadora, sem muita paciência. Depois de "Será", vieram outros sucessos: "Ainda é cedo", "Geração Coca-Cola", "Teorema", "Soldados" e, um pouco mais adiante, "Por enquanto".

Nós nos apresentávamos bastante nas casas noturnas do Rio. E quase todas tinham o nome começando com 'M': Morro da Urca – onde fizemos o show de lançamento do disco para os cariocas, nos dias 17 e 18 de abril –, Mamão com Açúcar, Manhattan, Mamute e Metrópolis.

À época, elas ainda eram chamadas de danceterias. Rolava o som mecânico, até que entrava a banda para fazer o seu show. Quando ele terminava, o DJ retornava. Era um circuito importante, que formou um público ávido e forte, além de ter criado um elo entre o artista e a plateia. Mas isso se perdeu em algum momento, e hoje não existe mais. Com a chegada dos grandes eventos, perdemos um pouco a essência, aquele lance banda nova construindo o seu público, estabelecendo com ele um contato mais caloroso em um lugar menor – um teatro, uma calçada, uma lanchonete –, como era lá em Brasília. Hoje eu sinto que não há mais esse acesso primário e intermediário para as bandas. É cada vez mais difícil observar um processo que se inicia em um clube pequeno, e dali segue para horizontes maiores. Esse foi justamente o caminho que nós percorremos.

Na época dos shows de divulgação do disco, São Paulo era a segunda cidade em que mais tocávamos. Lá havia o já citado Rose Bom Bom – onde lançamos o álbum para os paulistanos, no dia 25 de abril –, o Rádio Clube e o Radar Tantan. Também tocávamos bastante em Brasília: na capital, nós escolhemos o teatro da Escola Parque para fazer o lançamento, nos dias 1º e 2 de março. A Fernanda já contava com a assistência do Arnaldo Bortolon, que era amigo do Bi e, como ele, havia feito Zootecnia na Rural. A minha mulher cuidava principalmente dos contratos – o número do telefone da nossa casa está impresso na capa do primeiro disco! –, mas também fazia as vezes de roadie com o Arnaldo.

Eles nos ajudavam bastante no palco. O nosso roteiro de shows era todo percorrido de ônibus ou de trem. Até que veio um convite para irmos a Curitiba, no dia 21 de junho, e essa foi a primeira vez que nos pagaram o avião. Nós tocamos num lugar lindo conhecido como Fábrica, assim chamado por se tratar de um estabelecimento fabril desativado, com vários rolos de tecidos. Os Paralamas iriam tocar lá dentro de poucos dias, e eles estavam bombando: tinham passado com louvor pela prova do segundo álbum, *O passo do Lui* (1984), haviam se destacado no *Rock in Rio*, enfim, já eram uma banda conhecida nacionalmente. E nós, ainda naquele esquema semiamador, não tínhamos nem engenheiro de som. Na noite da nossa apresentação, Os Paralamas estavam de bobeira e nos encontraram na Fábrica. E o engenheiro de som deles, o Carlos Savalla (que estaria na assistência de produção do disco *Dois*), foi quem operou o nosso som. Ficou muito melhor do que nos shows anteriores...

Em geral, quem operava o som era o dono do equipamento, que o alugava para as casas de espetáculo. Quase nunca era uma pessoa de confiança da banda. A sonorização nesses lugares era uma porcaria, e o retorno ruim gerava uma insegurança nos músicos. Ninguém no palco se ouvia direito, o som batia e voltava (reverberava), e não dava para ter real noção do que estava acontecendo, em termos musicais. A despeito dessas limitações, os nossos shows começaram a encher. Para se ter uma ideia, só no Metrópolis tivemos que tocar cinco vezes no mês de agosto, para dar vazão à procura de ingressos. Apresentamo-nos nos dias 2, 3, 15, 16 e 17. Lembro que, em uma noite, apareceram umas 1.300 pessoas. Do lado de fora, era uma multidão na porta. E quando eu fui entrar, o segurança me barrou: "Pô, não vai entrar, não, está muito cheio." Naquele tempo, não havia celular. "Eu sou da banda, cara, eu tenho que entrar." Até que chegou uma pessoa da produção e me colocou para dentro. Nessa época, aliás, eu fui barrado várias vezes!

Por volta de maio de 1985, a banda havia se mudado de vez para o Rio. Com o sucesso da Legião, ficou impossível continuar em Brasília, apesar dos shows na região Centro-Oeste. Na despedida, rolou um momento de tensão. Eu e Fernanda deixamos a cidade no meu carro, um Passat 79, e o Bonfá no dele, uma Brasília amarela que pertencera a mim. Naquele dia, o Distrito Federal estava praticamente sitiado, com barreiras de policiais e de homens do Exército nas suas entradas e saídas – no ano anterior, quando da votação da Emenda Dante de Oliveira (cujo objetivo era reinstaurar as eleições diretas para presidente da República), a cidade já havia ficado sob as "Medidas de Emergência para Salvaguarda das Instituições", decretadas pelo presidente Figueiredo e executadas pelo general Newton Cruz. O Bonfá tratou de dispensar pela porta do carro o meio-quilo de bagulho que levava para a viagem, e o carona dele engoliu rapidamente um pacote de pó, para não desperdiçá-lo. Eu e Fernanda, no carro de trás, ficamos olhando a cena, um tanto assustados, porque estávamos todos muito próximos da barreira e o que víamos era a porta da Brasília se abrindo e o bagulho voando. Acabou que deu tudo certo, pelo menos até chegarmos a Sete Lagoas (MG), no fim da tarde, quando o motor da Brasília pegou fogo! Pernoitamos ali, e na manhã seguinte, com o carro já consertado, retomamos a estrada. Após nove horas, finalmente chegamos ao Rio.

O meu tio Atílio, que morava na Rua Carvalho de Azevedo, na Lagoa, hospedou-me por uma semana. Depois, eu e a Fernanda fomos morar em um conjugado em Ipanema, na Rua Maria Quitéria. O edifício se chamava San Diego, mas era conhecido desde os anos 1970 como Gaiola das Loucas. O nosso sustento foi tirado basicamente do circuito carioca. Como aquele apartamento estava ficando sufocante, pois funcionava como escritório também, nós nos mudamos para a Major Rubens Vaz, 702, uma rua sem saída no Baixo Gávea, onde fica o quartel do Corpo de Bombeiros. O escritório da Legião funcionava ali, mas agora tínhamos outro quarto; esse ap. era mais amplo e tranquilo.

Achei que seria uma boa ideia passar aquele conjugado para o Negrete. Eu disse para ele: "Você fica aqui, o apartamento é seu agora. Assim eu vou saber onde você está." Com o Renato na casa dos avós, na Ilha do Governador, e o Bonfá na Barra da Tijuca, geograficamente, eu estava muito mais próximo do Negrete do que dos outros dois. Até mesmo por causa disso, nós nos víamos mais e fazíamos algumas coisas juntos. Éramos a banda na Zona Sul do Rio. A imagem da Legião que ficou inicialmente conhecida era a do quarteto; foi essa a formação que o Mauricio Valladares fotografou para a capa do primeiro disco. Talvez a formação sociocultural do Negrete fosse menos sólida do que a do trio que se manteve unido até o fim, mas isso nunca teve a menor importância. Ele era o nosso baixista.

O problema é que, no dia a dia, o Negrete era totalmente aéreo e irresponsável. Antes de ele entrar para a banda, o Renato tinha comprado um baixo Yamaha do professor dele, o cara que o ensinou a tocar violão. Um baixo lindo, escala curta, com um som maravilhoso, um instrumento de estimação. Quando nós fomos tocar no Morro da Urca, o Renato disse: "Billy, agora esse baixo é seu, cuide dele, porque é o seu instrumento, você vai tocar com ele." E o cara vai e perde o baixo! O Negrete chegou lá em cima e disse: "Putz, perdi o baixo. Esqueci ele dentro do táxi em que vim para cá!" E nós precisando passar o som para fazer o show. Eu não sei como consegui achar o Bi, mas peguei o seu baixo emprestado. Desci o bondinho, fui a Ipanema, busquei o instrumento e o entreguei na mão do Negrete. O Renato não engoliu essa história e fez o nosso baixista pagar, em prestações, o valor correspondente ao Yamaha perdido (oitocentas libras). O sujeito que ficou com esse baixo tem uma relíquia nas mãos e nem deve saber...

Outro vacilo do Negrete aconteceu quando fomos tocar no Rio Grande do Sul, em outubro de 1985. No mês anterior, nós já havíamos nos apresentado no ginásio do Instituto Petropolitano Adventista de Ensino, em Porto Alegre, nos dias 13 e 14; e no ginásio da Sociedade Ginástica de Novo Hamburgo, a 42km da capital gaúcha, no dia 15. O avião saía às 10h, do Galeão. Todos foram chegando ao aeroporto e cada um carregava o seu equipamento – eu havia conseguido comprar o meu primeiro amplificador, um bem pequenininho, de 15 watts. O tempo foi passando, e o nosso baixista não aparecia. Fizemos o *check-in* e nada de o cara aparecer. "Putz, vamos nessa, né?", falamos entre nós. Tínhamos um show marcado para o mesmo dia e não podíamos bobear. Estávamos dentro do avião, a porta para ser fechada, toda aquela *mise-en-scène* das aeromoças, o comandante dando o ok, quando repentinamente entrou o Negrete avião adentro, todo esbaforido. Olhamos o cara vindo pelo corredor e ensaiamos dar aquela bronca nele, mas logo entraram dois seguranças no avião e o agarram por trás: "Não, senhor, por aqui." E nós: "Não, pera lá, o que houve? Deixa o cara!" Então eles levaram o Negrete, que bradava: "Eu sou da banda, cara! Eu tenho um show!" A porta se fechou e o avião decolou, sem que entendêssemos nada do que havia se passado. Pareceu uma cena de filme d'*Os Trapalhões*.

Chegamos a Porto Alegre às 12h ainda sem saber de nada. Como não havia celular na época, até o cara entrar em contato, e falarmos para ele comprar passagem para o próximo voo, já ficara tarde. Depois de um acalorado debate no hotel, decidimos preventivamente desmarcar a apresentação que faríamos, naquele mesmo dia, no interior do Rio Grande do Sul. Essa foi uma atitude acertada porque o Negrete só chegou às 23h na capital gaúcha. Ele era um aficionado por carros antigos e, pela manhã, tinha reformado um Alfa Romeu daqueles quadradões, sedan, que na época chamávamos de "chinfroso". Ele pegou o carro e, tendo chegado atrasado ao aeroporto do Galeão, estacionou no local do embarque mesmo, onde ficam os táxis. Perguntou onde estava o avião para Porto Alegre e simplesmente pulou as barreiras de embarque! Na época, não havia essa de passar pela segurança e pelo raio X; bastava fazer o *check-in* e apresentar o bilhete de embarque. Mas o Negrete saiu furando tudo para chegar depressa ao avião, e, por isso, os caras do *walkie talkie* o arrancaram de lá. Perder um voo é até normal, mas entrar no avião daquele jeito, uma piada. O cara era divertido.

Por conta do atraso do Negrete, tocamos apenas nos dias 18, no Ginásio Militar de Caxias do Sul; e 19, no Gigantinho, em Porto Alegre, em um festival com o Ira! e o Ultraje. Sozinhos, ainda não éramos capazes de lotar o ginásio do Internacional – nada que o sucesso do nosso segundo disco não pudesse resolver.

1982 sempre tocando "Smoke on the water", em Brasília

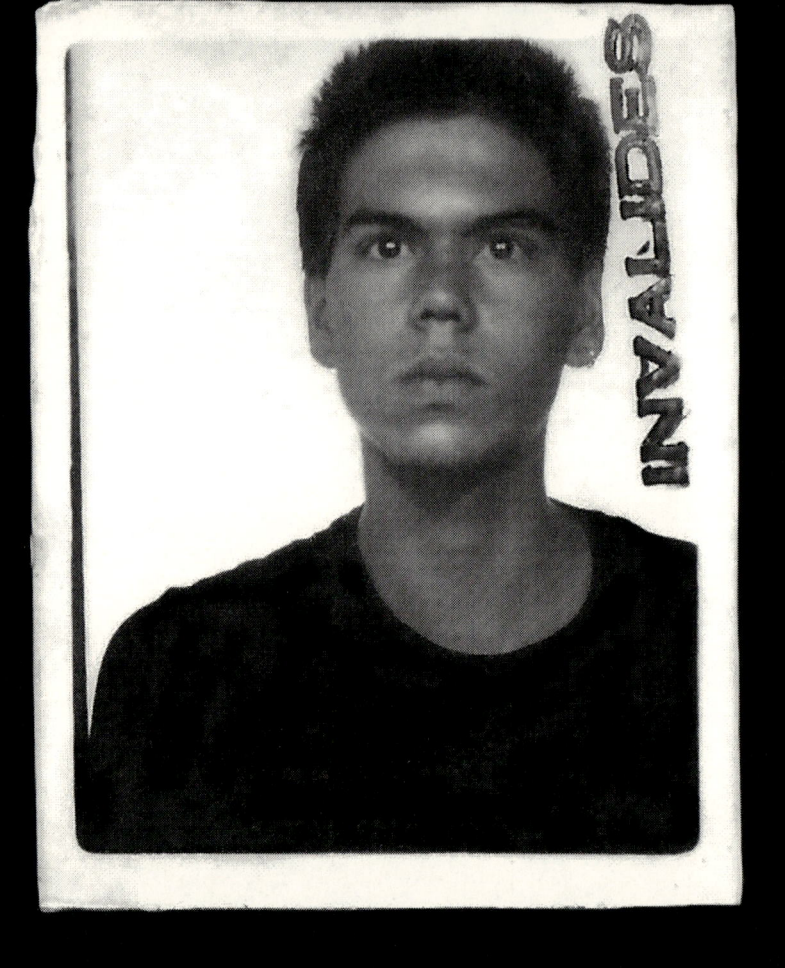

1983 de passagem por Paris, indo para o casamento da minha irmã

IV

NAS FAVELAS, COBERTURAS, QUASE TODOS OS LUGARES

O sucesso crescente do nosso álbum de estreia nos levou também a cidades do interior do Rio de Janeiro, São Paulo, Minas Gerais, Rio Grande do Sul e Distrito Federal. Em Goiás e Paraná, tocamos apenas nas capitais. Em meio a esses shows, começamos a compor e a ensaiar as músicas para o segundo disco. Não queríamos repetir o primeiro álbum e, portanto, o nosso objetivo era fazer um trabalho realmente novo. Ensaiávamos no Tok Estúdio, em Botafogo, de propriedade do Chico Batera (percussionista do Chico Buarque). Esse lugar era frequentado por artistas famosos, e sempre aparecia alguém para dar um alô: o pessoal da Blitz, o Alceu Valença, o Beto Guedes, a Nana Caymmi e outros.

No dia 9 de dezembro de 1985, entramos nos estúdios da EMI para iniciarmos a pré-produção do nosso segundo disco. Nesse mês, ainda tocamos no Morro da Urca (dias 6 e 7), no Rio, fizemos *playbacks* em subúrbios cariocas (7 e 8), sobre quais falarei no próximo capítulo, e nos apresentamos no Estádio Municipal de Angra dos Reis (21). Diminuímos a quantidade de shows porque passávamos muitas horas em estúdio. Mesmo antes de começarmos a fazer o *Dois*, procurávamos tocar apenas nos fins de semana, evitando fazer muitos shows em sequência. Nunca aderimos ao ritmo frenético que as corporações musicais impõem nos dias de hoje; ou melhor, que os próprios artistas – que se tornaram grandes corporações – impõem a si mesmos, tocando de quarta a domingo.

Na época do primeiro LP, até chegamos a nos apresentar três dias seguidos, embora isso tenha acontecido poucas vezes. Geralmente, eram duas apresentações e olhe lá. O Renato era enfático quanto a não deixar a Legião Urbana entrar no ritmo automático da indústria. "Não dá!", dizia ele. Acho que a sua entrega no palco era tão forte que simplesmente não seria possível haver muitos shows seguidos. Caso tivéssemos entrado nesse pique, de repente não teríamos passado do terceiro disco. Tenho certeza de que nos esforçamos para manter o controle da nossa carreira. Havíamos saído de Brasília, aquela ilha, e provavelmente trouxemos um pouco do seu provincianismo, o que pode ter sido providencial em uma cidade como o Rio. Talvez isso nos tenha mantido unidos, coesos e focados – e, assim, conseguimos evitar a dispersão, o deslumbre e a alienação.

Encontrávamo-nos basicamente para as sessões de estúdio e os shows. Nas folgas, eu e a Fernanda, moradores da Gávea, frequentávamos a boemia desse bairro e também bares e restaurantes de outros pontos da Zona Sul carioca. Íamos ainda ao teatro e ao cinema. Viajávamos por perto mesmo – Paraty e Búzios, geralmente. Eu gostava bastante do meu círculo de amizades no Rio: a Rosa Amélia, filha do Marcílio Marques Moreira (diplomata e ministro da Fazenda no governo Fernando Collor), o Alvin L., que a Fernanda conhecia da época do Napalm, e os próprios amigos dela na cidade. Sem falar no pessoal d'Os Paralamas, que eram os meus grandes parceiros, mas que estavam quase sempre em turnê.

Costumávamos cruzar com a galera das bandas no Baixo Leblon, ali perto da Gávea. Bastava aparecer lá em uma quinta à noite para encontrar a turma inteira: o Dé (baixista do Barão Vermelho), o Cazuza, o Lobão, etc. Entre 1985 e 1986, os nossos pares roqueiros circulavam por ali. Foi por essa época, inclusive, que eu conheci o Toni Platão, com quem passei a jogar bola todo sábado, na PUC-Rio – ele, como eu, é torcedor fanático do Fluminense. Toni era aquele canhoto habilidoso, insuportável, bom de bola.

Em 1986, o circuito do rock no País ganhou contornos mais nítidos. O público havia se ampliado bastante e estávamos na linha de frente do processo de renovação do cenário musical brasileiro. Naturalmente, começou a rolar um clima de competição entre determinados artistas, aquele espírito de "quem é melhor"? Nós, da Legião, éramos praticamente autodidatas e, no Rio, o pessoal tinha uma *vibe* mais blues, mais Rolling Stones, uma onda mais técnica, talvez. Ou seja, nessa competição, um tanto quanto escrota, nós éramos "os caras que não tocavam porra nenhuma". De certa forma, nós nos unimos e seguimos o nosso lema, "*Urbana Legio omnia vincit*" (Legião Urbana a tudo vence) – uma adaptação da frase do ditador romano Júlio César (*Romana Legio omnia vincit*), presente em todos os nossos discos, com exceção dos dois últimos (*A tempestade* e *Uma outra estação*). Isso contribuiu para nos manter de pé: "Somos a Legião Urbana e viemos de Brasília. Um por todos e todos por um!"

Várias faixas do primeiro disco estavam sendo tocadas nas rádios. Logo que começou a vir um sucesso atrás do outro, e o nosso público foi crescendo, aquela competição babaca se acirrou. Começou a haver certa animosidade entre alguns artistas e a Legião. Surgiu nesse tempo o RPM, que emplacara quatro grandes *hits* com o seu primeiro disco, *Revoluções por minuto* (1985): "Loiras geladas", "Rádio pirata", "Olhar 43" e "A cruz e a espada". Mas os caras estouraram mesmo com o *Rádio pirata ao vivo* (1986), que vendeu mais de 2 milhões de cópias, uma marca inimaginável para um banda de rock brasileira. O RPM foi um verdadeiro fenômeno de massas, porém de fôlego curto. Todos nós fazíamos parte da indústria do rock brasileiro em expansão, mas a Legião parecia tranquila em relação à disputa mercadológica. Em um determinado momento, falavam de forma pejorativa: "Ah, a Legião não conta." Hoje a Legião é uma exceção justamente porque se tornou *hors concours*. Lembro que o Herbert chegou a dizer à revista *Bizz* (setembro de 1991): "A gente nunca foi a música mais tocada no país, mas sempre foi a banda que pôs mais gente nos shows – tirando a Legião, mas a Legião é um negócio religioso, não é musical mais (...)." Porém, o Renato logo negou esse papo, em entrevista àquela mesma publicação.

Polêmicas à parte, nós estávamos focados no segundo disco, o nosso próximo passo. Um LP fracassado poderia resultar no fim da banda – nesse caso, talvez, eu teria voltado para a universidade. Então o Renato apareceu com um texto sobre a síndrome do segundo disco e toda uma questão filosófica em relação a isso. Ele argumentava que não podíamos fraquejar e que o novo álbum seria determinante na nossa carreira – a prova de que havíamos chegado para ficar. Na verdade, o Renato também estava incomodado com o fato de o nosso LP de estreia não ter conquistado o disco de ouro, embora tenha chegado perto – cerca de 80 mil pessoas o haviam comprado. Levando em consideração que a gravadora esperava vender apenas 5 mil cópias, tivemos um ótimo desempenho. Nas listas do melhores de 1985 da *Bizz*, então a revista mais importante do País no segmento pop/rock, fomos muitos bem: na votação da crítica, a Legião venceu nas categorias banda, disco e vocalista. Já na eleição "direta", do público, "Será" foi considerada a melhor música.

Em breve, o nosso primeiro álbum atingiria a marca das 100 mil cópias vendidas, que correspondia justamente ao disco de ouro. Mas na cabeça do Renato tudo adquiria outra dimensão, incrivelmente maior, e as suas ideias ganhavam nossos corações e mentes. Havia um obstáculo a ser transposto, e tínhamos que fazer um segundo disco de qualidade. Eu estava com 21 anos de idade e havia ampliado o meu universo musical: entendia um pouco mais de teoria musical e já ia além do "*do it yourself*". E isso tinha a ver, principalmente, com as aulas de guitarra que eu tomara com o Júlio Costa, cunhado da minha já citada amiga Rosa Amélia. Ele era um desses guitarristas virtuosos formados pela Berklee College of Music; tocava jazz, MPB e ainda fora empresário da Beth Carvalho. Durante um ano, uma vez por semana, eu ia a Botafogo pilotando uma Vespa, com a guitarra nas costas, e estacionava na Rua Eduardo Guinle para ter aulas com ele. Foi uma experiência bacana e proveitosa porque comecei a entender mais de acordes, inversões e progressões harmônicas. Passei a tocar João Gilberto, por quem fiquei fascinado: passava horas percebendo as melodias em suas músicas e o modo como os acordes passeavam por elas. Fui incorporando essas novas referências ao meu universo musical, e, de certa forma, elas estiveram presentes no *Dois*. "Tempo perdido", por exemplo, começa com um dedilhado em Dó com sétima maior – e esse tipo de intervalo era, digamos assim, proibido no rock, embora fosse bastante comum no jazz e na MPB. "Andrea Doria" é outra que tem uns acordes dissonantes. Se não bastasse, há todo um trabalho com violão nesse disco, mas isso foi mais mérito do Renato do que propriamente meu.

Iniciamos o processo de gravação no Estúdio 2 e depois fomos para o Estúdio 1. Tínhamos finalmente o Mayrton nos produzindo, mas chamamos também o Carlos Savalla que, como eu disse no capítulo anterior, foi o assistente de produção desse novo disco. O Renato gostava dele e confiava no seu gosto musical – havia uma grande afinidade entre os dois. O Mayrton ia moldando as canções e dizendo: "Corta isso aqui, coloca ali..." Conforme contou à jornalista Christina Fuscaldo, autora do texto de apresentação da edição especial de 2010 do CD *Dois*, ele ficou impressionado com o nosso método "inusitado" de compor, pois, muitas vezes, as ideias chegavam soltas no estúdio. Os fragmentos podiam ser a primeira, a segunda ou a terceira parte de uma canção, que com o tempo ia ganhando forma. O Mayrton era um cara alto-astral, estava sempre com um sorriso no rosto e disposto a ouvir o que tínhamos para dizer. Invariavelmente presente, ele controlava o ambiente dentro do estúdio. Havia ainda o Amaro Moço, que operara a mesa de gravação no nosso primeiro LP, e o Serginho Bittencourt, outro técnico de som da casa, hoje diretor artístico da Sony Music.

Entendo que o *Dois* tem um caráter híbrido. O material mais antigo que aproveitamos veio do Aborto Elétrico: "Fábrica" e "Metrópole", que foram totalmente reestruturadas em termos de letra e harmonia. Da época do Trovador Solitário, pegamos "Eduardo e Mônica" – inspirada na convivência do Renato com o casal Fernando e Leo Coimbra – e "Música urbana 2". O Renato gravou essas duas de uma só vez, com o Serginho (o Amaro estava viajando). Já "Daniel na cova dos leões" (do Renato e do Negrete, que fez a linha de baixo), como vimos, começou a ser feita durante as gravações do nosso LP de estreia. Apesar do seu nome bíblico, é uma das músicas mais gays que eu conheço.

"Tempo perdido" já vinha sendo composta, pelo menos, desde o carnaval de 1985. Mas os seus primeiros versos foram aproveitados da "1977", escrita nos tempos do Brasília Radio Center: "Todos os dias quando acordo de manhã/ Não tenho mais o tempo do dia que passou/ Mas tenho muito tempo para acabar com essa indecisão/ De ter a sinceridade em perigo." Eu me recordo bem do processo de composição de "Tempo perdido" porque, em fevereiro de 1985, estava hospedado lá em casa, no Lago Sul, o Marcelo Rubens Paiva – autor do livro *Feliz ano velho*, lançado em 1982, e adaptado para o teatro no fim do ano seguinte. Ele namorava a Fernanda Andrade, que conhecíamos do Rose

Bom Bom. Naquela época, ensaiávamos todos os dias pela manhã, tendo em vista os shows de divulgação do nosso primeiro disco. O Marcelo acordava com o som da banda, tomava o café e dava um alô da sua cadeira de rodas. Um dia, o Renato, com dificuldades para escrever a letra de "Tempo perdido", ofereceu parceria ao Marcelo: "Cara, eu estou com uma música aqui, você está a fim de escrever a letra comigo? Se quiser, eu tenho esse começo aqui." Mas o escritor respondeu: "Não, Renato, para, eu não sei fazer isso" – e recusou a proposta. O nosso vocalista, então, escreveu todos os versos sozinho, e o resultado nós conhecemos. Mais tarde, o Renato declararia que, com "Tempo perdido" (e também "Índios"), ele percebeu que poderia fazer protesto sem ser panfletário. Em 22 de julho de 1985, a Legião tocou na festa da peça *Feliz Ano Velho*, no Radar Tantan, em São Paulo; já em 15 de maio de 1986, fizemos o espetáculo *Feliz Legião*, uma fusão da produção cênica com o show da banda, que levou 5 mil pessoas ao ginásio da Universidade Estadual de Campinas (Unicamp). O Marcelo, que conhecíamos desde 1983, de São Paulo, tornou-se um grande amigo nosso, e nos acompanhou ao longo dos anos em apresentações Brasil afora.

Era comum que ele aparecesse em público com camisas da Legião, e nós com as da peça *Feliz Ano Velho*. Outras músicas do *Dois* eram inteiramente novas, como "Quase sem querer", "Plantas embaixo do aquário", "Acrilic on canvas" (que tem uma onda meio The Cure), "Andrea Doria" e "Índios". É possível ler o que o Renato pensava sobre aquela penúltima canção no livro *Letra, música e outras conversas* (Gryphus, 1995), organizado pelo Leoni (ex-Kid Abelha e ex-Heróis da Resistência). Segundo o nosso vocalista, "Andrea Doria", nome de um navio italiano que afundou em 1956, "coloca bem a questão da juventude, [de] ter sonhos, fazer planos e esbarrar neste mundo de hipocrisia, de mentira, do capitalismo, de consumismo".

Eu não poderia deixar de escrever mais detalhadamente sobre "Índios", que esteve ausente da maior parte do processo de ensaios e gravações. Inicialmente, essa música não tinha letra, apenas uma linha melódica harmônica meio bachiana que o Renato tinha criado no teclado. O nosso vocalista tinha comprado um Juno 106, da Roland, do qual ele tinha um baita orgulho, era uma verdadeira paixão. O Luiz

Schiavon, do RPM, que era um cara inteiramente antenado com a tecnologia, tinha um teclado idêntico – uma vez ele pegou o Juno 106 do Renato emprestado para fazer um show no Canecão, pois o seu havia queimado na passagem de som. Depois de um tempo, eu já não aguentava mais o timbre daquele teclado, que só veio a ser abandonado no disco *V*, após muita insistência do Mayrton. A questão é que o instrumental de "Índios" tinha sido gravado e, quando o disco estava para ser fechado, o Renato falou: "Terminei a letra dessa música aqui, vamos lá?" Logo em seguida, abriu um microfone no estúdio 3, gravou o vocal (lendo a letra) e nos perguntou se estava bom. "Está ótimo!", respondemos. Além de o vocal ter sido refeito outras vezes, porque o Renato ainda estava definindo a melodia, a gravação precisou de mais alguns acertos. Recentemente, o Mayrton me lembrou que, quando o Renato começou a cantar a letra, as estrofes não encaixavam direito na base e extrapolavam o tempo da música. O nosso produtor teve então que inventar um final ali na hora, tirando subitamente a bateria, o baixo e os teclados, e inserindo o tema final do violão junto com o som de "ventania" do Juno 106 – na minha opinião, o encerramento da faixa ficou magistral. Com a "Índios" pronta, concluímos a mixagem do LP.

Apesar de o Renato tê-la como uma música especial, e nós também, quase nunca a tocávamos ao vivo, o que às vezes gerava confusão. Em uma conversa que tivemos há pouco tempo, o Rafael – que, antes de se tornar o nosso empresário, costumava nos levar para tocar em Santos – recordou um show da Legião nessa cidade, no Clube Caiçaras, no dia 25 de outubro de 1986. Parte do público ficou revoltada porque não tocamos "Índios" e começou a gritar: "filho da puta!" O Renato, que estava em direção ao palco para fazermos o bis, voltou imediatamente para o camarim quando ouviu aquele coro hostil. A plateia, é claro, ficou ainda mais irritada, e o contratante foi reclamar com o Rafael, que não pôde fazer muito coisa. Já o Carlos Marcelo diz em *Renato Russo: o filho da revolução*, que, no terceiro e último show de lançamento do *Dois* em Brasília, no ginásio Nilson Nelson, a plateia cobrou "Índios" e o Renato respondeu: "Se continuarem insistindo, não canto 'Índios'." Houve várias histórias parecidas. O lance é que ele se enrolava para tocar a linha de teclado e cantar a letra ao mesmo tempo. Só passamos a incluir "Índios" nos shows depois que a banda cresceu e contratamos um tecladista (entre outros músicos de apoio), na turnê do *As quatro estações*.

Para o Renato, era a música mais difícil do nosso repertório, e ele vivia esquecendo a letra. Ficamos um bom tempo gravando e mixando, em uma mesa de 16 canais. Em janeiro de 1986, fizemos as primeiras gravações. O carnaval forçou uma parada nos trabalhos, pois coincidiu com as férias coletivas da EMI, mas, em março, o trabalho já estava praticamente concluído. Abril foi gasto com as mixagens e, em 24 de junho, a mix de "Tempo perdido" foi enviada às rádios. Nesse período, nos encontrávamos diariamente no estúdio. O Mayrton e o Amaro suaram a camisa, pois havia diversos instrumentos em cada canal. Às vezes eram quatro, seis mãos mixando uma música. O Renato chegou a emendar os dias dentro da EMI. Na pré-produção do disco, ele já estava completamente focado. Como havia o medo de um possível fracasso, ele se concentrou ao máximo e buscou aumentar as nossas chances de êxito. Eu me recordo bem da sua tática de doutrinação. Antes das gravações, ele tentava definir o que seria esse segundo LP, qual seria o seu formato, e o que ele poderia representar para nós e o público.

Para que o disco saísse ao seu gosto, o Renato iniciou a sua "catequese" – primeiramente, com os colegas de banda e, depois, com os executivos da gravadora. Ele me deu uma fita cassete maravilhosa, com o título "Acoustic songs" grafado com a sua própria letra. Tinha Paul McCartney ("Every night", do *McCartney*, de 1970), Buffalo Springfield ("On the way home", do *Last time around*, de 1968) e outras lendas do pop/rock internacional, como Cat Stevens e George Harrison. Diferentemente do primeiro LP, mais elétrico e frenético, buscamos no *Dois* outra linguagem, com influência do folk e uma levada semiacústica em certos momentos. "Central do Brasil", por exemplo, é quase uma toada, e parece ser conduzida por uma viola caipira. Resolvemos colocar uma guitarra sem efeitos nela, mas abdicamos da bateria.

Com o presidente da gravadora, Beto Boaventura, o trabalho de persuasão do Renato foi um tanto curioso. Às vezes, ele aparecia na sala da presidência para exibir o seu inglês castiço e, assim, tentar impressionar o Boaventura. Além de ter sido professor da Cultura Inglesa, o Renato vivera parte da infância nos Estados Unidos. Uma história inusitada sobre as gravações do *Dois* é que, certa vez, às 9h, o Renato estava dormindo debaixo da marquise da EMI, embriagado de cachaça, ao lado dos mendigos da rua. O maluco tinha virado a noite nas biroscas da cidade. O Boaventura e os executivos da gravadora estavam chegando para trabalhar e quase encontraram o Renato naquele estado de semimendicância. O que até seria engraçado, porque esse era o mesmo sujeito que dizia ao presidente da EMI: "*My dearest, we have a new album and it's definetely a real cool one*" ("Meu queridíssimo, nós temos um novo disco e ele é definitivamente muito legal"), e conseguia convencê-lo a respeito de suas ideias. O lance é que o Renato tinha a força do discurso, do afago e do convencimento. Acima de tudo, conseguia transmitir muita segurança na exposição de suas ideias e tinha uma vibração que nos levava a acreditar que a razão estava com ele. Comportava-se como uma liderança que deveria ser seguida em toda e qualquer ocasião e isso, de fato, acontecia. As pessoas costumavam se dobrar a ele e a se entusiasmar com a sua personalidade. Nesse sentido, podemos dizer que o Renato tinha, sim, um lado messiânico, que se mostrava muitas vezes eficaz. "É isso que você quer? É isso que a gente vai fazer, então", costumávamos dizer-lhe. O Renato era um desses caras especiais que, quando queria, podia fazer mal ao outro, ou deixá-lo com a moral lá em cima.

Ele tinha convicção do porquê de cada faixa estar no *Dois*, naquela ordem, compondo a harmonia interna do LP. O Renato fez um livreto com os lados A e B inteiramente definidos e o entregou aos colegas da Legião e ao pessoal da gravadora, incluindo o Jorge Davidson. Vamos ler então o que o Renato pensava sobre as músicas do nosso novo disco:

> "Eduardo e Mônica" – *hit single* fortíssimo e imediato. Faixa de abertura ideal para o lado 2, não fossem as dificuldades apresentadas pelo resto do material em termos de ordem de apresentação. Não parece convencer muito na única posição encontrada até agora, faixa 4, lado 1, seguida por "Tempo perdido" – até agora imbatível como a última faixa do primeiro lado e densa demais para o *airplay* extensivo. Muitos acreditam, no entanto, que é a faixa para ser trabalhada de início. A concepção incluía originalmente uma sequência final acústica que seria um improviso (violão, vento, fogueira, ondas, efeitos) comen-

tando o tema e as ideias apresentadas pela própria canção e preparando o terreno para a segunda parte do trabalho, no lado 2 [...]; "Central do Brasil" – esta faixa serviria de ponte temática e instrumental para eventuais problemas de incompatibilidade entre as diferenças individuais das outras canções, uma interação entre o elétrico e o acústico (quanto à textura instrumental) e o oblíquo em contraste ao acessível (determinando o equilíbrio entre a duração de tempo dos lados 1 e 2). O impasse tem solução, no entanto: basta que as faixas acústicas, por permitirem sulcos bem mais aproximados, possibilitem a duração de tempo maior em cada lado, sem haver prejuízo para a qualidade de reprodução sonora final.

Ainda de acordo com o nosso vocalista, o LP teria outros *hit singles* em potencial: "Quase sem querer" ("em letra e música"), "Daniel nas covas dos leões" ("mesmo levando-se em conta que o *fade* instrumental é elaborado demais para o *airplay* AM/FM") e "Índios" ("indiscutivelmente, a última faixa do disco"). Ou seja, o cara acertou as previsões na mosca, tinha total domínio do que estava fazendo no *Dois*. O seu sonho era fazer um disco duplo chamado *Mitologia e intuição*, mas a instabilidade econômica do País não permitiu. Implementado em fevereiro de 1986, o Plano Cruzado (que congelou preços e salários) obteve um êxito inicial, por ter controlado a inflação e aumentado o poder de compra dos consumidores – no entanto, após um curto período, ocorreria o desabastecimento, a cobrança de ágio e a volta (galopante) da inflação. Uma análise repetida nos livros sobre a história da música brasileira é a de que a euforia inicial de consumo proporcionada pelo Plano Cruzado contribuiu para o grande aumento de vendas do rock brasileiro. Isso é correto, mas devemos levar em consideração também a qualidade dos discos lançados nessa época. Além do *Dois*, tivemos em 1986 o *Cabeça dinossauro*, dos Titãs; o *Selvagem?*, d'Os Paralamas do Sucesso; o *Vivendo e não aprendendo*, do Ira!; o *Capital Inicial*, da banda homônima; entre outros LPs de alto nível. Mas, parafraseando o Cazuza e o Roberto Frejat, o futuro era duvidoso – e a EMI, uma empresa multinacional, não quis arriscar. Um álbum duplo custaria ao público o dobro do preço e, por isso, a ideia foi descartada.

A concepção de um disco simples nos fez abandonar o projeto

de gravar músicas como "O grande inverno na Rússia", "A canção do senhor da guerra", "Tédio", "Conexão amazônica" e "Faroeste caboclo". Com exceção da primeira, todas seriam incluídas em outros trabalhos da Legião. Chegamos a fazer a gravação e a mixagem de "Juízo final", samba clássico do Nelson Cavaquinho e Élcio Soares, que seria a faixa de encerramento do *Dois*. É uma versão incrível, com uma levada pós-punk na segunda parte. O Renato era fã do Nelson Cavaquinho, do seu estilo rasgado e sofrido, e adorava samba e choro, em geral. A letra daquela música tinha tudo a ver com o Renato, principalmente os seus traços épicos ("A história do bem contra o mal/ Quero ter olhos para ver a maldade desaparecer"). Segundo o nosso vocalista, ela poderia ter sido escrita pelo Ian Curtis, do Joy Division. Porém rolou a história do corte do disco. Quanto mais fino for o sulco do vinil, mais tempo vai existir em cada lado; o problema é que mais baixo será o volume e haverá perda na qualidade do som. O padrão era não passar dos vinte minutos em cada lado. O vinil brasileiro era muito vagabundo e o corte que se fazia, quase todo manual, era tosco. Caso incluíssemos "Juízo final", o lado B talvez passasse de 25 minutos. Por isso, sacrificamos "Juízo final", e "Índios" ficou sendo a música de encerramento. Pesou nessa decisão também a questão dos direitos autorais, é claro... Em 2011, foi comemorado o centenário de nascimento do Nélson Cavaquinho. Eu então sugeri que a gravadora promovesse a nossa versão de "Juízo final", mas ela não fez nada.

Apesar do não aproveitamento de "Juízo final", o Renato, em termos gerais, conseguiu implantar o seu planejamento para o *Dois*. Em agosto de 1986, ele explicou à revista *Bizz*: "O segundo disco não está dirigido a coisas externas: Estado, política. Esse é superinterior, mais o lado emocional das pessoas. Se bem que tem coisas sociais, como 'Metrópole', e muita coisa sobre sexo, como 'Daniel na cova dos leões' (...). Mas não são músicas românticas no sentido banal da palavra, e sim sob o prisma mais da amizade e da paixão. Tem 'Eduardo e Mônica', que trata do lado da vida do casal, mas em si não é uma coisa romântica."

No *Dois*, ficou evidente não apenas o amadurecimento poético do Renato, como também o musical, de toda a banda. Ficamos meses mergulhados no estúdio, experimentando e tendo os melhores recursos à disposição. Por isso, usamos vários efeitos, como o SPX 90, um processador de efeitos da Yamaha, e a bateria eletrônica Simmons, outra referência sonora na época. Podíamos, com toda a calma, timbrar os instrumentos e o amplificador. Fundamentalmente, adquirimos mais intimidade com o estúdio, que deixou de ser um lugar frio, recluso, sem amizade ou acolhimento. "Acrilic on canvas" e "Plantas embaixo do aquário" contam com fitas ao contrário, um recurso que foi bastante usado pelos Beatles. Enfim, acho que esse trabalho tem mesmo uma dimensão mais introspectiva, como sugere o Renato, naquela entrevista a *Bizz*. Na história da música brasileira, ele é considerado o grande álbum da Legião, tendo ficado em 21º lugar na lista dos 100 Maiores Discos da Música Brasileira, publicada pela revista *Rolling Stone*. Essa é a opinião da crítica, eu acho. Mas não é o nosso LP de maior sucesso, nem mesmo o meu preferido.

Ao fim das gravações, ficamos muito satisfeitos com o resultado do álbum, que havia sido bem feito, e a congratulação foi geral. O Mayrton se tornou o nosso grande produtor, aquele que nos acompanharia por muito tempo; o Savalla, que nos chateou à beça, também deu uma contribuição superimportante; e nós, da banda, passamos a considerar o estúdio o local onde nos sentíamos mais à vontade e rendíamos melhor. Nunca fomos artistas de palco propriamente ditos, embora os nossos shows pudessem ser explosivos.

Quando o *Dois* foi lançado, em julho de 1986, as resenhas começaram a aparecer. Saíram poucas críticas negativas, como a do José Augusto Lemos, na *Bizz*. Ele revelou que a sua primeira audição tinha sido contaminada, por um lado, pelo "mal-estar" causado pela "smithiana descarada 'Tempo perdido';" por outro, pelo fato de que esperava muito de tal LP. Embora o seu receio em relação ao álbum tenha sido superado nas audições seguintes, o jornalista entendia que "essa queda momentânea pelos arpejos de Johnny Marr" abriria espaço para os comentários negativos que vínhamos recebendo de caras como o Marcelo Nova (do Camisa de Vênus) e o Lobão – ambos batiam na tecla de que a nossa sonoridade seria copiada de bandas estrangeiras (hahaha, jura? Alguém aí tocava um samba "autêntico" na época?). No primeiro disco, certos críticos tinham afirmado que nós éramos "o U2 brasileiro"; agora, nos chamavam de os "Smiths tupiniquins". Tudo bem, a comparação é até pertinente em relação a "Tempo perdido" e "Quase sem querer". Mas e quanto a "Eduardo e Mônica"? Ou a "Índios"? Não dá para resumir o *Dois* à sonoridade "smithiana". Depois o José Augusto Lemos contou que teve um cara que escreveu uma carta xingando-o, tirou trinta cópias e mandou para a redação da revista uma por dia!

No *Jornal do Brasil*, o Jamari França foi só elogios, mas também lembrou (de forma mais cuidadosa) a banda de Manchester. Disse que seríamos "os mais fortes candidatos a um Grammy caboclo [...] graças ao amadurecimento musical que a Legião demonstra, dando uma guinada das cores punks para uma mistura de coisas líricas e engajadas a partir de uma poética elaborada dessa nossa mistura de Morrison e Morrisey encontrada em Renato Russo". Na *Folha de S.Paulo*, Heinar Maracy foi outro que elogiou a evolução da banda e o "discurso mais reflexivo e poético" do Renato. Disse que se tratava de um "disco denso, sem ser rebuscado, limpo, mas muito pessoal, impossível de se assimilar em um gole só". E concluiu: "rock brasileiro feito para gente grande."

O Maracy citou no seu texto uma informação que pouca gente conhece hoje. O *Dois* começa com "A Internacional" – o hino do movimento operário –, executada pelo coro e orquestra do Teatro Bolshoi, mixada subliminarmente com "Será"! Outra história abordada na imprensa foi a de que o sucesso fenomenal do *Rádio pirata ao vivo*, do RPM, chegou a afetar os nossos planos. O projeto gráfico do *Dois* não é nada complexo, embora seja sóbrio e de bom gosto. Havíamos decidido não aparecer na capa e, por isso, apenas no encarte há uma pequena foto nossa, tirada pelo Chico Aragão. De todo modo, queríamos um papel *couché*, uma gramatura boa, uma cor especial e certo tratamento estético. A Fernanda sempre teve um olhar preciso, um faro apurado para essas questões, e contribuiu bastante para o *design* do encarte. Mas, na hora em que fechamos o projeto gráfico do LP, e ele estava indo para a fábrica, fomos prejudicados pelo desabastecimento que acompanhou o Plano Cruzado. Não havia papel no mercado para a capa do nosso disco, uma vez que a CBS tinha esgotado esse produto para imprimir o *Rádio pirata ao vivo*. Foi desagradável porque, além de ter atrasado o lançamento do *Dois*, a qualidade do material utilizado na capa foi afetada, com consequências para o projeto gráfico elaborado.

Aquele era um período de consolidação do rock no Brasil e uma rapaziada até então pouco conhecida começou a circular em casas de shows, em festivais, na imprensa e nos estúdios de gravação. Não eram

1983 primeiro show fora de Brasília: Circo Voador, Rio

mais apenas os monstros sagrados da MPB. Além do enorme sucesso alcançado, as bandas nacionais barateavam os custos de produção. Elas geralmente não requeriam arranjos de orquestra e, além disso, compunham e tocavam as músicas que gravavam – o que desonerava as gravadoras num período em que elas tentavam se recuperar de uma crise na indústria fonográfica. No nosso caso, já morávamos no Rio, ou seja, nós mesmos arcávamos com os nossos custos pessoais. Não custávamos quase nada para a EMI, e os nossos discos eram um ótimo negócio para essa multinacional. E, no entanto, acabou sobrando um papel bem vagabundo para a capa do nosso disco. Ficamos putos. Mas a resposta não demoraria a vir. O *Dois* ganhou álbum duplo de platina, em um período relativamente curto. Era necessário vender 100 mil cópias para ganhar o disco de ouro, conforme eu disse; com 250 mil, ganhava-se o de platina; e, com o dobro dessa quantidade (500 mil), o de platina duplo. Quando lançamos o nosso álbum seguinte, o *Dois* já havia alcançado essa marca – embora, com o passar do tempo, tenha vendido mais de 1 milhão de cópias e conquistado o disco de diamante.

Com o êxito do disco, a demanda pelas nossas apresentações foi aumentando. O Renato era o mais reticente quanto à ideia de cair na estrada. "Vamos ou não vamos?", perguntávamos eu, Bonfá e Negrete. E o Renato: "Ai, não sei..." Em um dado momento, o Renato começou a ter paranoia de sair de casa, de fazer show, de passar por todo o processo de viagem, aeroporto, hotel, etc. E ele era emocionalmente instável, sozinho e complicado de se relacionar amorosamente, o que só dificultava as coisas. Ficamos sem tocar de 15 de maio de 1986, quando nos juntamos à peça *Feliz Ano Velho*, no Ginásio da Unicamp, a 17 de julho, em Santos, no Clube Caiçaras.

O comportamento do público às vezes era bizarro, e isso certamente era outro fator que o Renato levava em consideração quando pensava se deveria ou não cair na estrada. Não há como esquecer o que aconteceu no dia 12 de abril, no Circo Troca de Segredos, na Praia da Ondina, Salvador. Acho que cabiam umas 2 mil pessoas espremidas ali, naquela estrutura mambembe. Começamos a tocar "Soldados" e muitos punks, todos negros, vestidos de roupa rasgada, com suástica e coleira com cadeado, começaram a fazer a saudação nazista. Além de terem feito uma apropriação indébita da nossa música, parece que mal sabiam o que havia sido, de fato, o nazismo, que proclamava o mito da superioridade ariana (e certamente não toleraria aqueles contraditórios punks negros).

Tinha virado uma tradição o pessoal jogar dinheiro no palco quando tocávamos "Soldados", mais exatamente, quando o Renato cantava os versos "Somos soldados/ Pedindo esmola". Volta e meia, fazíamos dobradinha com o Ultraje a Rigor, que incluía nos shows aquele reggae, "Mim quer tocar/ Mim gosta ganhar dinheiro". Lembro que o Carlo Bartolini, guitarrista da banda, sempre se apresentava com um casaco de couro. Quando chegava a hora de tocar aquela música, ele levantava a gola e ficava de costas para o público, porque chovia moeda em cima dos músicos. E a plateia jogava com vontade mesmo, a ponto de o Leôspa se esconder atrás da sua bateria. Depois, os roadies vinham, juntavam as moedas com o rodo e as colocavam em um saco. As pratas recolhidas iam para a caixinha deles...

O lançamento do *Dois* aconteceu novamente no Noites Cariocas, no Morro da Urca, Rio, em duas noites (15 e 16 de agosto de 1986). A primeira delas foi muito boa de público, mas a segunda não chegou a encher. Essa casa de espetáculos era um pouco mais cara, e as pessoas tinham que pagar o bondinho do Pão de Açúcar para ter acesso a ela. O Arthur Dapieve esteve na noite vazia, conforme relatou a *Bizz* (edição de abril de 2001): "quase ninguém nas arquibancadas, uns punks *pogando* lá atrás e um vazio na frente. Vi o show com o cotovelo no palco, dava até para ver no chão a ordem das músicas que eles iam tocar. Tive a impressão de que o Renato estava falando diretamente para mim sobre as coisas da minha vida, e não cantando para as pessoas que estavam lá. Depois estive em muitos outros shows no Rio (...). Mas nenhum superou aquele show vazio no Morro da Urca: para mim, quando percebi o impacto que eles poderiam causar, foi um momento de revelação quase divino."

Continuamos tocando lá nos dois fins de semana seguintes (22 e 23, e 29 e 30). Nós misturávamos o repertório do primeiro disco, que era conhecido, com as canções novas. Nesses shows, tivemos problemas. Na primeira apresentação, quando tocávamos "Soldados", começaram – é claro – a jogar moeda, e o Renato discutiu com um cara que estava na plateia. Em outra noite, não me lembro bem em qual delas, o nosso vocalista, do nada, falou: "Vamos tocar 'Faroeste caboclo'!" Estávamos começando a ensaiá-la, mas aceitamos a proposta do Renato e a tocamos meio de improviso. Tomamos uma forte e longa vaia (já que a música é demorada...). Ali ninguém entendeu aquele tipo de canção com traços regionais, que mais parecia um cordel musicado do que um rock propriamente dito. Pouco tempo depois, o público aclamaria "Faroeste caboclo", mas no Noites Cariocas foi uma merda. Vale lembrar que os punks de Brasília também a vaiaram, nos tempos do Trovador Solitário.

"Tempo perdido" estourou nas rádios e depois vieram outros *hits*: "Quase sem querer", "Eduardo e Mônica", "Andrea Doria", "Daniel na cova dos leões", "Fábrica" e "Índios", que foi um sucesso incrível. Os nossos shows tiveram que mudar de lugar. Ainda havia aquele circuito das danceterias que começavam com a letra M, mas, de repente, os nossos fãs não cabiam mais naqueles espaços onde tocávamos na época do nosso primeiro disco. Depois que o *Dois* estourou, tocar em locais maiores, como ginásios, tornou-se quase uma regra. Isso surtiu um efeito junto à banda, é claro. De repente, começamos a ganhar mais dinheiro, a receber melhores cachês.

Na segunda metade de 1986, a Fernanda acertou a primeira excursão propriamente dita da banda, com a empresa gaúcha DC Set, de Dody Sirena e Cicão Chies, com a qual havíamos trabalhado em 1985, quando tocamos no Rio Grande do Sul. Ela nos ofereceu sete shows em sete cidades: Itajaí (SC, 13/09), Florianópolis (SC, 14/09), Passo Fundo (RS, 17/09), Canoas (RS, 19/09), Porto Alegre (RS, 20/09), Santa Maria (RS, 23/09) e Pelotas (RS, 26/09). Até então, nós nunca havíamos ficado mais de uma semana fora de casa. Agora, além dos quatro integrantes da banda e a Fernanda, havia também uma equipe conosco. Passamos a ter um engenheiro de som, um engenheiro de monitor, um roadie (às vezes, dois) e ainda um chefe de palco. Ou seja, montamos uma pequena estrutura bancada por nós, e que nada tinha a ver com a gravadora.

Iríamos passar um tempo na estrada, e o Renato não estava em um bom momento. Ele era pensador, artista, cantor, compositor, poeta – várias pessoas em uma só –, e sempre estava na loucura dele. A sua vida era, de fato, conturbada. Morava distante da gravadora, dos amigos e do pessoal da banda, na casa dos avós, em um puxadinho. Eu mesmo nunca fui visitá-lo na Ilha do Governador. Por essa época, a gente praticamente só se encontrava na gravadora ou no aeroporto. Só depois, quando ele se mudou para a Zona Sul, foi que começamos a sair juntos mais vezes, a nos ver nos fins de semana. A Fernanda costumava juntar a Legião e os nossos amigos lá em casa. Às vésperas de embarcamos para aqueles shows no Sul, o Renato ligou para Fernanda de madrugada e disse: "Fernanda, eu não vou." Naturalmente, ela retrucou: "Pô, Renato, como assim, não vai? Vamos conversar amanhã, com calma, e a gente resolve isso."

Havia um contrato, um disco tocando nas rádios e um público nos esperando, por isso, esse assunto tinha que ser mais debatido. Mas não houve bate-boca. Eu sempre tratei o Renato com muito respeito. Jamais o questionei de um modo agressivo em relação a essas questões. Eu agia da seguinte forma: "Você não quer fazer show? Nós não fazemos. Só não vamos ficar nesse faz, não faz. Se for da sua vontade, podemos ficar aqui, fazendo música no estúdio, ensaiando e gravando. Mas agora que já acertamos um show vamos lá fazê-lo."

Eu sempre concebi a Legião como uma banda protopunk rock, desde os tempos de Brasília, quando nos juntávamos para ensaiar e fazer shows. Acima de tudo, o nosso objetivo era nos divertir. Nós estávamos ali fazendo o que gostávamos, que era mandar o nosso recado e ter o retorno das pessoas. Embora nós estivéssemos crescendo a passos largos naquela época, eu nunca tive em relação à banda um pensamento puramente mercadológico, não achava que estivéssemos perdendo dinheiro por não fazer mais shows.

A verdade é que eu não pensava que fôssemos ganhar muito dinheiro com a Legião. Eu não entrei em um grupo de rock pensando em comprar um apartamento ou um carro, ainda que a Legião, depois de um tempo, me tenha permitido comprar tanto um, quanto o outro. Mas essa estava longe de ser a intenção central, eu jamais toquei ou deixei de tocar pensando nisso. Ninguém da banda desenvolveu um consumismo exagerado, exibicionista. No livro *Dias de luta: o rock e o Brasil dos anos 80* (DBA Artes Gráficas, 2002), do Ricardo Alexandre, há uma história interessante. O Herbert fala sobre o dia em que se encontrou com o Renato, o Paulo Miklos (dos Titãs) e o Paulo Ricardo, para conceder uma entrevista ao jornalista Pepe Escobar, em São Paulo. E os dois primeiros ficaram impressionados quando o vocalista do RPM chegou dirigindo um Ford Escort XR3 conversível. Em 1986, esses carros pretensamente luxuosos ainda pareciam para nós uma coisa do outro mundo.

Não acalentávamos sonhos de fama e fortuna com aqueles concertos no Sul. Com muito custo, conseguimos convencer o Renato a viajar, e, então, partimos para a nossa primeira turnê de verdade. Ficamos hospedados no Plaza São Rafael, um hotel cinco estrelas, no centro de Porto Alegre, e convidamos uma amiga gaúcha, a Anita, para nos visitar com a sua filhinha, Wini. Um belo momento, tocou o telefone do quarto, e o cara da recepção falou: "Tem uma moça chamada Anita aqui, ela está com uma criança e quer subir, mas é proibido." "Como assim?", indaguei. "É, não pode. Mulher aqui não sobe mais", respondeu ele. "Mas, meu senhor, estamos eu e minha mulher aqui, ela é uma amiga nossa, e está com a sua filha de 3 anos", argumentei. "Não, mulher não pode." Isso porque, uma semana antes, a galera do Ultraje havia rebocado a mulherada para os quartos, que foram depredados – como naquelas histórias clássicas do rock'n'roll. Depois de muita insistência, consegui convencer o pessoal da recepção a deixar as minhas convidadas subirem...

Acabamos levando Anita e Wini na excursão pelas cidades gaúchas. Com exceção da menininha, é claro, todos da trupe da Legião fumavam. O problema é que dividíamos o ônibus com os integrantes do Taranatiriça, um grupo local que estava despontando e que abria os shows para nós. Eles eram meio hard rock, e faziam um som interessante. Mas nenhum deles fumava. "Ah, não fumam? Então tá." Confesso que não fomos muito gentis: paramos em um posto de gasolina e cada um voltou com um pacote daqueles com dez maços – e imediatamente acendemos todos cada um seu cigarro (outros tempos...). Os caras ficaram apavorados e certamente muito putos.

Outra história curiosa é a de que, antes da nossa viagem, a Fernanda tinha telefonado para o Rafael e dito: "Por favor, vai encontrar a gente lá no Rio Grande do Sul porque a coisa não está caminhando como deveria." A próxima apresentação após essa temporada sulista seria em Santos, no Clube Caiçaras, em um evento organizado pelo nosso futuro empresário – por isso, ele tinha total interesse nessa história. Foi nessa ocasião, aliás, que o público santista nos xingou por não termos tocado "Índios", e o Renato se recusou a dar o bis. Tendo chegado ao Sul, o Rafael ficou surpreso com a tranquilidade e a sobriedade do Renato, que lhe deu garantias quanto ao cumprimento da agenda de shows da Legião. No fim da conversa, o Rafael passou mal com o excesso de vinho – e o engraçado é que ele tinha ido cuidar do Renato, mas acabou sendo socorrido pelo nosso vocalista...

Nesse período, já era considerável o mal-estar relacionado ao fato de a Fernanda ser a nossa empresária, a pessoa que controlava a agenda da Legião, que fechava os pacotes de shows, etc. Ela era a responsável por tudo que estava acontecendo em termos de organização e, simplesmente, os meus colegas de banda começaram a botar o dedo na sua cara e a fazer cobranças de modo agressivo. Nas discussões, a Fernanda era obrigada a ouvir: "Eu sou o Renato Russo, e tenha medo!" Patético. Até que, em Santa Maria, em mais um chilique, ele bateu a porta do camarim nas costas da minha mulher. O Renato, no melhor estilo babaca pop *star*, tinha ficado putinho quando descobriu que a Fernanda não tinha comprado o leite que ele havia lhe pedido antes da apresentação. Quando eu vi aquela cena, pensei: "Vou matar esse cara." Acabei estourando e gritando com ele: "Você é um babaca, um escroto filho da puta!" A Fernanda estava com a saúde fragilizada naqueles dias por causa de uma cirurgia de última hora, e o Renato agiu como um covarde calculista. Depois ele veio se desculpar conosco, simulando com aquela voz infantil que ele costumava fazer: "Tia, descuuuuulpas...." Mas o clima tinha ficado ruim, e foi a partir desse episódio que a Fernanda decidiu abandonar o barco, com o meu total apoio e compreensão. Ela achava que esse fato tinha aberto um precedente grave, e não sabia o que poderia acontecer a partir dali. Eu, por exemplo, estava prestes a sair na porrada com qualquer um da banda.

Talvez aquele clima tenso se devesse também ao "fantasma do Gigantinho". Em Porto Alegre, para ser reconhecido como um grande artista, ou como uma banda de respeito, era necessário lotar o Gigantinho. Os Paralamas haviam conseguido já algumas vezes e a Legião não fez por menos. Como eu disse, em nossa primeira passagem pelo Gigantinho, dividimos o palco com o Ira! e o Ultraje, e este era inquestionavelmente a atração principal. Mas agora o show era nosso. Apesar daquele desentendimento entre mim e o Renato, voltamos para casa satisfeitos, com o sentimento de que havíamos cumprido o nosso dever. No ano seguinte, em 1987, eu fui visitar o Savalla, que trabalhara como engenheiro de som naquela turnê. Ele morava em uma chácara em Vargem Grande, um bairro quase rural da Zona Oeste do Rio que, na época, tinha um clima totalmente bucólico. Enquanto eu esperava o portão da sua casa se abrir, passou em frente ao meu carro um peão que carregava uma enxada e ouvia "Índios" no seu radinho de pilha sintonizado em alguma estação AM – o cara estava tranquilo e parecia conectado com o que ouvia. Nesse momento, eu percebi que a Legião tinha finalmente deslanchado, e que agora não havia mais volta.

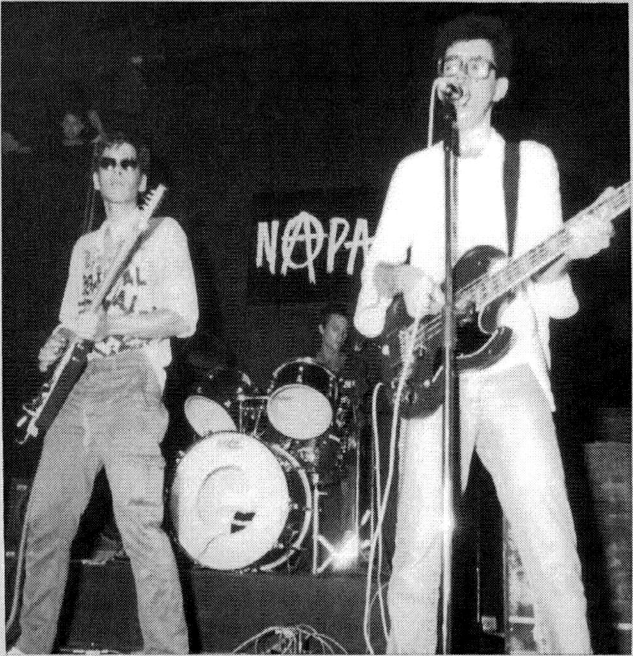
NAPA

V
AS ANTENAS DE TV TOCAM MÚSICA URBANA

A partir do lançamento do primeiro disco e, sobretudo, do *Dois*, passamos a aparecer com relativa frequência na televisão, que era muito importante dentro do trabalho de divulgação das bandas dos anos 1980. Para o bem ou para o mal, esse veículo já era a principal referência cultural de boa parte da juventude. Tratava-se de um momento – e ainda hoje é assim – em que era necessário aparecer na televisão para ser famoso. E a Legião Urbana começou a frequentar os lares brasileiros, por meio dos televisores.

Era pequeno o espaço que a televisão reservava aos videoclipes naquele período. Mas quando fizemos o videoclipe de "Será", o objetivo foi justamente tentar explorar mais esse formato. Ele foi gravado no Rose Bom Bom – nos dias 25, 26 e 27 de maio de 1985 –, e dirigido pelo Toniko Melo, da produtora Olhar Eletrônico. O principal programa era o *Clip Clip*, apresentado por dois bonecos (o Muquirana Jones e o Edgar Ganta), na Rede Globo. Existe um vídeo hilário na página da *Globo.TV* em que interagimos com o ator Mauricio Mattar, ao som de "Soldados". Eu me recordo também do *Realce* – comandado pelo Ricardo Bocão, Antônio Ricardo e Patrícia Barros – e do *BB Video Clip* – apresentado pelo Billy Bond, ex-vocalista do Joelho de Porco –, em cujas festas nós tocávamos. Ambos integravam a grade de programação da TV Record. Eram basicamente esses programas, e mais um ou outro de alcance local, que passavam exclusivamente videoclipes de rock. Desde os anos 1970, o *Fantástico* exibia videoclipes de estilos variados, mas trata-se de uma revista eletrônica de variedades. Gravamos videoclipes para outras duas músicas do primeiro disco: "Soldados" (produzido pela Martha Ferraris) e "Ainda é cedo". Embora o *Dois* tenha colecionado *hits*, ele rendeu apenas um videoclipe: "Tempo perdido". Para dirigi-lo, chamamos o José Emílio Rondeau, que criou umas partes em plano-sequência com a banda, em preto e branco. A gravação foi realizada nos estúdios RGB (em São Cristóvão, subúrbio carioca), e depois o diretor incluiu fotografias de astros como Brian Wilson, Jimi Hendrix, Bob Marley, Bob Dylan, Mick Jagger e John Lennon – todos tão jovens, alguns até irreconhecíveis.

Todas aquelas músicas que ganharam videoclipe foram apresentadas no *Globo de Ouro*, que era sinônimo de *playback*. "Será", em setembro de 1985; "Ainda é cedo", no mesmo ano; "Soldados", em maio de 1986; e "Tempo perdido", em dezembro (na edição especial dos melhores do ano). No segundo semestre de 1986, havíamos aparecido nesse programa devido ao grande sucesso de "Eduardo e Mônica", que ficou entre setembro e novembro entre as cinco mais tocadas nas rádios.

Voltando à época do nosso LP de estreia, recebemos um convite para participar de um especial infantil da Globo, chamado *A Era dos Halley*, que foi dirigido pelo Augusto César Vannucci e exibido a 11 de outubro de 1985. Dele participaram nomes como Tim Maia, Roupa Nova, Pepeu Gomes, Sérgio Dias (ex-Mutantes), Barão Vermelho e Titãs. A passagem do cometa Halley próximo à Terra, após 76 anos, foi bastante abordada na mídia. O Renato tinha uma composição chamada "A canção do senhor da guerra", inspirada em "Masters of war", do Bob Dylan, e então pensamos: "Ok, vamos fazer."

Fomos gravar a música para o programa, e essa foi a primeira vez que entramos no estúdio da Som Livre, na Rua Assunção, em Botafogo. Era um espaço bacana, todo *high tech*, onde o Roberto Carlos gravava. De rock mesmo, a Som Livre só tinha praticamente o Barão Vermelho, embora tenha gravado muito coisa boa do gênero nos anos 1970 (Rita Lee & Tutti Frutti, Mutantes, etc.). Trabalhamos de forma ágil, mas a gravação ficou ruim, porque aquele estúdio, na real, fazia tudo soar como plástico. Os timbres eram estranhos, a equipe técnica também, e sentimos bastante a diferença em relação à nossa "casinha" na EMI, onde passávamos horas e horas ensaiando. Além do mais, existia uma demo excelente do Renato, que ficou melhor do que a versão incluída no disco *A era dos Halley*. Ele havia feito a sua gravação na EMI, com bateria eletrônica, contrabaixo, guitarra e um teclado fazendo o tema clássico da cavalaria da guerra civil americana. Essa versão demo seria incluída no nosso álbum *Música p/ acampamentos*.

Depois de termos gravado a música, fomos ao Teatro Fênix, da Globo, fazer o programa. Chegamos lá em uma quarta-feira à tarde e ficamos aguardando tranquilamente, em um camarim apertado e espelhado, a nossa hora de entrar em cena. Tomamos um baita chá de cadeira. Em certo momento, eu me levantei e fui ver o cenário. E lá estava o Augusto César Vannucci gritando, ou melhor, esculachando as pessoas ao seu redor. Eu vi também a Vanusa, com quem ele era casado. Eu voltei e falei: "Ó, o negócio está quente, e olha que é um programa para crianças." O cenário era meio-fantástico, havia umas pedras, uma caverna, um clima lunar, e nós estávamos vestidos em um estilo meio punk, guerrilheiro. Eu estava com uma calça do Exército, uma boina e uma camiseta do The Clash – figurino soldado, servo da guerra. O Negrete, por sua vez, estava com seu inseparável coturno, soldado do mal. Até que bateram à porta do camarim e entraram três figurinistas da Globo com uma arara de roupas. "Hei, gato, chegou o figurino." Nós olhamos e dissemos: "Hahaha, o que é isso?!!!" Tinha um capacete de viking com chifres, um par de asas, um *collant* com uma capa, uma botinha e uma espada. Era bizarro, mas não tinha como peitar o Vanucci, e vestimos o figurino Global. O Negrete com dois chifrões de boi na cabeça ficou muito engraçado. E o pior é que vestimos aquelas fantasias, pegamos os nossos instrumentos, para, na hora da gravação, ouvir os gritos do diretor. Confesso que não foi fácil. Gravamos a nossa participação em dois *takes* e fomos embora. A trama girava em torno da família Halley, sobrevivente de Hydron, civilização destruída por guerras nucleares e pela devastação do meio ambiente. A sua missão era avisar outros povos a respeito dos perigos que poderiam levar à destruição dos seus respectivos planetas. Em sua viagem pelo universo, sempre ao lado do cometa, a família conheceu a Terra, ficou preocupada com o que viu e resolveu passar por aqui para deixar a sua mensagem. "A canção do senhor da guerra" é certamente a música infantil mais sombria que eu conheço.

No dia da exibição de *A Era dos Halley*, chegaram uns amigos lá em casa, no primeiro andar daquele prédio da Rua Major Rubens Vaz – onde moravam, no terceiro, o Herbert com a Paula Toller; no sexto, o Liminha; e, no nono, o George Israel (acho que o Leo Jaime morava no segundo). Aquele condomínio era praticamente uma república do rock, e na mesma rua ainda morava o João Barone. Alguém levou uma pedra de haxixe e chapamos todos. O programa começou, e imediatamente minha gata vira-lata, Dolores, começou a parir sua ninhada em cima da minha cama. Fiquei dividido entre o parto da gata e a família Halley na TV, mas, quando a Legião entrou, o silêncio se estabeleceu, e de repente começamos a gargalhar sem parar. O Negrete, com o capacete de chifres, e o Renato, de capa, espada, capacete e óculos, estavam impagáveis. Essa banda teve poucos momentos divertidos, e esse foi um deles.

No dia 19 de janeiro de 1986, fizemos o *Mixto Quente*, que a Globo gravava ao vivo na Praia da Macumba, no Rio de Janeiro. Com título propositadamente errado, o nome do programa se referia à mistura que ele propunha, adotando o X na palavra "misto". A inspiração vinha do termo inglês "mix", muito utilizado na época. O legal é que o palco ficava em plena areia. Era verão, um dia de sol daqueles e a massa estava toda ali na praia. Eu me apresentei de bermuda (!), e o Bonfá, sem camisa. Antes da apresentação, o Renato cortou a gola e parte das mangas da sua camisa amarela do Joy Division, para enfrentar o calor. Mas o Negrete ignorou solenemente o clima carioca e tocou com um visual militar, o que, ao menos, tinha a ver com música que tocamos: "Soldados". Foi uma experiência incrível e bastante curiosa também: o câmera andava de um lado para o outro do palco, e volta e meia bicava a minha pedaleira (e eu a colocava de novo no lugar). O Renato esteve muito bem: interagiu com a plateia, que estava animada, e também com as câmeras da Globo.

O resultado ficou tão bom que nós encerramos uma das edições daquele programa. Também frequentamos o *Cassino do Chacrinha*, na Globo, e estivemos lá com "Ainda é cedo", provavelmente, em dezembro de 1985. Além de não deixar a música rolar até o fim, a produção ainda introduziu diversos efeitos sonoros durante a nossa performance. Uma bagunça. O pior é que, inicialmente, havíamos sido proibidos de gravar porque as minhas calças estavam rasgadas. Mas prontamente a EMI conseguiu para nós um patrocínio na Company, que era uma das principais lojas de moda jovem do Rio. Embora nós não gostássemos daquele estilo *playboy*, fomos lá ver o que dava para vestir. Se eu não me engano, o Roger Moreira teve esse problema, mas colocou fita crepe na calça... Certa vez, o Velho Guerreiro nos apresentou da seguinte forma: "E agora, os metaleiros de Rondônia, Legião Urbana!"

Não dava para levar a sério, mesmo. O cara era único. Eu me recordo especialmente do dia em que fomos ao Chacrinha receber o disco de platina pelas vendagens do *Dois*, no Natal de 1986. Vestimos gorros de Papai Noel e debochamos do fato de estarmos fazendo *playback*. Foi aquele clima anárquico e descontraído: enquanto nós fingíamos que tocávamos as músicas ("Eduardo e Mônica" e "Tempo perdido"), o câmera dava close nas bundas e coxas das chacretes. Eu tocava minha guitarra desligada, enquanto o Renato colocava a galera para cantar. Ele ainda colocou o microfone dentro da buzina do Chacrinha, que já era alta pra caramba. O Negrete simulou tocar baixo em uma guitarra, que também passou pelas mãos do Bonfá. Ali, a única preocupação era a seguinte: quando o artista era anunciado, ele tinha que entrar correndo por um corredorzinho até cair naquele caldeirão. Então o mais importante era não tropeçar, porque era tudo ao vivo. Outro dia me diverti revendo esse vídeo no *Youtube*.

Na coxia do *Cassino do Chacrinha*, encontrávamos muita gente: o pessoal d'Os Paralamas do Sucesso, do Kid Abelha, o Silvinho Blau Blau, o Biafra, além, é claro, das já citadas chacretes, como a Rita Cadillac e a Sarita Catatau. Fazíamos a social com as bandas e artistas, e trocávamos uma ideia sobre como andava a vida em geral, onde seria bom de tocar, onde comprar equipamento, qual o melhor contrabandista, e coisa e tal – enfim, conversa de músicos. Na verdade, fomos pouco ao programa dele. Quase todos os músicos estavam dispostos a beijar a mão do Chacrinha, que não precisava de mais uma banda. A Legião já era querida pelo público, estava tocando nas rádios de todo o País, mas não era ainda aquele ícone que se tornaria possivelmente a partir de seu terceiro LP, *Que país é este 1978/1987*. Evitávamos aquele programa, principalmente, devido ao fato de que não queríamos participar dos bailes de *playback* organizados pelo Leleco, filho do apresentador, no subúrbio do Rio. Estar nesses eventos era praticamente uma condição para aparecer no *Cassino do Chacrinha*.

Aceitamos esse esquema apenas duas vezes. Nos dias 7 e 8 de dezembro de 1985, estivemos nos bairros de Campo Grande e Pavuna, e, em 19 e 20 de abril de 1986, visitamos outros subúrbios cariocas. Esses shows aconteciam sempre no sábado e no domingo. Eram quatro apresentações por noite, uma loucura. A banda cortava a cidade em dois radiotáxis (aqueles Opalas Diplomatas brancos), visitava diferentes bairros, e neles se apresentava sobre um palquinho de madeira. E era um artista atrás do outro: às 21h30, entrava a Legião; às 21h45, o Ultraje a Rigor; às 22h, o Fábio Júnior; às 22h15, a Gretchen, e assim o negócio ia até de madrugada. No fim da maratona, o Leleco nos dava o cachê, em dinheiro. Lembro que voltava para casa, com o Sol raiando, cheio de notas de duzentos e quinhentos cruzeiros. No documentário *Rock Brasília: era de ouro*, dirigido pelo Vladimir Carvalho, o Fê e o Flávio Lemos, do Capital Inicial, afirmam que, em uma madrugada, viram fuzis e granadas no porta-malas dos Opalas que levavam os artistas. Com naturalidade, um dos seguranças lhes disse que aquilo era uma proteção para eventuais tentativas de assalto... Certa vez, estivemos na Baixada Fluminense, em uma das edições especiais do *Cassino do Chacrinha*, que ocorriam fora dos estúdios da Globo. Mas as atrações musicais não precisavam se deslocar por diversos bairros, como no esquema do Leleco.

Aparecer no *Cassino do Chacrinha* dava visibilidade aos artistas. Já um programa como o *Chico & Caetano* garantia prestígio artístico aos seus convidados, embora ele também tenha sido um líder de audiência da Globo. No dia 26 de dezembro de 1986, foi ao ar a nossa participação no musical apresentado por aqueles dois ícones da MPB. Dessa vez, rolou uma ansiedade e não seria *playback*. Desde que nós começamos a entrar no circuito, e que o rock foi ganhando um espaço próprio e tendo cada vez mais voz, a grande imprensa começou a confrontar a MPB com o rock. *Em Rock and roll é o nosso trabalho: a Legião Urbana do urderground ao mainstream*, a Érica Magi citou um depoimento do

Arthur Dapieve, segundo o qual escrever sobre rock nos anos 1980 era uma questão ideológica, pois a sua geração ia contra a MPB estabelecida e se via como revolucionária. De acordo com o mesmo jornalista, que trabalhava no "Caderno B" do *Jornal do Brasil*, naquele momento seria necessário fazer uma cisão e combater pautas consagradas (a MPB, por exemplo) nas redações. A rapaziada que trabalhava nos cadernos de cultura de São Paulo (Pepe Escobar, Thomas Pappon, Cadão Volpato, entre outros) viveu a mesma situação.

Parecia que não podia existir um diálogo, uma aceitação mútua. Era mais ou menos assim: "Eu contra você. Você é o velho, eu sou o novo." Tratava-se mais de uma luta entre dominantes e pretendentes, entre os que defendiam a tradição, pois já estavam consolidados, e aqueles que queriam inovar, para garantir um espaço para si. O próprio Renato dava as suas alfinetadas na MPB. Em 1986, no *Estado de S.Paulo*, ele questionou: "Que MPB é essa em que não se ouvem chorinhos nas rádios, Paulinho da Viola não tem gravadora, e Luís Melodia fica um tempão sem gravar?" Quando mais jovem, ele era mais agressivo em relação à MPB, e chegou a acusá-la de promover uma "lavagem cerebral" nos jovens, em uma entrevista concedida à Maria do Rosário Caetano, publicada no *Correio Braziliense*, em 1983.

Eu não entrava nesse tipo de disputa, pois, desde a infância, eu curtia não só os bastiões da MPB (Caetano, Chico, Gilberto Gil, Gal Costa, Maria Bethânia, etc.), mas também grupos que misturavam aquele estilo ao rock, como A Cor do Som e Novos Baianos. Todos eles fizeram parte da minha formação musical. Eu já afirmei no capítulo anterior que ouvi bastante João Gilberto e que ele influenciou certos arranjos de guitarra do *Dois*. Reitero também que eu era fã do Caetano desde 1969, quando o meu avô Luiz me mostrara o seu álbum lançado no mesmo ano. Ou seja, para mim, fazer o *Chico & Caetano* não era nenhum dilema.

Nesse programa, em que tocavam tanto os artistas do momento, quanto outros mais antigos e consolidados, havia um contexto de reaproximação entre o Chico e a Globo, brigados desde o início dos anos 1970. Para o Renato, era um momento muito importante, pois ele estaria cantando as suas letras diante daqueles dois grandes compositores. Segundo ele, o disco *Construção* (1971), do Chico, foi muito influente em sua poesia. O programa com a nossa participação seria o último da série, e isso era uma responsabilidade a mais. A exibição estava marcada para o dia 26 de dezembro de 1986, depois da novela *Selva de Pedra*, e o time de convidados era respeitável: Gil, Evandro Mesquita (que ainda capitalizava o sucesso da Blitz em sua então recente carreira solo), João Donato e o cubano Silvio Rodríguez. Cumprimos bem o nosso papel. Com uma camisa da Plebe Rude, o Renato reverenciou levemente o Chico e o Caetano antes de começarmos a tocar "Ainda é cedo": "Vai entrar pro currículo, vai ser joia", disse ele, rindo timidamente. A partir daí o Renato ficou totalmente solto, fez as danças que sempre fazia, e a banda teve uma de suas performances mais carregadas de emoção. O público aplaudiu pra caramba e, no bloco seguinte, o Caetano comentou que tinha adorado a dancinha do Renato, arrancado um sorriso discreto do Chico e gargalhadas da plateia. Na verdade, além do elogio, o Caetano fez uma graça com o público e imitou de forma caricata a expressão corporal do nosso vocalista – o que deixou transparecer certo estranhamento com o estilo das novas bandas de rock dos anos 1980. Hoje eu fico pensando se isso era tudo o que ele tinha para dizer sobre a nossa música...

Eu encontraria o Caetano outras vezes. Nos dias 27 e 28 de janeiro de 1988, a Legião lotou a Concha Acústica de Salvador. Os shows foram cedo, das 18h às 20h, e lembro que, em um deles, chovia muito, a ponto de eu ver a minha pedaleira boiando na enxurrada que invadia o palco; o Renato, empolgado, ficou rolando no chão, apesar dos riscos de choque elétrico. Naquela mesma noite, o Caetano iria se apresentar na cidade, em outro lugar, em um horário um pouco mais tarde. Após o nosso show, fomos eu e o Rafael (que já atuava como empresário da banda) assistir ao artista baiano. Quem abria para ele era a banda Egotrip, da qual o Pedro, filho do Gil, era baterista. E estavam lá acompanhando a apresentação do Caetano o Naná Vasconcelos e o Paul Simon, que lançara em 1986 o polêmico e bem sucedido *Graceland* – no qual se apropriava de elementos da música africana. O show terminou, e eu, empolgado, fui falar com o Caetano no camarim. Eu me apresentei encabulado e, gaguejando, não consegui falar nada. Fui reverenciar um sujeito de quem eu gostava muito. Na época, eu não conhecia

1983 de volta ao Circo Voador, na época das gravações da fita demo

muito a trajetória político-cultural dele, e nem o via propriamente como um vanguardista ou um iconoclasta. Simplesmente as músicas do cara haviam entrado em mim de uma forma muito positiva. Então, lá no camarim, o Caetano, surpreendentemente, disse a mim e ao Rafael: "Vamos lá para casa?" E, quando eu vi, lá estava eu na casa do cantor, em Ondina. A certa altura, o violão dele estava encostado numa poltrona e não tive dúvidas: peguei o instrumento e fiquei um tempo tocando. A casa de Caetano e Dedé estava aberta a quem quisesse chegar, e muita gente apareceu por lá.

Ainda em 1988, eu e Fernanda conhecemos a Regina Casé, que nos foi apresentada pelo Hermano. A Regina era casada com o artista plástico Luiz Zerbini e estava grávida da Benedita, na mesma época em que a Fernanda estava esperando a nossa filha, Miranda. A Regina naquela época estrelava o programa humorístico das terças à noite na Globo, *TV Pirata*, que era imperdível. Regina é uma força da natureza, com disposição ímpar de conhecer e integrar as pessoas. Assim, o Hermano, padrinho de casamento da Fernanda, achava que seria um bom encontro e, de fato, nós nos tornamos grandes amigos. Regina costumava organizar uma grande festa de Natal e, volta e meia, rolava o "dia do nhoque". Ali se encontrava o meio artístico carioca em peso: atores, músicos, cineastas, escritores, grandes ídolos da cultura nacional. Podia-se encontrar Fernanda Montenegro em conversa com Milton Nascimento; Hamilton Vaz Pereira com Fausto Fawcett; e o Luiz Zerbini divagando com Gil. Tudo muito interessante para um cara que acabara de chegar de Brasília.

A experiência da Legião na TV não se limitava à Rede Globo, é claro. Estivemos algumas vezes no *Perdidos na Noite*, na Bandeirantes. Era bom tocar lá no antigo Teatro Záccaro, no Bixiga, em São Paulo, porque o som era ao vivo; e a plateia, bastante animada: a galera tirava a camisa, dançava, pedia música e cantava junto – era uma festa. O Faustão, que era o apresentador do programa, nos recebia com o maior respeito, e passamos por lá para divulgar os três primeiros discos. Ainda naquela emissora, participamos do *Marília Gabi Gabriela*, em novembro de 1986. Fizemos também muitos programas de rádio nessa época. Lembro que a Transamérica tocou o *Dois* na íntegra antes que ele chegasse às lojas. O LP ainda estava na fábrica, mas alguém teve acesso ao *tape* e as músicas vazaram. Irritada, a direção da EMI foi para cima da emissora, que ficou devendo muitos favores para a gravadora e a Legião. Mas, geralmente, a nossa relação com as rádios era ótima. O que elas tocavam costumava ter repercussão entre o público que, por sua vez, pedia para ouvir novamente aquela canção de que gostara. Ou seja, aquele círculo básico da indústria musical. Mas o fato é que começamos a ter um público grande, e isso, é claro, aumentava a quantidade de convites para participarmos de programas e festas de emissoras de rádio. Eu gostava de tocar nos eventos organizados pela Fluminense, "A maldita", que nos ajudou no início da carreira e tinha um público que valorizava o rock.

Acho que trabalhamos bem essa questão da comunicação: fazíamos o básico em termos de rádio e TV, sem nos escravizar, sabendo usar esses espaços conforme a necessidade. Fizemos o que deveríamos fazer, não mais. Tínhamos uma cota e, com o passar dos anos, nem precisávamos mais cumpri-la. Para o lançamento do *Dois*, gravamos uma fita cassete em que nos autoentrevistávamos: "Eu sou o Renato Russo, eu escrevo as letras, eu canto. Nasci no dia 27 de março, eu tenho 23 anos, e sou Áries e ascendente em Peixes. Eu trabalhava com Jornalismo, rádio, era professor de Inglês também. E comecei a trabalhar com 17 anos e tudo, mas só que, de repente, tocar rock era uma coisa que eu gostava mais de fazer e, como deu certo, eu continuo fazendo isso até hoje." "Meu nome é Dado Villa-Lobos, sou guitarrista da Legião Urbana. Nasci dia 29 de junho de 65, tenho 21 anos. Cheguei a Brasília em torno de 79. Cursei meu segundo grau, consegui entrar na Faculdade de Sociologia, só que não era exatamente o lance que eu 'tava a fim de fazer. Muito teórico, não tem nada de praticidade. Aí meu lance era, de repente, fazer música." "Eu sou o Renato Rocha, baixista do Legião Urbana. Tenho 25 anos, adoro esportes, adoro corrida de automóvel. Sou de Brasília também, adoro música, jazz, rock. Adoro Dead Kennedys. Cursei metade do meu segundo grau. Parei de estudar, porque eu gostava de fazer esportes." "Oi, meu nome é Marcelo Bonfá. Nasci em 65, sou do signo de Aquários. Gosto de esportes aquáticos, gosto de desenhar, e gosto de música. Saí da escola depois que eu terminei meu segundo grau. Agora eu toco bateria na Legião Urbana." Essa gravação seria incluída em "Riding song", faixa de abertura do CD *Uma outra estação*. Naquela fita cassete havia também um bate-papo entre nós. Enviá-la para as rádios nos poupou de muitos compromissos desagradáveis pelo País.

Mesmo assim, continuamos indo às emissoras para fazer a divulgação dos nossos shows, normalmente na véspera deles. Isso era bem comum, e continua sendo. O artista divulga o seu espetáculo em várias rádios, ou naquela que patrocina o evento. É parte da engrenagem do trabalho, e a Legião realizava uma turnê de divulgação da turnê. Mas só fazíamos o estritamente necessário, como eu disse. Nossa relação com a imprensa escrita, o rádio e a televisão era a mais otimizável possível, embora o Renato fosse sempre muito falante (diante de um microfone ou de um gravador, ele desandava a falar). Isso contribuiu para que o nosso vocalista se tornasse uma voz crítica e requisitada na mídia, conforme a Magi escreveu. A Bia Abramo – que trabalhou na *Bizz* e nos viu tocar no Napalm – fez um artigo para o *UOL*, em 2010, intitulado "Renato Russo: um cara que me ensinou algumas coisas que eu sei". Ela lembra que Renato sabia muito bem jogar com o poder das palavras, embora para os jornalistas fosse um pesadelo transcrever os quilômetros de fita oriundos das entrevistas com ele.

A nossa história naquela revista onde a Bia atuou merece ser contada com mais detalhes. A primeira matéria de fôlego sobre a Legião na *Bizz* foi aquela publicada em agosto de 1986, citada no capítulo anterior. Na capa que destacava o Billy Idol, ganhamos uma pequena foto, com o texto-legenda: "Legião Urbana: a nova fase". Além de assuntos referentes ao *Dois*, falamos sobre amenidades. Eu, por exemplo, declarei que levava uma "vida bem caseira, ao lado da Fernanda", e que gostava mesmo era de "apostar nos páreos do Jockey Club e descobrir restaurantes exóticos". O Tom Leão, autor da reportagem, revelou que, inicialmente, a entrevista estava marcada para acontecer na minha casa, mas ela teve de ser cancelada porque eu abrigara uma galera para assistir aos jogos da Copa do Mundo.

Em fevereiro e março de 1987, a *Bizz* publicou a lista dos melhores do ano de 1986. Ganhamos "melhor grupo" e "melhor vocalista", na votação da crítica e do público, que nos deu ainda os prêmios de "melhor disco" e "melhor clipe" ("Tempo perdido"). Em março de 1987, finalmente, fomos capa da revista. Junto à foto do Renato, em um show, vinha escrito: "Legião Urbana: o grupo que você elegeu". Isso teve muito valor para nós. Afinal, àquela altura, a revista já era uma referência para a juventude que curtia rock e pop. Em dezembro de 1986, na retrospectiva do ano, a publicação tinha feito um tópico para a Legião, ressaltando, por um lado, o fato de termos emplacado grandes *hits*, como "Tempo perdido" e "Eduardo e Mônica"; por outro, a ideia de que os nossos shows haviam se tornado "verdadeiros *happenings*, com Renato Russo improvisando letras sobre o acompanhamento de seu violão".

Apesar de a crítica do *Dois* feita pelo José Augusto Lemos ter fugido ao clima geral de elogios na imprensa, a nossa relação com a equipe da *Bizz* era muito boa. No nosso caso, o clima de intimidade entre entrevistadores e entrevistados era evidente. No dia 24 de julho de 1985, tocamos no lançamento da revista, no Mistura Fina, no Rio, junto à banda carioca Hojerizah – quando realmente comecei minha amizade com o Toni Platão, que ficou discutindo com Renato sua relação com a literatura russa e The Smiths. Um ano depois, participamos da comemoração do seu primeiro aniversário, no Projeto SP. Ela acompanhou toda a nossa história, e o fato de termos conhecido parte de seus jornalistas antes de a publicação existir contribuiu para a construção desse convívio harmonioso entre as duas partes. Mas, se a Legião veio a tornar-se uma das pautas mais recorrentes da *Bizz*, tal fato ocorreu em virtude do nosso grande sucesso. Vencer o fenômeno RPM, na eleição da melhor banda de 1986 entre os leitores, foi de certa forma surpreendente e mostrou que o público da *Bizz*, especializado em rock, tinha a Legião em alta estima. Esse foi um daqueles momentos mágicos em que público e crítica falavam a mesma língua: a Legião tinha sido o melhor grupo no ano em que o rock brasileiro tomara de assalto a música brasileira.

Nomes das mais variadas áreas declaravam ser admiradores da banda, como a Xuxa, a Nara Leão, o cantor popular Amado Batista, o maestro Silvio Barbato e o jogador Tato (do Fluminense), entre outros. Fiquei realmente surpreso com uma enquete feita pelo *Jornal do Brasil*, em janeiro de 1987, em que personalidades da época revelavam qual disco levariam para uma ilha deserta. O Selvagem Big Abreu, do João Penca e Seus Miquinhos Amestrados, e o cronista Tutty Vasques incluíram o *Dois* na sua lista. O primeiro, inclusive, afirmou que o nosso LP era "uma obra-prima". Vale lembrar que o *Dois* ainda estava completando seis meses no mercado. A partir dessa época, os jornalistas começaram a dizer que o Renato tinha uma característica messiânica – o Herbert não tinha inventado a tal história de que a Legião era uma religião. O nosso próximo álbum nos traria fãs ainda mais apaixonados, e as consequências nem sempre seriam positivas para nós.

1984 no Teatro Alvorada, Brasília, DF

VI
UM RETRATO DO PAÍS

O último compromisso da Fernanda como empresária da Legião Urbana foi em outubro de 1986. Aquele infeliz episódio envolvendo-a e ao Renato no show de Santa Maria havia sido a gota d'água. Com o estouro do *Dois*, o nosso público crescia cada vez mais, assim como o número de problemas a serem resolvidos, envolvendo contratos, segurança nos shows, gravadora, etc. Se a Fernanda permanecesse como empresária da banda, tudo isso continuaria nas suas mãos. Ela teria que continuar lidando com as questões particulares dos integrantes da banda e, consequentemente, com os chiliques do Renato.

    A saída da Fernanda foi fundamental para que eu mantivesse um bom relacionamento com os outros integrantes da Legião. No entanto, de uma hora para outra, ela ficou em casa, sem trabalho, perguntando-se: "O que estou fazendo aqui?" A Fernanda estava conosco desde 1983, e viveu aqueles anos de uma forma muito intensa, como todos nós. Foi natural que ela, em um primeiro momento, tenha sentido certo vazio. Mas, verdade seja dita, a sua atitude foi o que melhor poderia ter acontecido a nós dois. E, de todo modo, a Fernanda continuou tomando conta de toda a parte gráfica dos nossos discos, selecionando os fotógrafos, verificando a impressão e participando da escolha das fotos. Por ser bastante organizada, encarregou-se também de cuidar do arquivo da Legião: fotos, *releases*, contratos, agenda de shows, tudo o que se possa imaginar. Ao se afastar das negociações com a gravadora e os contratantes do nosso espetáculo, ela não precisou viajar mais nem se envolver em toda aquela rotina de correria e confusões. A Fernanda também se sentiu aliviada.

Naquele momento, nós precisávamos ir em busca de um novo empresário. Na banda, sempre fui eu quem resolvia essas questões de relações públicas, jurídicas e empresariais. Talvez porque eu me relacionasse melhor com as pessoas, ou conhecesse mais gente. Além disso, entre os integrantes da Legião, eu estive mais relacionado com a decisão da Fernanda de abandonar a banda. Surgiram então os nomes do Duda Ordunha, que produzia os shows no Morro da Urca, e o da Ivone de Virgiliis, que estava empresariando a Blitz. Os dois empresários mantinham um escritório que cuidava dos negócios de artistas de renome. Decidimos fazer uma experiência com o Duda e a Ivone, que nos empresariaram durante os últimos shows do *Dois*. A gestão dos negócios da banda pelo escritório deles teve vida curta porque, em certo momento, eu questionei a contabilidade que era enviada para nós e pedi um borderô. "O que aconteceu neste mês? O que entrou aqui?"– perguntei. Porque, antes, com a Fernanda, sabíamos exatamente quanto entrava de grana, quanto ia para ela e quanto ia para cada um de nós. Era tudo dividido igualmente: os quatro da banda e mais ela ficavam com 20% cada um. Era uma conta básica. Nós ficamos sem esse controle justamente quando estávamos começando a tocar em grandes ginásios. Por isso, a nossa relação com o Duda e a Ivone foi desandando até que um dia eu virei para o Negrete, que era aquela figura imponente e musculosa, e falei: "Cara, vamos lá no escritório para tomar satisfação e esclarecer essa parada!" Lá eles nos apresentaram um borderô em que pagávamos o papel higiênico do escritório, a caneta esferográfica, o telefone, a resma de papel ofício, etc. Eu falei: "Ué, vocês vão pagar a minha corda de guitarra, o meu amplificador, a minha luz?" Enfim, não era a parceria que estávamos procurando, e assim encerramos nosso compromisso com o escritório.

Ficamos sem empresário novamente. Nesse meio tempo, eu tentei voltar a estudar. Como não estava mais em Brasília e, portanto, não poderia frequentar a UnB (na qual havia trancado o meu curso de

Sociologia), matriculei-me na Universidade da Cidade, no bairro da Lagoa, perto da minha casa. Escolhi o curso de Turismo (uma das poucas opções abertas no período em que eu prestei o vestibular), pensando em mudar depois para Letras, História ou outro curso da área de Humanas. Comecei a assistir às aulas, mas não dava mais para acompanhar aquela rotina de estudos. O ritmo de trabalho não me possibilitou continuar nessa empreitada, além de eu não me ter entusiasmado com o curso. No trote, fui poupado das brincadeiras humilhantes e recebi parabéns pelo sucesso da banda. Eu já era o Dado da Legião.

No segundo semestre de 1987, estava encerrado aquele ciclo do *Dois*, referente a shows, entrevistas em rádios e aparições na TV. No mês de julho, a *Bizz* publicou uma nota intitulada: "Fim da Legião?!?!" Isso porque havíamos cancelado apresentações no *Globo de Ouro*, na Argentina e em Portugal. Mas não só isso; o Renato tinha ido a Brasília visitar os pais e ficara lá mais tempo do que o previsto. Assim, estavam circulando rumores sobre o fim da banda, sem que ninguém desmentisse. Mas, tranquilizando os fãs, a revista informava que estávamos dentro do estúdio, no Rio. Segundo o Renato, "a gente parou para voltar a ser amigo. Depois, fazer show pra quê, se as pessoas não vão ter dinheiro para ir?" – referindo-se à recessão econômica.

Realmente, havíamos voltado ao estúdio da EMI a fim de compor músicas novas; porém nada estava acontecendo. As ideias tinham sumido, e vimos que o trabalho seria demorado. O Renato vivia uma crise criativa, e, até então, isso era raríssimo. Resolvemos abandonar o estúdio e descartar o projeto de um álbum com músicas novas, que deveria ser lançado ainda naquele ano. No entender do nosso vocalista, era melhor ficar três anos sem lançar disco do que arriscar tudo o que a Legião realizara até aquele momento, fazendo um trabalho ruim. No dia 22 de setembro de 1987, o *Jornal do Brasil* publicou um texto do Arthur Dapieve, segundo o qual havíamos deixado o estúdio poucos dias antes. O pior é que, recém-vencedor do troféu Villa--Lobos na categoria "melhor letrista", o Renato parecia amargurado na matéria. Ele dizia que de nada adiantava ter um disco de platina na parede e se sentir sozinho. "No momento, a gente não tem nada para falar", declarou sobre o projeto abortado. "A sanidade mental é mais importante", prosseguiu. A reportagem citou ainda que o Bonfá acalentava sonhos de viajar à Austrália, e que eu estava pensando em seguir a carreira diplomática (!) – eu certamente não estava falando sério. Mais uma vez, o Renato abordou na entrevista com o Dapieve a necessidade de manter a amizade entre os membros da banda: "Se a gente acabar e ficar a inimizade, tudo o que a gente fez não vale nada. Joga no lixo."

Entre nós, havia certo desgaste mesmo. Um dia, em um ginásio esportivo desses, estávamos no camarim, preparando-nos para o show. Cada um havia chegado de um lugar. De repente, eu ouço o público se manifestar e, quando dei por mim, o Renato já estava no palco, sozinho, tocando "Eduardo e Mônica". Ele fez isso sem avisar, chegou, entrou no palco e cantou. Ali eu percebi que cada um de nós estava tomando atitudes individualistas em detrimento da banda. Tive a sensação de que estávamos nos fragmentando, que chegávamos ao início do fim – ok, vamos lá, cada um por si.

Em janeiro de 1988, já na entrevista de divulgação do *Que país é este 1978/1987*, eu disse para a *Bizz*: "Seria por puro descaso ou omissão que a gente não faria alguma coisa. Seria uma ferida que não ia cicatrizar tão cedo!" Complementando, o Renato afirmou: "(...) se a gente tivesse acabado, iria ser um baita pontapé em todas as pessoas que acreditaram na gente. E em nós mesmos." No mês seguinte, em um debate sobre "O futuro do rock", promovido por aquela revista, o Renato foi mais específico: "A gente parou... Isso foi porque estávamos desintegrando (...). E a gente decidiu, 'olha, vamos parar aqui, senão a banda acaba'. (...) Muito show, muita saturação, sabe, você acaba se perdendo... Olha, nada vale isso, não vale."

Tínhamos como exemplo Os Paralamas do Sucesso, que já haviam lançado o terceiro disco (*Selvagem?*), de forma arrebatadora. Decerto, isso nos incentivava. Mas, apesar de ter desgastado a banda inteiramente, o êxito do *Dois* tinha definido o nosso destino. A Legião era uma realidade, um grupo com um público de massas, e nós continuaríamos até onde fosse possível, apesar dos desgastes. O que quero dizer é que, depois daquele LP, eu tinha a convicção de que o meu futuro era ser um guitarrista de rock e, mais particularmente, o guitarrista da Legião. Eu acreditava nesse projeto de vida e achava que tínhamos que nos dispor a tal, para que aquilo realmente acontecesse.

Eu sabia que nós éramos parte de toda uma mudança de estatuto da linguagem jovem, digamos assim, de uma nova forma de nos expressar e de fazer música. Mudança que, por sua vez, criou uma categoria diferente de entretenimento, em que grandes palcos eram montados, muita gente era mobilizada, e diversas empresas – de áudio, de luz, de som – estavam sendo criadas em função do que estava acontecendo. A estrutura ia se aprimorando e, a cada ano, percebia-se que o show biz movimentava mais dinheiro e se organizava em uma escala industrial. Muitos artistas ganharam o seu disco de ouro naquela época, e com a Legião não foi diferente, é claro.

A *Folha de S.Paulo* observou o fenômeno e, em agosto de 1986, publicou uma matéria sobre o recorde de venda de discos. Algumas gravadoras estavam trabalhando no limite de sua produção e, mesmo assim, não davam conta dos pedidos dos lojistas. Para se ter uma ideia, em junho de 1985, haviam sido vendidos 2,2 milhões de LPs e 648 mil fitas cassete. No mesmo período do ano seguinte, as vendas pularam para 4,2 milhões de LPs e 1,18 milhão de fitas cassete. A Associação Brasileira dos Produtores de Discos (ABPD) tinha duas explicações para o fenômeno: o aumento do consumo decorrente do Plano Cruzado e a revitalização da música brasileira, principalmente do rock e do samba, com a renovação de grupos, nomes e estilos musicais. Em agosto de 1986, a CBS divulgava já ter recebido 700 mil encomendas do *Rádio pirata ao vivo*, do RPM, lançado havia menos de um mês. Agora ficou mais claro por que faltou papel para imprimir a capa do nosso segundo álbum. E a expectativa era de que o mercado crescesse ainda mais até o fim do ano.

A Legião foi uma das principais bandas beneficiadas com a expansão da indústria fonográfica em tal período. O nosso contrato com a EMI havia sido negociado nos moldes daquele que toda banda iniciante, salvo alguns casos, assinava: durava um tempo "x", envolvia "y" discos, e o artista tinha direito a apenas 7% dos *royalties* artísticos. O artista assinava com a companhia e, compulsoriamente, com a editora deles – no caso da EMI, a Tapajós. Mas o *Dois* tinha conquistado o disco de platina duplo, e, assim, nos tornamos os maiores vendedores da filial brasileira da EMI. Então concluímos que seria justo renegociar nossas bases contratuais. Mais uma vez, eu tomei a frente da questão e pensei: "Preciso de um advogado, de um auxílio jurídico, e de alguém que possa nos orientar." Novamente, fomos eu e Negrete ver um cara, de nome Maurício, que me fora indicado por um amigo. Ele tinha um escritório no Centro do Rio de Janeiro, mas a sala parecia um museu de arte pré-colombiana: havia objetos de arte inca, asteca e maia por todo o canto. E o advogado foi bastante sincero: "Essa não é a minha área de atuação, mas eu vou te indicar um dobermann. Ele vai morder, é exatamente a pessoa de que vocês precisam." Ele se referia ao João Carlos Müller. Então houve um novo impedimento, pois o seu escritório advogava justamente para a ABPD (Associação Brasileira de Produtores de Discos) – ou seja, ele estava do outro lado. Mas o João Carlos Müller, por sua vez, indicou-me o Antônio Coelho Ribeiro e o Costa Neto. Eles tinham um pequeno escritório e estavam começando a negociar contratos de artistas. O Antônio havia sido presidente da Polygram nos anos 1970, e muita gente boa tinha passado por lá ao longo de sua gestão. Ele acabou se tornando o nosso advogado, e ficaria conosco até o fim da banda.

    O nosso contato com o Antônio se deu em meio às gravações do *Que país é este*, e nos foi de grande valia. Continuávamos, porém, sem empresário. Em outubro de 1987, resolvemos voltar ao estúdio, entre outros motivos, porque a questão contratual começou a pesar contra nós. Legalmente, a Legião ainda devia um disco para a EMI, pois o nosso acordo previa três álbuns durante os seus três anos de vigência. E nós, vendo que seria difícil cumprir essa meta – isto é, compor, ensaiar e gravar as músicas para um novo LP ainda naquele ano –, pensamos o seguinte: "Vamos gravar as músicas do baú. Vamos nos livrar desse material antigo e, quando rolar o contrato novo, vai ser vida nova." Desse modo – pensamos nós –, faríamos um acerto de contas com o nosso passado em Brasília, e encerraríamos um ciclo. Havia também outras questões, como o medo do Renato de que o pessoal do Capital Inicial pegasse para si as músicas do Aborto Elétrico. Afinal, eles vinham fazendo isso. Já tinham gravado "Veraneio vascaína", "Fátima" e "Música urbana", as duas últimas com grande sucesso. Mas, dentre todos os fatores, talvez o mais determinante para que lançássemos aquele disco foi o fato de imaginarmos que ele seria um grande presente aos fãs. Era o que se passava na cabeça do Renato e na minha também. Pois o nosso público não conhecia aquele repertório que, para nós, havia sido seminal, estruturante e fundamental. No título do disco, há aquele "1978/1987", justamente para explicar que o LP continha esse material de quase uma década.

De um modo geral, o álbum representa um resgate do rock e do punk dos tempos de Brasília. Aquele som visceral, rascante, com baixo, bateria, guitarra, voz e nada mais. Trata-se de um LP nitidamente mais cru em termos de arranjos. Dessa vez, o Amaro Moço achou que a sua presença não seria necessária e tirou o time de campo. Então, o Sérgio Bittencourt (o Serginho, que havia participado do *Dois*) e o Renato Luiz assumiram a mesa de som. O Mayrton era presença certa. O processo de gravação se deu em ritmo febril: registramos todas as músicas em 15 dias e as mixamos em outros 15. Ou seja, o disco ficou pronto em um mês, o que foi muito bom para nós. Aquele *riff* de "Que país é este" – abertamente inspirado em "I don't care", dos Ramones – era parte do nosso DNA, do nosso sistema orgânico-musical. Aquelas levadas punks estavam incorporadas, incrustadas em nós, e eu era capaz de tocá-las de olhos fechados. Trabalhamos um ou outro arranjo, é claro, mas, no geral, foi tudo muito rápido. O vocal de "Conexão amazônica", por exemplo, foi gravado como voz guia, na técnica, com um microfone Shure 58. "Ficou bom. Pra que mudar?" – foi o pensamento reinante. Além disso, aquele tipo de registro mais cru tinha a ver com o caráter da música, meio tribal, em cima de "Isolation", do Joy Division. Enfim, o disco veio com tudo e com muito mais distorção do que o *Dois*. Eu havia comprado um equipamento novo, um modulador de som da Roland, o GP8. Ali eu estava começando com esse hábito meio *freak* de colecionar pedais, equipamentos de estúdio e instrumentos. Nas gravações do álbum, nos seus shows de lançamento e nas nossas aparições televisivas daquela época, eu fiz uso da minha Fender Stratocaster (presente do Herbert), mas também de uma Ibanez preta semiacústica (porque eu ainda estava naquela onda de aprender bossa nova e João Gilberto).

Fizemos o lado A mais pesado do que o lado B. As músicas do Aborto eram "Que país é este", "Conexão amazônica", "Tédio (com um t bem grande pra você)" e "Química" – que havia sido incluída apenas na fita cassete do *Dois*, em uma versão ao vivo. Era comum esse formato ter uma música inédita como bônus, para incentivar a sua venda, que era muito inferior à do vinil. Essas faixas que remontam ao punk brasiliense entraram no lado A, que fecha com "Depois do começo". Segundo as informações que o Renato incluiu no encarte do disco, trata-se de um *ska* composto em 1982, 1983, na época do *revival Two-Tone* – a segunda geração daquele estilo musical, formada em torno da gravadora inglesa 2 Tone Records. Na verdade, ela foi recriada a partir de uma composição chamada "Anúncio de refrigerante", também do repertório do Aborto. Lembro que a música teria um solo de guitarra, mas, quando cheguei ao estúdio, o Bonfá estava tentando tocar o solo – fiquei puto, irritado e acabou que o solo ficou sendo a linha melódica que Renato cantarolou de brincadeira (tudo certo). Mais tarde, ele relevou que detestava a sua letra. Do Trovador Solitário, gravamos "Eu sei" e "Faroeste caboclo". Somente as duas últimas canções do LP foram compostas em 1987: "Angra dos Reis" e "Mais do mesmo", que quase intitulou o disco.

O curioso é que o *hit* "Angra dos Reis" foi motivo de discórdia no estúdio, em diferentes momentos. Quando o Bonfá e o Renato me mostraram essa gravação, fruto de uma parceria entre os dois, lembro que não gostei. Achei a música brega, e, para mim, ela destoava do disco. Hoje, a minha opinião é um pouco diferente: eu adoro essa música. Na época, o clima entre o Renato e o Mayrton tinha ficado pesado justamente por causa de "Angra dos Reis". Eu não cheguei a ver isso, mas o Renato estava sendo pressionado pelo Mayrton, que queria uma letra para aquela melodia nova, composta pelo Bonfá, ao piano. Diante da resistência do Renato, o Mayrton lhe disse que só finalizaria o disco após ver prontos os versos daquela música. O Renato não gostou e abandonou o estúdio, com raiva. No dia seguinte, já com o trabalho de mixagem rolando, o Renato jogou um papel amassado na mesa onde o Mayrton trabalhava e disse, mal-humorado: "Toma a tua letra!" Tempos depois, o Renato lhe agradeceu pela insistência, porque a letra ficara linda, e ele a cantou com grande entrega e emoção. Recentemente, o Mayton me disse que ainda guarda aquele papel com os versos de "Angra dos Reis".

Apesar daquele pequeno desentendimento, o astral durante as gravações estava lá em cima, e tudo foi surgindo com certa espontaneidade. E foi muito enriquecedora a proposta de sermos rápidos e práticos no estúdio. Nós já dominávamos aquele ambiente e nos sentíamos em casa (era uma época em que se podia fumar dentro do estúdio). Àquela altura, o Jorge Davidson nos garantia mais liberdade, e o pessoal da burocracia não nos enchia tanto o saco. Graças ao *Dois*, passamos a ser incluídos no orçamento da EMI, que agora contava com a vendagem dos nossos discos na hora de fechar o seu planejamento anual. Dessa vez, o estúdio 1 estava à nossa inteira disposição. Era uma sala grande, de luxo, com ótima acústica e equipamentos melhores. De vez em quando, íamos para o estúdio 2.

As músicas do Aborto foram gravadas em um só *take*, pois as conhecíamos bem e não havia necessidade de ficar passando o som. Em compensação, "Faroeste caboclo", com os seus nove minutos de duração, levou quase uma semana para ser finalizada. No texto de apresentação da edição especial de 2010 do CD *Que país é este*, escrito pela jornalista Christina Fuscaldo, há uma história da qual não lembrava. Demoramos para conseguir gravar a base inteira de uma vez só, sem interrupção, até que uma hora saiu. Mas o Bonfá deixou escapar um toque na caixa, em um momento errado. Estávamos todos cansados, e o Mayrton teve a ideia de aproveitar o som da caixa, colocando um eco, para simular que aquilo havia sido intencional. Dá para ouvir esse efeito quando o Renato canta: "Não é que Santo Cristo estava certo..."

A hora da mixagem é um dos momentos mais chatos de todo esse processo, porque o artista senta ao lado do técnico e fica apenas assistindo ao trabalho dele. Então o sujeito vai e levanta o volume de uma peça, por exemplo, o bumbo da bateria. Ele pega aquele som, equaliza, passa por um compressor, depois pelo *gate*, e o músico fica ali uma hora e meia só ouvindo o som do bumbo. Depois é a vez da caixa, e todo aquele procedimento é repetido. É uma dinâmica demorada e bem maçante. A partir do início dos anos 1990, o sistema *Pro Tools*, que trouxe o computador para o centro da produção, foi responsável por uma realidade nova e mais ágil dentro do estúdio. A mania agora é botar tudo no *grid*; é tanta manipulação e tanta edição que às vezes fica artificial demais. Apesar de eu ter aprendido a mixar, continuo achando que essa parte é a mais irritante da produção de um disco. Enfim, trata-se de um saber basicamente técnico, mas superimportante, pois a mixagem pode destruir uma ideia. Por isso é que o produtor tem que estar em cima do engenheiro de som, que por sua vez tem que ter ouvidos de ouro.

Durante as mixagens do *Que país é este*, nós ficávamos muito tempo sem ter o que fazer. E foi quando, aproveitando o fato de que o estúdio era espaçoso e tinha um pé-direito alto, eu e o Negrete inventamos uma modalidade de esporte: o vôlei de estúdio. Arrumamos uma daquelas bolas de plástico, tipo dente de leite, e fizemos de rede os rebatedores do estúdio – que eram biombos de madeira com rodinhas, medindo cerca de 2m de altura. Um deles tinha uma janelinha no meio. Então colocávamos três rebatedores lado a lado, formando a "rede", e o do centro era o que tinha a tal janelinha. Marcávamos a quadra com fita crepe. O técnico continuava lá trabalhando na mixagem, mas agora nós tínhamos uma ocupação para fazer o tempo passar.

Foram 15 dias de muito vôlei de estúdio, e o meu parceiro era sempre o Negrete. E nós fomos aperfeiçoando a nossa dinâmica de dupla: eu levantava e ele cortava. Ganhávamos todas e, assim, nunca saíamos da "quadra". Os campeonatos contavam com o pessoal d'Os Paralamas (o Herbert e o João), os assistentes de estúdio, os faxineiros, enfim, os funcionários da companhia. Lembro que certo dia havia uma fila de duplas esperando para entrar. Foram duas semanas de mixagem, em que nós da banda, no intervalo das partidas, dávamos uma espiada no que estava acontecendo na técnica, para, logo em seguida, voltar a jogar. Foi muito divertido. Eu só não me recordo de ter visto o Renato jogar. Ele até pode ter tentado, mas não era a dele, de-

1984 ensaios na "casinha" no Parkway, Brasília

finitivamente. O Renato ficou até muito decepcionado quando leu que o Morrissey jogava basquete, e chegou à conclusão de que o vocalista do The Smiths não sofria de verdade, como até então ele imaginava...

Dessa vez, o encarte do disco ficou bem resolvido. A Fernanda disse: "Eu quero quatro cores, quero isso, quero aquilo." Como de hábito, rolou uma negociação chata e desgastante, mas nós conseguimos aquilo que queríamos. O resultado ficou simples e sofisticado, ao mesmo tempo. Há os desenhos do Bonfá, os textos do Renato explicando o porquê do álbum e a história de cada música, e várias fotos – aquela da primeira página foi tirada em um dos dois shows que fizemos na Sala Villa-Lobos, em Brasília, em dezembro de 1986, com o preço dos ingressos bastante alto (afinal, era um local pequeno e nosso cachê não era mais de banda iniciante).

Que país é este saiu em novembro de 1987 e, no começo de março, chegou ao topo da parada dos LPs mais vendidos, com 240 mil cópias. Apesar do sucesso, Mauro Cesar de Carvalho espinafrou o álbum na *Folha de S.Paulo*. Ele afirmou que o resgate arqueológico promovido pela banda remeteria a "certa inocência juvenil", havendo "muito espontaneísmo nas letras", o que transpiraria "sinais de crise na Legião Urbana". Em resumo, a banda teria adentrado numa "zona cinzenta de duvidável resgate histórico e criou o seu mais esquálido LP (...)". O Arthur Dapieve entendeu melhor a nossa proposta e escreveu no *Jornal do Brasil* que o álbum seria um "retrato sem retoque do Legião. Ele espelha a trajetória do grupo, do social ao pessoal, sem perda da perspectiva política de ambas as dimensões". Tratou "Faroeste caboclo" como uma "incontestável obra-prima" e nos considerou, junto com os Titãs, "o grupo de rock que melhor captou os fantasmas e demônios da santa terrinha chamada Brasil". No entanto, lembrou que, se, por um lado, o caráter compilatório do álbum "lhe garante qualidade, por outro, o deixa abaixo da unidade conceitual do excepcional *Dois*". Já a Bizz publicou a resenha de Arthur Couto Duarte, segundo o qual, devido ao processo difícil que envolveu o disco, a melhor opção teria sido a "saída pelos fundos" (referindo-se à opção de aproveitar o repertório antigo do Renato). Mas, na conclusão do texto, falou "da velha, da nova, da eterna Legião Urbana". Acho que foi uma abordagem respeitosa.

Quando essas críticas foram publicadas (dezembro de 1987), o *single* de "Que país é este" já havia decolado nas rádios. Não há como negar: a veia política e contestadora da banda se fazia mais presente do que nunca. Na verdade, a música tinha sido feita em 1978, no fim do governo de Ernesto Geisel que, em outubro daquele ano, revogou os atos institucionais (entre outras medidas). A censura prévia aos jornais foi abolida e o retorno ao pluripartidarismo anunciado. O movimento sindical ressurgia afirmando a sua autonomia, e a luta pela anistia ganhava as ruas. Abria-se novamente um espaço para a crítica política e social no País, o que, aliás, tinha um caráter urgente: além de a recessão econômica ter reaparecido com força após o fim do "milagre econômico", a dívida externa, a inflação e as péssimas condições de vida dos trabalhadores haviam sido agravadas pela ditadura – que, apesar de mais branda e decadente, ainda existia. E o Renato, como um bom punk, a odiava.

"Que país é este" tinha um pouco daquele espírito de época, da possibilidade de se fazer uma crítica ao *status quo* brasileiro. Quando o álbum foi lançado e a canção-título se tornou um *hit*, o Brasil atravessava uma grave crise política e econômica. Em novembro de 1986, o presidente José Sarney assinou um novo pacote econômico, chamado Cruzado II. O descongelamento de alguns preços públicos essenciais e o aumento do IPI (Imposto sobre Produtos Industrializados) foram medidas que tiveram um impacto inflacionário imediato. Os preços foram reajustados, ilegalmente, na base dos 100%, em média. Era o fim do Plano Cruzado, e a euforia se transformava em revolta, principalmente, em Brasília. Naquele mesmo mês, uma manifestação convocada por organizações sindicais terminou em um quebra-quebra sem precedentes na cidade, no episódio que ficou conhecido como "Noite do Badernaço". No fim de 1987, a superinflação e o arrocho salarial impediam que os trabalhadores tivessem condições razoáveis de vida. Havia um fio de continuidade entre o momento no qual a música havia sido composta e aquele em que ela chegava às lojas e às rádios. Em suma, "Que país é este" permanecia atualíssima. E é significativo que ela seja cantada até hoje em protestos populares. Inclusive, os moradores da favela da Telerj, em abril de 2014, entoaram o seu refrão na porta da Prefeitura do Rio, após terem sido expulsos de suas casas, por ordem da Justiça.

"Que país é este" caiu no gosto do público; além da intensa execução nas rádios, os leitores da *Bizz* a consideram a melhor música do ano de 1987. Mas o maior sucesso do LP foi "Faroeste caboclo", composta pelo Renato em 1979, quando ainda fazia parte do Aborto – que, no entanto, nunca tocou essa música. Ele levou apenas duas tardes para escrevê-la, de acordo com o seu depoimento publicado no livro *Letra, música e outras conversas*, do Leoni. O processo de composição foi rápido porque, no entender do seu autor, a canção "tem um ritmo muito fácil na língua portuguesa. É em cima da divisão do improviso do repente". A letra tem fortes traços literários, sendo uma narrativa com início, meio e fim, em que o ouvinte é capaz de visualizar cada cena. A canção foi também transformada em filme em 2013, embora, desde 1988, o Renato trabalhasse com essa possibilidade, tendo chegado a escrever um roteiro. Os diferentes momentos da trajetória de João de Santo Cristo são acompanhados por mudanças no ritmo da música. Assim, ela oscila entre o sertanejo, o reggae e o rock (de diferentes intensidades). Mas não teve espaço para o baião, que o Renato inicialmente via como o estilo preferencial para "Faroeste caboclo". No papel original em que a letra da composição foi datilografada, há a anotação de que ela deveria ser gravada pelo Luiz Gonzaga (!). O nosso vocalista a associava à tradição da música folclórica no Brasil – aquela coisa do cancioneiro popular, de ter uma ligação forte com a narrativa.

Eu sempre vi a letra de "Faroeste caboclo" como uma referência ao abismo entre o mundo rural e o urbano no Brasil. Entendo João de Santo Cristo como um migrante, filho da miséria e do atraso social do País. A sua vida é atravessada pela violência, pela brutalidade das relações humanas e pelo preconceito de classe e de raça. O cara sai de um rincão sertanejo, chega à cidade grande – no caso, Brasília, a capital do País –, uma terra onde há oportunidades, mas onde há também pobreza e tráfico de drogas. Essa é uma história que poderia ter-se passado no Rio, São Paulo, Belo Horizonte, ou qualquer outro grande centro. É como o Renato declarou à revista *Bizz*, que fez uma matéria de capa sobre tal música, em julho de 1988: "(...) as pessoas se identificam com ele [João de Santo Cristo], com a história dele (...) de sobreviver enfrentando as dificuldades que estão fora do seu controle."

O lance é que o Renato deu uma explicação surpreendente aos jornalistas daquela revista. No seu entender, João de Santo Cristo era um garoto de classe média, um filho de fazendeiro. Ele foi para o reformatório porque o seu pai havia sido assassinado e não tinha ninguém para tomar conta dele. Assim, a música inteira mostraria João tentando voltar para o seu meio. João se viu obrigado a viver com o pessoal mais pobre e por isso ele percebeu o preconceito e tudo aquilo com que não convivia. "Santo Cristo tem uma certa nobreza", garantiu Renato, insistindo nessa ideia. Embora as pessoas pensem que ele era um "pé-rapado", tratar-se-ia de "um heroizinho tipo James Dean, como naquele filme *Vidas amargas*". O nosso vocalista queria até mesmo que um galã de televisão protagonizasse a versão cinematográfica de "Faroeste caboclo", e o seu nome preferido era o do Marcos Palmeira. Já o papel de Maria Lúcia ficaria com a Fernanda Torres.

O Renato era mesmo um cara surpreendente e, como foi abordado no capítulo anterior, sabia jogar muito bem com as palavras e cativar os jornalistas. Pelo fato de "Faroeste caboclo" ser uma história musicada, o Renato gostava de compará-la a "Hurricane" (1975), de Bob Dylan, o que os críticos perceberam facilmente. A canção do compositor americano retrata Rubin Carter, o boxeador negro que, no auge da luta contra a segregação racial nos Estados Unidos (década de 1960), foi julgado por um júri composto só por brancos e condenado a 19 anos de prisão, injustamente. João de Santo Cristo, como se sabe, não teve um final feliz. Mas o Renato também chegou a falar que a escreveu pensando em "Domingo no parque" (1967), de Gilberto Gil, e em algumas composições do Raul Seixas.

Em termos comerciais, uma música de nove minutos é inviável, pois dura o tempo de três. Para dificultar as suas chances de se tornar um sucesso popular, "Faroeste caboclo" teve a sua radiofusão vetada pela censura. Mas, como ela veio com toda a força e o público respondeu positivamente, a canção foi primeiro lugar nas rádios do Oiapoque ao Chuí. Os programadores das FMs cariocas tomaram a iniciativa de editar aqueles trechos que haviam sido responsáveis pela sua proibição: "E não protejo general de dez estrelas, que fica atrás da mesa com o cu na mão"/ "Olha pra cá filha da puta sem vergonha, dá uma olhada no meu sangue, e vem sentir o teu perdão." A canção concretizou a massificação da Legião e muitos brasileiros sabiam cantar os seus 159 versos de cor. Quebramos outro protocolo quando a apresentamos no *Globo de Ouro*, em 1988. Muitos acreditavam que isso não seria possível, mas os produtores do programa tiveram que abrir uma exceção para nós, porque, afinal, "Faroeste caboclo" já era um dos maiores sucessos do ano. A turma da *Bizz* não se conteve e exaltou esse feito em uma página da revista. Os críticos dessa revista já haviam escolhido "Faroeste caboclo" como a melhor música de 1987. Depois, os seus leitores a consagraram como a canção do ano de 1988.

A nossa exposição nas rádios e em programas de TV só fez aumentar com o terceiro disco – e esse foi mais um movimento de expansão do nosso público. O *Fantástico* passou o videoclipe de "Que país é este" ainda em 1987 e, ano seguinte, o de "Angra dos Reis". Essas músicas também foram apresentadas no *Globo de Ouro*. Não me lembro se "Que país é este" chegou a conquistar o primeiro lugar do programa, em dezembro de 1987, mas a reação calorosa do público no Teatro Fênix me fez esquecer que estava em uma sala da Rede Globo. "Angra dos Reis", em abril de 1988, e "Faroeste caboclo", em maio, alcançaram a primeira colocação no *Globo de Ouro*. Um detalhe importante: todas essas canções foram tocadas ao vivo no programa.

Já em setembro, foi ao ar pela mesma emissora o especial *Legião Urbana e Paralamas do Sucesso Juntos*, dirigido pelo Roberto Talma. Cada banda apresentou os seus maiores sucessos e também músicas dos seus últimos discos (no caso d'Os Paralamas, o *Bora-Bora*). O Renato (que estava rouco) e o Herbert fizeram um dueto em "Nada por mim" (uma parceria d'Os Paralamas com a Paula Toller) e os grupos tocaram, juntos, "Ainda é cedo". Entre as músicas apresentas no programa, houve depoimentos do Renato, do Herbert e de convidados. Meio deslocado, o ator Toni Ramos afirmou que, mesmo sem ter o "pique" dessa nova geração, descobriu coisas ótimas nas "manifestações" de tais grupos. O jornalista e político Fernando Gabeira, por sua vez, deixou pública a sua torcida para as duas bandas conseguirem unir a pesquisa, a técnica e a musicalidade d'Os Paralamas e a indignação da Legião. O nosso prestígio na Globo estava em alta, mas não éramos uma atração fácil dessa emissora. E não deixamos de fazer o *Perdidos na Noite*, na Bandeirantes.

Para além do sucesso na TV, ao longo da turnê do *Que país é este* começamos a nos apresentar em grandes estádios de futebol. Antes de cairmos na estrada, já contávamos com um novo empresário. O Rafael, que vinha nos dando uma força havia algum tempo, finalmente assumiu a tarefa. Ele era de Santos e, sempre que podia, nos levava para tocar nessa cidade. O cara realmente gostava do nosso som desde o primeiro disco e, antes de muita gente, ficou atento à relação especial que se estabelecia entre o público e a Legião nos shows. A negociação com o Rafael foi cercada de cuidado, porque ele era um nome ligado a mim e à Fernanda. Quando foi ao Rio conversar com o Renato, o Rafael teve o cuidado especial de não ficar hospedado na minha casa, para não despertar ciúmes. Ele tem muita sensibilidade no que diz respeito às relações humanas, e nunca deu ouvidos aos comentários invejosos que o diminuíam por ele ser um empresário de Santos (e não da capital do Rio e de São Paulo). Sabia que muitos almejavam o lugar que ocupava. O Rafa foi aos poucos sendo oficializado no posto de empresário e, com o tempo, tornou-se um nome fundamental dentro da engrenagem da banda. Ele ficou conosco até o fim da Legião.

O Rafael nunca nos pressionou para fazermos mais shows. Conforme ele declarou para a *Bizz* (abril de 2001), "Definitivamente, não era entretenimento. Havia uma proposta artística, de comprometimento e de ética que não obrigava a banda a se submeter à prática comercial do trabalho no show *biz* brasileiro". Diferentemente da maioria dos grupos de rock, àquela altura, cair na estrada significava para nós fazer um grande show por semana, na maioria das vezes. A turnê do *Que país é este* estreou no Maracanãzinho, na segunda edição do festival *Alternativa Nativa*, no dia 24 de janeiro de 1988. Foi uma apresentação só nossa, com um clima muito bom, diante de 20 mil pessoas. No livro *Renato Russo: o Trovador Solitário*, o Dapieve diz: "Renato conduzia a plateia para onde queria, qual um pastor de ovelhas desgarradas." E foi isso mesmo. Mas, infelizmente, o show que ficou marcado nessa temporada foi o do estádio Mané Garrincha, em Brasília.

No Brasil, esse lance de grandes eventos ainda estava em um momento embrionário em termos de estrutura e organização. O *Rock in Rio* tinha ocorrido cerca de três anos antes, e o rock brasileiro deslanchara de verdade havia dois anos. No que diz respeito a shows de grande porte, pouca coisa tinha acontecido desde aquele festival. Em novembro de 1987, o Sting havia tocado no Maracanã, onde, em janeiro de 1988, a Tina Turner também colocara milhares de pessoas. No mesmo mês, o *Hollywood Rock* trouxera grandes nomes da música internacional para o País, em shows na Praça da Apoteose, no Rio, e no estádio do Morumbi, em São Paulo. Não eram comuns apresentações de artistas nacionais em estádios de futebol, a não ser como atração secundária, abrindo para astros internacionais.

Soma-se a isso o fato de que partiu da própria Legião a sugestão de priorizar o pessoal de Brasília na escolha dos produtores do nosso espetáculo por lá. O Rafael preferia trabalhar com empresas maiores, como a WTR, mas o Renato pediu que o show fosse organizado pela Agora Eles, produtora de conhecidos locais, uma escolha um tanto arriscada e perigosa. O palco era baixo, com 2,10m de altura somente, o que era desproporcional ao tamanho do estádio. Novamente, fora pedido do Renato que não ficássemos distantes do público. E, de fato, a altura do palco não era nada diante de uma plateia de 48 mil pessoas, que à noite tomaria inteiramente o gramado e a arquibancada.

O som era outro problema. Naquela época, o pessoal que trabalhava nessa área ainda estava começando a adquirir uma verdadeira estrutura de equipamentos. Muitos estavam acostumados a colocar som em ginásios, mas cuidar da sonorização de um estádio é bem diferente. O resultado não era tão bom quanto costuma ser hoje. Montar um concerto em um espaço com tamanha dimensão requer um planejamento específico, uma logística toda especial. No Mané Garrinha, a parte relativa à segurança, por exemplo, foi um tanto improvisada, mas, para o que até então estávamos acostumados, parecia um esquema grandioso. Havia em frente ao palco um enorme gradeado, composto por grandes e pesadas peças que se encaixavam, cujo objetivo era afastar o público de nós cerca de 2m. Mas ele seria arrancado com certa facilidade pelo público.

Ainda na passagem de som, um repórter da Globo me perguntou: "Dado, você agora é um músico profissional...." "Profissional?", eu retruquei. E ele: "Vocês estão aqui, com todo esse aparato, esse esquema profissional, não é mesmo? E vocês vão tocar nesse estádio de futebol. Como você vê isso?" Eu me recordo de ter ficado impressionado com o tamanho do estádio e de ter olhado fixamente a lona sintética cinza, que cobria toda a extensão do gramado (após o fim prematuro do show, o público tentaria incendiá-la). Mas, ao mesmo tempo, eu via a coisa com extrema naturalidade, talvez até exagerada para a ocasião. De certa forma, aquele me parecia mais um show em Brasília, e eu me sentia em casa, tranquilo. A minha sensação era a de que poucos dias me separavam daqueles shows no Gilbertinho, no Food's, etc. Subjetivamente, eu ainda não havia dimensionado a importância daquele evento. É possível que eu não conseguisse ter um olhar "de fora" e, assim, captar a verdadeira magnitude da Legião naquele momento. Eu não tinha o real sentido do que significava tocar em Brasília na qualidade de uma banda local consagrada, que contava com um enorme público que só fazia crescer.

Diferentemente, para o Renato, seria o grande show de sua vida, conforme contava à família e aos amigos. Seria a volta do "filho pródigo" à cidade, após uma ausência de um ano e meio, devido à morte de uma fã no show que fizemos no ginásio Nilson Nélson, em dezembro de 1986, para 20 mil pessoas. O governo do Distrito Federal, na figura de José Aparecido de Oliveira, explorou o evento à sua maneira, e exibiu no placar eletrônico mensagens como "O orgulho de Brasília". Durante os preparativos, tudo correu bem. Eu estava com a banda no hotel Saint Paul, bem instalado, relaxado e havia reencontrado amigos. À tarde, passei o som, sem problemas. Eu estava realmente tranquilo.

Depois ficamos sabendo que, desde a parte da tarde, houve confusões em torno da rodoviária. Havia muita gente caminhando debaixo do sol, uma turma que vinha de outras cidades, em especial das cidades-satélites (Ceilândia, Taguatinga, Guará, etc.). Inclusive, alguns ônibus já chegaram à rodoviária com os vidros quebrados. Naquela época – como ainda hoje –, os transportes de massa eram de péssima qualidade, e o pessoal era tratado como bicho. O tratamento da polícia de Brasília em relação aos jovens daquelas áreas periféricas também não era dos melhores (e isso também não mudou); tudo isso provocava – e ainda provoca – revolta. Por fim, o clima de um show de rock daquela proporção, por si só, já gerava aquela energia, aquela rebeldia que, às vezes, infelizmente, é canalizada para atitudes

1987 pescaria em Paraty, RJ

de extrema violência. A combinação química de todos esses fatores poderia ser explosiva, e foi.

O público começava a chegar, o trânsito ficava cada vez mais engarrafado e a organização do evento não abria os portões. Depois, mesmo quando foram abertos, as pessoas não conseguiam entrar no estádio, porque o sistema era malplanejado, confuso e inviável. Lá dentro do estádio, os fãs que haviam comprado ingressos mais baratos tentavam pular da arquibancada para o fosso, com o objetivo de acessar o gramado. A polícia montada jogou os cavalos para cima dos que pulavam, e os seus cachorros avançaram sobre parte deles. Um caos. A equipe de produção negligenciou as obrigações dela com relação à organização. Se foi difícil entrar no Mané Garrincha, pior ainda seria sair dele. Hoje o Rock in Rio abriga 100 mil pessoas por noite, mas a sua estrutura conta com um palco gigante e uma rua cheia de barezinhos, banheiros, postos de atendimento médico, além de outras atrações dispersas. Lá no estádio havia 48 mil pessoas, mas de repente quem quer ir ao banheiro não encontra sanitários em quantidade suficiente. Então quem quer tomar uma cerveja não acha nada para beber. Os ânimos se acirram, é claro. A fila para entrar era quilométrica, havia muita gente do lado de fora, e isso atrasou ainda mais o início do show.

O ingresso dizia que a nossa apresentação começaria às 22h do dia 18 de junho de 1988, mas pisamos o palco umas duas horas depois do combinado. Abríamos com "Que país é este", cuja introdução vinha crescendo e subitamente explodia energicamente, com gritos e distorção. E o Renato cantava o refrão antes dos versos iniciais da gravação original. Geralmente, era uma catarse positiva, mas, naquele dia, as pessoas estavam se acotovelando, havia tumulto, e aquela minha tranquilidade da tarde foi rapidamente para o espaço. "Que diabos está acontecendo aqui?", pensava eu enquanto tocava. Até que, na quarta música, "Conexão amazônica", um cara subiu no palco e deu uma gravata no Renato, que bateu com o microfone na cabeça do invasor. A situação se exasperava. O nosso vocalista começou a enfrentar a multidão, a revidar as provocações, e a energia do público passou a ficar perceptivelmente agressiva e negativa.

Os seguranças estavam baixando o cacete nas pessoas que estavam nas primeiras fileiras, e o Renato, coberto de razão, deu um esporro neles; disse que daria com o microfone na cabeça de quem batesse no rosto dos fãs novamente. Mas, ao mesmo tempo, ele provocava a plateia, com frases como: "Não vão atingir a maioridade, não? É por isso que a gente só volta aqui de ano e meio a ano e meio." Não satisfeito, o Renato disse que Brasília era uma cidade "estranha" e "babaca". Ele se comportava assim no palco, era o jeito dele. Levava esses momentos sempre com o máximo de emoção e no limite da intolerância. Naquele dia, estávamos realmente acuados, e o modo de o Renato se defender foi, como sempre, verborrágico. Era pela palavra que ele costumava atingir os seus alvos. E, dessa forma, acabou botando mais lenha na fogueira.

A certa altura, ficou impossível continuar, a música não repercutia mais. Dava a impressão de que nos apresentávamos para ninguém. O nosso som não estava sendo escutado e nós não tínhamos retorno algum da plateia; ou, melhor dizendo, recebíamos uma resposta muito ruim, pois parecia que uma parte da massa se rebelava contra a banda.

O Renato ficou colérico porque as pessoas jogavam no palco aquelas bombas de artifício em forma de pequenas dinamites. Lembro que a cena era surreal: eu tocando, e as bombas caindo e explodindo ao meu lado. E o roadie, com um copinho d'água, tentava apagá-las ou chutá-las. O Renato ameaçou encerrar o show se o público não parasse com aquilo e anunciou, como punição, que pularia três músicas do *set list*. Ouvimos muitos xingamentos.

O nosso repertório era, praticamente, uma porrada atrás da outra, e não havia muito o que fazer. Nada parecia mudar a animosidade da multidão. "Fodeu, os caras vão invadir o palco, quebrar tudo e nos massacrar", pensava eu. Na passagem de som, o Renato já temia que aquilo se transformasse em uma tragédia, como no show dos Rolling Stones no Altamont Free Festival (1969), na Califórnia. Em tal ocasião, a plateia estava indócil, e uma pessoa foi esfaqueada pelos Hells Angels, que faziam a segurança no local. De fato, o tempo fechou no estádio Mané Garrincha e chegou uma hora em que a ação da massa aparentava não ter mais nada a ver conosco: ela se autonomizara por completo e criara um caos com vida própria. Era como se estivessem acontecendo dois eventos paralelos no estádio, e a nossa apresentação era o evento secundário diante de uma multidão raivosa.

Tocamos, nessa ordem, "Que país é este", "Eu sei", "Quase sem querer", "Conexão amazônica", "O reggae", "A dança", "Daniel na cova dos leões", "Ainda é cedo", "Faroeste caboclo", "Tempo perdido" e "Será". Foram 58 minutos de apresentação, ou de tensão, sei lá. O Renato era o cantor, era quem comandava o show e, naquele momento, era o dono da bola. Ele encerrou o espetáculo e nós saímos do palco. Depois de uns vinte minutos, as luzes do estádio foram acessas, e o público percebeu que a apresentação havia realmente acabado. Foi aí que começou a destruição de verdade. O Carlos Marcelo faz uma ótima descrição do episódio em *Renato Russo: o filho da revolução*. De acordo com a sua pesquisa, foram quatrocentos atendimentos médicos nas emergências dos hospitais próximos e quase duzentas pessoas feridas, a maioria com suspeita de fratura ou sangramentos provocados por objetos cortantes. Na delegacia da Asa Norte, foram 58 presos, além da apreensão de 150 tubos de loló e um revólver calibre 22. O Dapieve acrescenta em seu livro que houve 64 ônibus depredados e 10 milhões de cruzados de prejuízo ao estádio Mané Garrincha. E cita ainda outras consequências. O Departamento de Educação Física, Esportes e Recreação do Distrito Federal anunciou que abriria processo contra a Legião; a Secretaria de Segurança Pública acusou o Renato de incitar a violência e ofender a cidade; os jornalistas da capital condenaram a banda, e os nossos discos foram quebrados por fãs; e, perto da casa dos pais do Renato, um muro foi pichado com a seguinte mensagem: "Legião, não voltem nunca mais."

Enquanto a violência seguia o seu curso no gramado e nas arquibancadas do estádio, ficamos umas duas horas enclausurados no camarim, que devia ser um dos vestiários do Mané Garrincha. Esse espaço parecia um *bunker*, e a segurança não podia sair da porta. Estava todo mundo apreensivo lá dentro. De repente, chegou o engenheiro de som com um saco de pó e disse: "Alguém quer?" "Porra, agora não!", respondi. Conversávamos nervosamente: "E agora? O que vai acontecer? Como é que a gente perdeu o controle?" Cada um foi dando a sua impressão sobre o que tinha acontecido no palco, e a tensão era absoluta.

Quando finalmente conseguimos sair do camarim, fomos para o hotel e ficamos conversando durante horas com os convidados da EMI, que também estavam hospedados lá. O Renato não parava quieto e, nas palavras do Carlos Marcelo, ele "consome [consumia] cocaína, fica[va] ainda mais agitado". Lembrava histórias negativas sobre os *playboys* de Brasília, e achava que tudo aquilo tinha a ver com a suposição de que muitas pessoas haviam morrido na construção da cidade – e que os seus cadáveres tinham sido cimentados, como uma forma de ocultá-los. Em conversa recente, o Rafael me lembrou uma história (hoje) engraçada. Lá mesmo no Saint Paul, confiando demais no fato de ser um cara forte, o Negrete disse ao Renato: "Fica tranquilo, cara, eu não vou deixar acontecer nada com você." Com apenas uma das mãos, o nosso vocalista puxou a cadeira em que o Negrete estava sentado e o derrubou. "Tá vendo como você não é capaz de cuidar da segurança de ninguém?", completou o Renato.

O ambiente estava desconfortável e carregado demais. Eu quis sair do Distrito Federal naquele dia mesmo, de qualquer jeito. Eu não tinha mais casa, nem parentes em Brasília. Viramos a noite no hotel, e tudo o que eu queria era pegar o voo das 8h, o primeiro do dia. Antes de eu partir, o Renato apareceu para me dar um abraço, mas continuava a falar desordenadamente sobre o que havia acontecido; ele ainda estava nervosíssimo. Eu peguei um carro e o nosso segurança foi comigo. No aeroporto, ainda fui xingado por um pessoal que esperava para embarcar em outro voo.

O Renato permaneceu em Brasília, tendo ido do hotel para o apartamento dos pais, que estavam temporariamente no Rio – ali ele teria a companhia da irmã e amigas dela. O nosso vocalista ficou enfurnado naquela residência da quadra 303 Sul, sendo hostilizado por transeuntes. Ele tinha levado para Brasília o seu porta-estúdio de quatro canais, a sua Gibson Les Paul, o Juno 106 e o seu baixo, e voltou de lá com uma sequência de temas que seriam usados mais tarde. "Cocaine days" é o nome da fita, que seria entregue a mim. O evento no

Mané Garrincha ocorreu entre a noite de sábado e a madrugada de domingo; na manhã desse dia mesmo eu já estava em casa, no Rio. Na segunda-feira, o porteiro me entregou o *Jornal do Brasil*. Eu estava na capa, mas não tinha o menor motivo para me orgulhar: ao lado do Renato no palco, a minha expressão temerária empunhando minha guitarra como se fosse um rifle. "Legião Urbana, a violência na volta à casa", esse era o título.

Aquele show entrou para a mitologia do rock brasileiro. O Fred Melo, baterista dos Raimundos, esteve lá e contou a sua experiência à *Bizz*, de abril de 2001: "Quando o show começou, achei muito estranho: o palco era pequeno, e o som parecia o de um radinho de pilha, sem contar toda a confusão depois que eles saíram do palco. Acompanhei de perto o tumulto porque estava na pista, bem no meio do campo. Lembro-me da polícia a cavalo entrando e abrindo um clarão gigante. Mantive a calma, fui para o canto e consegui sair sem me machucar. Só depois, quando comecei a tocar numa banda de verdade, passei a entender o que representa para um artista a decisão de sair do palco: significa que a situação está realmente fora do controle. Foi o que eles fizeram lá em Brasília."

A história do concerto no Mané Garrincha deu origem ao média--metragem *Dê-me abrigo* (2009), dirigido por Ana Carolina Bussacos, Jania Bárbara de Sousa e Beatriz Leal, estudantes de cinema do Centro Universitário de Brasília (UniCeub). Em julho de 1988, a *Bizz* tratou as apresentações da turnê do *Que país é este* como "Eventos já históricos para a música jovem brasileira", ou ainda, "A real era do rock'n'roll no Brasil". A revista acertou quando se referiu ao "misto de amor e ódio, histeria e revolta, repressão policial e má organização por parte dos produtores" do show no Mané Garrincha. Mas a verdade é que aquela energia negativa não tinha necessariamente relação com a gente. Ou, se tinha, era apenas porque a Legião atraía multidões. Como eu disse, o nosso repertório, em parte composto para uma banda punk (o Aborto), também contribuía para que os ânimos ficassem exaltados. Acho que, na verdade, aquela merda toda acabou ilustrando um pouco a desigualdade social que havia no Distrito Federal, em que o plano-piloto, privilegiado, contrastava (e ainda contrasta, é claro) com a realidade das cidades-satélites ao redor. No entanto, qualquer atração artística, nacional ou internacional, que pudesse promover tamanha atração de pessoas a um estádio poderia ter acabado na mesma situação que a gente.

Imediatamente, para reverter essa imagem de violência associada à Legião, o Rafael conseguiu se articular com a Globo, que foi filmar o nosso show do dia 25 de junho, no ginásio Mineirinho, em Belo Horizonte, para 28 mil pessoas. O objetivo era mostrar que estava tudo certo entre nós e o público. No dia seguinte, o *Fantástico* apresentou uma matéria com cerca de oito minutos, que, na maior parte, abordava o conflito no Mané Garrincha, com imagens do show e, principalmente, da violência promovida pelo público e pela polícia no estádio. A reportagem mostrava também a condenação verbal à Legião, promovida pelo diretor do Departamento de Esportes do Distrito Federal e pelo Assessor de Comunicação da Secretaria de Segurança Pública. Mas concedia um espaço para a defesa do Renato, que lembrou ter sido alvo de bombas e vítima de uma tentativa de estrangulamento em pleno palco. Nos minutos finais, o locutor mencionava o show em Belo Horizonte, para quase 30 mil pessoas, que ocorrera no dia anterior. O tom passava então a ser amplamente favorável à banda: "E foi um sucesso! Um grande espetáculo aplaudido pelos mineiros." Para encerrar, houve a exibição do videoclipe de "Eu sei", feito às pressas, com as imagens da nossa apresentação na capital mineira.

A equipe do *Fantástico* não exagerou na sua abordagem, pois o concerto em Belo Horizonte foi mesmo excelente. A produção do espetáculo reforçou a segurança: foram oitocentos policiais, em vez dos duzentos habituais, e ainda saímos do hotel com batedores da polícia, que nos conduziram até dentro do ginásio. Depois houve mais dois shows incríveis com o Maracanãzinho lotado, nos dias 14 e 15 de julho, que consolidaram a nossa reconciliação com o público brasileiro. Foram 21.455 mil pessoas em cada noite. A *Folha de S.Paulo* publicou uma matéria intitulada "Cariocas atiram margaridas na Legião Urbana". O texto mencionava ainda a presença de uma faixa na arquibancada com os dizeres "Isso aqui não é Brasília". Nesse caso, tentando nos ajudar, a plateia exagerou, pois aquele episódio no Mané

1988 um retrato feito pela fotógrafa Isabel Garcia

Garrincha foi incomum. Não era um hábito dos brasilienses destruir estádios de futebol em shows de rock. Até hoje tenho um carinho especial por essa cidade, sem a qual não existiria a Legião. Seja como for, a declaração que eu dei para aquele jornal resume bem o clima do show do dia 14: "Como em Sorocaba ou Uberlândia, o fantasma foi embora no primeiro acorde. Jogaram bombas aqui também, mas foram bombas de festa, não de agressão."

Naquele especial gravado com Os Paralamas, para a Globo, o Bussunda, do *Casseta & Planeta*, nos deu uma leve zoada. Disse que gostaria muito de ter assistido ao show da Legião, em Brasília, porque, no seu entender, rock and roll "é garra, é força, é luta". Mas concluímos a turnê sem nos envolver em mais confusões. Depois disso, fizemos apenas participações especiais em eventos festivos. No dia 19 de julho de 1988, fomos ao Projeto SP, para comemorar o terceiro aniversário da *Bizz*. O Renato estava com o saco cheio de cantar as nossas próprias músicas e sugeriu que fizéssemos um pequeno show, basicamente com *covers* de clássicos do rock. Abrimos com "Que país é este", como sempre fazíamos, e depois atacamos de Bob McGuire, David Bowie, Jimi Hendrix, Elvis Presley, Rolling Stones e Beatles. O lance é que a plateia queria de qualquer maneira ouvir as nossas composições e ficou cantando, em tempo contínuo: "Legião, Legião, Legião..." O Renato estava hesitante, não queria tocar as nossas músicas, mas o Bonfá e eu insistimos: "Vamos lá!"

Então iniciamos uma nova apresentação, agora com o nosso repertório mesmo. O Renato ficou entusiasmado com a reação do público e fizemos um show de quase duas horas! Quando ele começou a cantar o primeiro verso de "Tempo perdido", eu olhei a primeira fila e vi que as pessoas estavam chorando. Fiquei impressionado por vê-las se entregarem dessa forma ao ouvir nossa música. Eu tinha assistido a vídeos de shows dos Beatles, em que eles não se ouviam porque havia muita gente chorando e gritando. Só que, no Projeto SP, eu percebi que aquilo não era uma simples histeria, em que o público grita, chora e se rasga porque está vendo o seu ídolo de perto. Não, aquilo era realmente uma comunhão sentimental, emocional. O público tinha absorvido a nossa mensagem e estava totalmente envolvido. Aquilo tinha tocado fundo o pessoal, que parecia ter um sentimento muito forte em relação ao que dizíamos. Eu logo tive a intuição de que seríamos obrigados a lidar com esse sentimento sempre. Ele estaria presente entre os nossos fãs até o fim da banda, e certamente existe ainda hoje para muitas pessoas.

Não era simples lidar com toda essa paixão que despertávamos. Após termos cumprido a nossa agenda, naquele segundo semestre de 1988, resolvemos parar com os shows. "Chega, vamos repensar isso tudo. Para onde nós vamos, o que fazer agora?" Mas sabíamos que iríamos continuar, pois estávamos em plena renegociação de contrato com a gravadora. Mais do que nunca, era preciso fazer um bom acordo com a EMI, porque já éramos dois pais na banda. João Pedro, filho do Bonfá com a atriz Isabela Garcia, nascera em dezembro de 1987. No dia 15 abril de 1988, fora a vez de o meu filho, Nicolau, nascer; eu contava com 22 anos de idade, e a sua chegada fora uma benção, uma sorte na vida. Renato, Bonfá, Negrete e o diretor Jodele Larcher (com a sua equipe) tinham ido no mês anterior a Angra dos Reis gravar o clipe da música que leva o nome dessa cidade. Como a Fernanda se encontrava no oitavo mês de gestação, eu havia permanecido no Rio, onde gravara umas cenas que depois foram adicionadas ao clipe. O que eu não podia imaginar é que o Nicolau viria a interpretar, em 2013, o meu papel no filme *Somos tão jovens*, do Antonio Carlos da Fontoura.

O primeiro semestre de 1988 tinha sido intenso, em termos profissionais e familiares. Apesar de livres da turnê, em agosto, já estávamos no estúdio, para iniciar o processo de composição do disco que seria o nosso maior sucesso de vendas.

1988 Nicolau aos 5 meses

VII
E O RESTO É IMPERFEITO

Em nenhuma negociação de contrato pensamos em sair da EMI. Estávamos tão habituados àquelas pessoas, àquela estrutura, àquele lugar, que, de fato, não cogitávamos ir para outra gravadora. Basicamente, havia uma afeição pelo nosso ambiente de trabalho, e gostávamos de pensar que a Legião Urbana não era uma banda gananciosa, de cunho exclusivamente corporativista, que visava apenas ao mercado, querendo fazer dinheiro em qualquer situação e condição. Pelo contrário, almejávamos valorizar a nós mesmos, e também a dimensão artística de nossa obra. Além do mais, como eu disse no segundo capítulo, Renato e eu éramos dois beatlemaníacos, e estávamos na casa dos Beatles, afinal. Então, havia toda uma relação emocional com aquela gravadora e não queríamos nos desfazer do que havíamos conquistado nesse sentido. No segundo semestre de 1988, queríamos simplesmente ser tratados e remunerados de acordo com o que lhes dávamos. O *Que país é este 1978/1987* nos manteve como os maiores vendedores da EMI brasileira e ganharia disco de diamante, mais adiante. A ideia era ficar lá mesmo, e aconteceu.

O contrato foi renegociado e agora nós tínhamos *royalties* escalonados. Começávamos com direito a 10% das vendas. Quando o disco estava com 100 mil cópias vendidas, a nossa porcentagem subia para 12%; com 250 mil, 15%; e com 500 mil, 18%. E ainda era retroativo: no momento em que chegavam os 18%, o valor que havíamos recebido pela porcentagem inicial era corrigido. Que diferença! E os direitos autorais das músicas novas ainda seriam todos da nossa editora, a Corações Perfeitos (e não mais da Tapajós, da EMI). Nós teríamos o pleno controle das nossas canções que seriam gravadas a partir de então. Era um contrato parecido com o do Roberto Carlos na CBS.

Avisamos à companhia que a nossa intenção era fazer um disco novo apenas em 1989. Também pedimos o estúdio para trabalhar em longo prazo. A EMI foi superpositiva quanto à abertura de suas salas de gravação, e lá nos agendou durante seis horas todos os dias da semana. Mais uma vez, o Jorge Davidson foi fundamental e conseguiu manter os burocratas afastados de nós. Em agosto de 1988, a *Bizz* avisou aos leitores que estávamos nos estúdios preparando o nosso quarto LP. Demos uma parada no fim do ano e recomeçamos logo na primeira semana de janeiro. Pelo menos o Renato, Bonfá e eu nos encontrávamos no estúdio, religiosamente, de segunda a sexta. O horário do estúdio era dividido em três sessões: das 9h às 15h da tarde; das 15h às 21h da noite; das 21h às 3h da manhã. E, a princípio, nós ficamos com o horário das 15h.

Tivemos bastante tempo para caprichar nos arranjos. Aquele era justamente o momento de reverter a situação que fora criada com o *Que país é este*. O que assimilamos da excursão desse disco foi pesado, denso e negativo. Ao mesmo tempo em que nós tocávamos em estádios de futebol, perdíamos parte da serenidade e, mesmo, da ingenuidade. Quando começamos a compor para o novo álbum, o Renato ficava se queixando: "Cara, do que eu vou falar?" Então, retomamos algumas ideias que não haviam avançado entre o *Dois* e o *Que país é este*, e começamos como sempre fazíamos: desenvolvendo os temas instrumentais.

O intuito era o de baixar a bola em relação às temáticas explosivas do disco anterior. "Vamos tomar outra direção agora", disse o Renato, que então passou a inserir em suas letras trechos da Bíblia, do *Tao Te Ching* (de Lao-Tsé), d'*A doutrina de Buda* (de Bukkyo Dendo Kyokai), entre outras escrituras sagradas. Livros de sabedoria, mas também toda uma literatura encontrada nos criados-mudos dos quartos de hotel – o Renato conta essa história no encarte do disco. Você está sozinho em tal ambiente, então folheia um daqueles livros e dali vem uma ideia. Então o disco acabou virando uma miscelânea de textos de diferentes épocas e tradições culturais, e desembocou em uma questão espiritual e ecumênica. Mas há outras temáticas contrastantes, como a da sexualidade, por exemplo.

Apesar dessa onda mais reflexiva que propúnhamos nas letras, eu fiquei um pouco surpreendido ao ler na *Bizz* de junho de 1989 que esse disco havia sido feito também com certo "ressentimento", devido à saída do Negrete. E esse comentário foi unânime entre a banda. Entre abril e aquele mês, a revista publicou uma entrevista com a Legião em três partes, em que falávamos sobre a nossa história. Na primeira dessas edições, aparecemos na capa, segurando um quadro com uma foto em preto e branco dos primórdios da banda. Em junho, eu adiantei também detalhes sobre o novo trabalho, entendido como sendo de "transição": "Tínhamos aqueles nossos planos de fazer um LP em que todos iriam participar. Isso é um ponto. Dois: as músicas vão ser mais elaboradas, as harmonias vão ser mais elaboradas – em vez de ter duas notas, como em 'Ainda é cedo' e 'Soldados', terão cinco. Três: as músicas serão variadas entre si – a primeira é diferente da segunda que é diferente da terceira... Tudo que a gente queria conseguiu. E, quatro: não vamos usar músico de estúdio, nem teclado, nem fazer *fusion*, sambinha, essas coisas – é um disco de rock."

Ao contrário do que afirmei anteriormente, é claro que utilizamos teclado em *As quatro estações*, cujo título foi explicado pelo Renato: "Gostaria que fosse sobre ciclos, a perda da inocência, você atingir um certo estágio em que perdeu alguma coisa e, ou vai para o lado deles, ou retrabalha e reconquista isso. (...) Mas seria basicamente isso: primavera, verão, chega o outono e caem todas as folhas. E no inverno fica a árvore daquele jeito. É como se a gente estivesse chegando ao inverno. Mas aí vem vindo a primavera de novo. Quero dizer, você pode escolher ter uma nova primavera. A maior parte das pessoas que eu conheço fica no inverno, e eu acho ser esse o maior problema delas."

Àquela altura, a parte musical do disco *As quatro estações* estava pronta, assim como três letras: "Pais e filhos", "Há tempos" e "1965 (duas tribos)". Inicialmente, tínhamos apenas melodias incompletas e poucos temas instrumentais estruturados. Em todas as músicas desse álbum, o Renato fez a letra apenas depois do arranjo. Ficávamos oito meses tocando um tema, até que ele improvisava um trecho de uma letra, como "Parece cocaína mas é só tristeza, talvez tua cidade" (primeiro verso de "Há tempos"), e de repente tínhamos um estalo. É curioso que "Há tempos" tenha sido a música de trabalho do álbum, pois ela nem sequer tem refrão. Além disso, o verso mencionado tem um clima deprê, ou pelo menos é estranho para uma faixa que tem a finalidade de puxar as vendas do LP. Na continuação da letra, o Renato colou o trecho de um texto achado em uma igreja, por volta de 1600 ("Muitos temores nascem do cansaço e da solidão"). Penso que *As quatro estações* foi surpreendente por, em certos momentos, relativizar esse formato consagrado da música pop.

A canção seguinte, "Pais e filhos", começa no mesmo campo tonal de "Há tempos", e foi um megassucesso. A gente ficou muito tempo trabalhando, cozinhando o seu tema instrumental (aquele dó, ré e sol), sem nenhuma ideia do que viria a ser a letra. Até que o Renato disse: "Essa vai se chamar 'Pais e filhos'," nome, aliás, de um romance do escritor russo Turguêniev e de uma famosa revista encontrada em qualquer banca de jornal até hoje. Era uma homenagem às nossas famílias, aos nossos filhos que chegavam. Em tal faixa, eu toquei baixo e fiz um solo de guitarra tipo blues e, na sequência da volta do refrão, em contraponto, emendei um tema barulhento, de três notas rascantes, o que incomodou um pouco os ouvintes na hora, como o Mayrton e o Renato.

A verdade é que, se eu for me lembrar detalhadamente do que estava acontecendo, ou do que eu ouvia na época, eu poderei encontrar outras influências. A guitarra base de "Pais e filhos", em sua maior parte, mostra a influência da gravadora Motown, sobretudo o disco *I Heard it through the grapevine* (1968), do Marvin Gaye. O meu arranjo na parte final remonta a "Pale blue eyes" (1969), escrita pelo Lou Reed, quando ele fazia parte do Velvet Underground. Ainda nessa música, há uma levada de violão criada pelo Renato que é um pouco em cima de "Fast car", da Tracy Chapman, cujo primeiro *hit*, "Baby can I hold you", havia sido apresentado para todo o País por meio da novela *Vale Tudo*, da Rede Globo. Nunca fui particularmente noveleiro, mas essa foi uma que todos nós acompanhamos; lembro como a cidade ficou vazia e deserta na apresentação do último capítulo, com todos os prédios e suas janelas iluminadas pelo azul das tevês. Muita gente que cantou (e canta) "Pais e filhos" não percebeu que se trata de uma música sobre suicídio. Nela, o Renato conta a história de uma menina que não se entendia com os pais, "se jogou da janela do quinto andar" e, por isso, não existe mais amanhã. O Renato definia essa canção como sendo "seríssima" (da mesma forma que "Índios"), e achava desgastante que o público a cantasse e não percebesse a gravidade do tema abordado. Apresentamos essa faixa no *Globo de Ouro*, em abril de 1990. Essa foi a última vez que participamos desse programa, e nos despedimos dele com um *playback*. Mas nós nunca levamos esse musical muito a sério mesmo. Ele tinha como princípio convidar os artistas que interpretavam as músicas mais tocadas da semana, reproduzindo as paradas de sucessos. Então, de repente, nós aparecíamos em primeiro lugar, e depois sumíamos... Sem querer, nós acabamos contribuindo para minar a credibilidade do *Globo de Ouro*.

Depois de "Pais e filhos" vem "Feedback song for a dying friend", uma gravação mais experimental e cantada em inglês. Na sua introdução, incluímos uns efeitos sonoros que remetem à música indiana. Eles vêm de um teclado que apareceu no estúdio, um M1, da Korg. No trecho final, em que simulamos um som de cítara, essa característica oriental da faixa fica ainda mais evidente. O Renato pediu ao Millôr Fernandes que fizesse a tradução da letra, e a incluímos no encarte. Esse intelectual/humorista ficou bem impressionado com a qualidade da poesia do nosso letrista, e não entendeu o porquê de alguém com um inglês perfeito lhe ter encomendado tal serviço. Na verdade, o Renato sempre sonhou em ter um texto seu traduzido pelo Millôr. O título em português ficou "Canção retorno para um amigo à morte". Embora tenha sido escrita em 1985, tempos depois o Renato percebeu que poderia ter sido feita para o Cazuza, especialmente os versos "A meu único rival eu devo obedecer/ Vai comandar nosso duplo renascer". Isso porque, quando o disco saiu, o Cazuza já sofria publicamente devido à aids e insistia em não se esconder. O Renato se sentiu na obrigação de posicionar-se perante o assunto.

O disco segue com "Quando o sol bater na janela do seu quarto", que tocou bastante na época. A sua letra tem uma mensagem otimista e positiva, e toda aquela parte sobre dor e desejo foi retirada d'*A doutrina de Buda*. O Renato começou a ler esse livro em um hotel e o levou para a casa, após pedir autorização na recepção (quando o mais comum é o hospede simplesmente roubá-lo, pois os hotéis, geralmente, têm várias cópias dele). Naquela obra vem escrito: "Qualquer parte deste livro poderá ser livremente citada sem permissão. Gostaríamos somente que Bukkio Dendo Kyokai seja creditado pelo fato, e que uma cópia da publicação nos seja enviada." No encarte, o Renato escreveu, em nosso nome, que um exemplar do disco seria enviado ao Japão. Nessa canção, eu pude encaixar um solinho estilo Byrds no final, tocado com a Rickenbacker de 12 cordas do Rick Ferreira – aquele mesmo que tentou, sem sucesso, produzir uma demo da Legião na EMI, em 1984. O lado A fecha com "Eu era um lobisomem juvenil", na qual o Renato mostra que era um observador do cotidiano, entre outros assuntos abordados ("Ontem faltou água/ Anteontem faltou luz/ Teve torcida gritando/ Quando a luz voltou..."). Com exceção de "Feedback song for a dying friend", todas essas faixas se tornaram sucessos radiofônicos, com maior ou menor intensidade.

O lado B não faz por menos. "1965 (Duas tribos)" aborda o tema da ditadura militar, uma forte lembrança da infância. Frases como "Cortaram meus braços/ Cortaram minhas mãos/ Cortaram minhas pernas/ Num dia de verão (...)/ Podia ser meu pai/ Podia ser meu irmão" são uma clara referencia à tortura. Há também menção à luta armada, que contou com a adesão, principalmente, de estudantes: "Mataram um menino/ Tinha arma de verdade/ Tinha arma nenhuma/ Tinha arma de brinquedo." E os slogans ufanistas dos anos 1960 e 1970 foram alvo da ironia do Renato: "O Brasil é o país do futuro." Nos shows, o Renato costumava interromper a execução da música quando essas palavras eram cantadas, e fazia troça com elas. Isso está registrado no CD *As quatro estações ao vivo*.

"Monte Castelo" estourou nas FMs, e os seus versos têm passagens do "Soneto 11", de Luís de Camões, e do capítulo 13 de Coríntios, livro da Bíblia. Foi a faixa que deu mais trabalho para ser concluída. No início, a letra era um emaranhado de frases de cunho religioso e não parecia apontar para lugar algum. O Mayrton lembrou umas histórias curiosas a respeito dessa gravação, e a Christina Fuscaldo as registrou no texto de apresentação da edição especial de 2010 do CD *As quatro estações*. Segundo o nosso produtor, eu e a Fernanda saímos do estúdio desesperados depois de termos visto a primeira versão da letra rabiscada em um papel. Depois, na hora da mixagem, o Renato simplesmente desligou a mesa de som, porque estava insatisfeito com o trabalho do Mayrton. Este teve de subir na cadeira e fazer um discurso exaltado, afirmando que terminaria o disco com ou sem o consentimento do Renato – que, a partir de então, ficou em silêncio (e gostou da versão final). O Mayrton ainda "entregou" que eu cheguei a chorar quando ouvi a canção pronta.

"Mauricio" foi a única do Lado B que não caiu no gosto popular. O seu título se refere a um fã nosso de Santa Maria, que era deficiente físico. Em compensação, "Meninos e meninas" integrou a trilha sonora de *Rainha da Sucata*, da Rede Globo, embora o Renato fosse fã da novela rival, *Pantanal*, exibida na mesma época pela Rede Manchete. Ele dizia ao Rafael que queria colocar uma faixa da Legião na trilha sonora de *Pantanal*, e que a nossa canção estava na novela errada. Eu morria de rir com essa preocupação do Renato. Mas é inegável que *Rainha da Sucata* tenha contribuído para o êxito comercial de "Meninos e meninas", em cuja letra o nosso vocalista fala claramente sobre as suas preferências sexuais ("E eu gosto de meninos e meninas") – em um show nosso, o Renato disse que fez a canção para um ex-namorado dele. As rádios veiculavam uma versão ao vivo de "Meninos e meninas", que era antecedida por um recado do nosso vocalista: "Eu amo quem eu quiser!" Nessa época, o Renato assumiu que era *gay*, em entrevistas a jornais e revistas. Nos LPs anteriores, ele tinha abordado o tema de forma codificada. "Soldados" ("Tenho medo de lhe dizer o que eu quero tanto") e "Daniel na cova dos leões" ("Faço nosso o meu segredo mais sincero") haviam sido dicas para bons entendedores. Completam o disco "Sete cidades", sobre o amor carnal e a dificuldade de amar uma pessoa que se encontra fisicamente distante, e "Se fiquei esperando meu amor passar", com os seus versos finais inspirados no Evangelho de João, incluído no *Novo Testamento* ("Cordeiro de Deus que tirai os pecados do mundo/ Dai-nos a paz").

Eu considero *As quatro estações* o nosso melhor disco, o mais cuidadoso e mais bem-elaborado. Infelizmente, durante as gravações, tivemos problemas com o Negrete. Ele ainda chegou a participar das primeiras sessões, mas logo sumiu. Acho que o seu comportamento displicente piorou quando ele comprou um sítio em Mendes, no Sul Fluminense. O Bi tinha uma casa nessa cidade, e, sempre que estava de bobeira, a galera d'Os Paralamas do Sucesso ia pra lá. Então, o Negrete achou que seria uma boa e também comprou uma propriedade em Mendes. Eu o visitei algumas vezes. Primeiro eu pegava a Avenida Brasil (não havia a Linha Vermelha), depois a Via Dutra, passava pela cidade de Paracambi e subia a serra. Eram mais de duas horas de viagem. O terreno do Negrete era até grande e tinha uma vista bonita para um vale. Mas a janela da casa, que era relativamente pequena, ficava de frente para um barranco. Em termos arquitetônicos, não fazia o menor sentido.

Por conta dessa distância entre Mendes e o Rio de Janeiro, e por outros motivos de ordem pessoal, ele começou a não aparecer mais. Ou seja, o Negrete não aparecia justamente nesse processo primordial que era o de compor as músicas. E ainda vinha com um papo de que levaria as fitas com os esboços das canções para criar as linhas de baixo em sua casa, o que era uma desculpa para não frequentar o estúdio. É claro que não aceitamos essa história. Além de estarmos em um momento de reinvenção da banda, tentando superar o trauma da excursão do *Que país é este*, tínhamos um estúdio à nossa disposição. Não era qualquer artista que tinha direito a essa regalia. E, enquanto isso, o Negrete aparecia um dia sim, e cinco não. Nós estávamos lá de segunda a sexta, com toda aquela estrutura, que incluía equipamentos e também engenheiro de som e assistentes – e o cara lá em Mendes.

Ao contrário do que é dito às vezes, o Negrete não saiu da banda porque tocava mal. A discussão em relação ao seu desempenho como instrumentista e à sua personalidade, controvertida e confusa, sempre existiu. Se alguém perguntar ao Bonfá, ele dirá que a sua pior decisão profissional foi ter incorporado o Negrete à Legião. Porque, é lógico, o baterista e o baixista têm que fazer uma liga, eles são a cozinha da banda. E o Bonfá não tinha a menor afinidade musical com o Negrete. Mas era tarde demais, e isso de fato nunca chegou a ser uma questão.

Cada um de nós, de certa maneira, teve que se adaptar ao outro. Eu me adaptei muito ao estilo do Negrete tocar, mas também ao do Bonfá e ao do Renato. Toda banda é assim. Os integrantes vão se conhecendo, entendendo como cada um procede, como cada um toca, e vão se encaixando da melhor forma possível. O Bonfá, por exemplo, desenvolveu uma técnica particular para não se perder em meio às divagações do Renato nos shows. Ficava ligado nos seus discursos, contando o tempo mentalmente, e marcava a hora certa para dar uma paulada e sublinhar o que o nosso vocalista estava dizendo. A saída do Negrete nada tem a ver, portanto, com o seu estilo de tocar ou com a sua suposta falta de talento no baixo. Esse tipo de ideia não cabia na Legião. Éramos um grupo 100 % colaborativo.

A questão é que perdíamos um tempão conversando com o cara, tentando lhe explicar que não dava para ele morar a 103km de distância de Botafogo, pois nós estávamos ali todos os dias e precisávamos da contribuição dele. Essa cena aconteceu várias vezes. O Negrete dava o ar de sua graça, nós o colocávamos na cadeira, sentávamos todos a sua volta e o Mayrton puxava: "Cara, você não pode sumir assim. Por que você não vem pra cá? O que está passando na sua cabeça?" Perdíamos quase uma sessão inteira de gravação devido a essa análise em grupo, e ele sempre repelia as nossas tentativas de trazê-lo de volta à realidade da banda. O Negrete havia deixado o conjugado de Ipanema e agora estava sem casa no Rio. Então ele dizia: "A gravadora tem que pagar um hotel para mim." Renato, Bonfá e eu morávamos no Rio de Janeiro havia três anos, e tal exigência não fazia muito sentido. Em outros momentos, ele reivindicava adiantamento de dinheiro à gravadora. O Renato se locomovia diariamente entre a Ilha do Governador e Botafogo, e nós o chamávamos de "o rei do radiotáxi", porque ele só usava esse tipo de serviço. O Bonfá vinha da Barra da Tijuca e eu estava morando de aluguel no Leblon, na esquina da Rua Timóteo da Costa com a Rua Sambaíba. E o Negrete sem pouso no Rio e desaparecido. Para o trabalho andar, ou eu ou o Renato tocava o baixo. Mas, de repente, faltava alguém para cobrir uma guitarra ou um violão.

Até que, no final de 1988, nós decidimos em conjunto: "Não dá mais para o Negrete." Não havia mais a menor condição: ele estava totalmente perturbado, dessituado, fora do ambiente e do contexto. O ano de 1989 entrou e, já na primeira semana, nós nos reunimos com o Negrete na sala do presidente da gravadora. Ele entrou, e o Renato falou: "Acabou pra você. Você está fora da banda." Havíamos acertado com o departamento jurídico, e o Antônio Coelho Ribeiro também nos orientou: "Vamos resolver com serenidade e determinação: os direitos dele estão preservados do primeiro ao terceiro disco, mas, a partir de agora, ele está desligado da Legião e ponto." Naquela mesma reunião havia uma rescisão pronta para ser assinada pelo Negrete, que falou com um sorriso meio-bobo: "Hã? Depois do *Bateau Mouche*, essa notícia para começar o ano." Ele se referia ao iate de luxo que naufragara na Baía de Guanabara, no *réveillon*, com 153 passageiros a bordo.

O Negrete certamente não esperava que nós fôssemos capazes de tomar tal atitude, entre outros motivos, porque acreditava na ideia de que a sua presença proporcionava diversidade étnica à Legião – como se fosse esse um dos motivos do sucesso da banda. Em março de 1989, a *Bizz* publicou uma nota intitulada "Legião perde baixista". O Negrete afirmou à revista que havia deixado a banda por "diferenças de interesse musical". Mas ele andou soltando farpas contra os ex-colegas de banda, que seriam "um bando de meninos chatos e mimados", conforme lemos no livro *Renato Russo: o Trovador Solitário*, do Arthur Dapieve. Apesar disso, em 1997, o Negrete ainda tocou baixo em "Riding song", faixa do nosso disco póstumo *Uma outra estação*. Nós nos havíamos encontrado no Baixo Gávea e ele ficou gritando feito um louco, enquanto nos abraçávamos. Foi uma cena engraçada. Conversamos por horas, e disse para ele: "Vamos gravar amanhã!" Consegui um bom cachê para o Negrete, que morava no Alto Paraíso, cidade a 300km de Brasília, na Chapada dos Veadeiros. A sua mulher estava para ter um filho e, desde então, nunca mais nos vimos. Até que, em 2012, estourou aquela história horrível de que o cara tinha virado morador de rua havia cinco anos. O *Domingo Espetacular*, da Rede Record, fez uma matéria bem sensacionalista sobre o assunto. A sua equipe colocou um contrabaixo nas mãos do Negrete, que não conseguiu tocar as músicas da Legião. Foi uma cena deprimente. O seu pai, Sebastião Rocha, disse que o baixista tinha iniciado a sua dependência de drogas após o fim de seu casamento (o que foi negado pelo Negrete, em outra reportagem, igualmente apelativa). Hoje eu penso que ele já estava psicologicamente alterado quando foi morar em Mendes. O Seu Sebastião foi ao Rio retirar o Negrete das ruas. Infelizmente, ele nos deixou em fevereiro de 2015.

Durante as gravações do *As quatro estações*, o Mayrton tinha saído da EMI e estava trabalhando de *free-lancer*, conforme contou à Fuscaldo. Quando ele foi promovido a gerente de *cast*, passou a produzir demais. Então o Mayrton pediu um aumento, e o presidente da gravadora disse que ele ganharia 0,05% de todos os discos que pertenciam ao seu elenco. Mas o seu salário ficou tão alto que começou a encostar no dos diretores. Isso gerou uma crise política dentro da companhia, e a solução foi ele pedir desligamento dela e passar a trabalhar por conta própria. Como o disco levou um ano para ficar pronto, o nosso produtor teve que ficar esse tempo todo vivendo da primeira parte do cachê – e quase foi à falência. Em um determinado momento, ele não tinha dinheiro nem para colocar gasolina no carro, e passou a ir ao trabalho de ônibus. O bacana de sua atitude foi que ele acreditou na nossa determinação, na nossa vontade de seguir em frente e de fazer um LP realmente novo; por essa razão, ficou lá, à frente das gravações, conduzindo tudo com a maior paciência.

Na hora de preparar o material gráfico, quisemos deixar evidente que o Negrete não estava no grupo e que éramos apenas três agora. A capa ficou sendo a imagem de cada um, quase um 3x4, sobre um fundo cinza-prateado. Para as fotos, a Fernanda chamou a Isabel Garcia. Fomos até a praia da Joatinga e posamos nas pedras. Eu fui fotografado com um colar dado pela minha mãe, que na época morava na África. Era um fio preto chamado grigri, com umas peças que funcionariam como elementos de imunização. Depois do show no Mané Garrincha, aceitei de bom grado esse tipo de proteção.

O disco *As quatro estações* chegou às lojas no dia 30 de outubro de 1989, com 450 mil cópias reservadas pelos revendedores. A EMI tinha chegado a desconsiderar a ideia de lançar um LP da Legião em tal ano, mas o Renato foi atrás do Beto Boaventura e lhe pediu que incluísse o nosso trabalho no planejamento da gravadora. Foi bom também para o Mayrton, que finalmente recebeu a segunda parte do seu cachê. O ideal era lançar o álbum naquela época, a fim de pegar o Natal e assim estimular a sua vendagem inicial. Além de ser o nosso melhor disco, como eu já disse, ele é também o nosso álbum de maior vendagem, com 1,6 milhão de exemplares. Ou seja, trata-se de um dos LPs mais bem sucedidos da história do rock brasileiro. Em dezembro, chegamos ao primeiro lugar das paradas, após duro duelo com a trilha sonora nacional da novela *Top Model*. Éramos um sucesso de massas e até a rádio amadora Tranza Méier (com "z"), que era ouvida pelos moradores desse bairro suburbano do Rio por meio de caixas de som presas aos postes, fazia especiais com a Legião em sua programação – conforme mostrou o *Jornal do Brasil*, em novembro de 1989.

Naquele mesmo mês, o jornal abriu espaço para o Dapieve fazer um perfil do Renato e, ao mesmo tempo, escrever sobre o lançamento do *As quatro estações*. Referindo às mensagens religiosas contidas em certas letras do disco, o jornalista fez um trocadilho: afirmou que o rock de protesto se transformava em rock protestante, embora tenha observado também a temática do amor carnal entre as letras, e não apenas do espiritual. Nessa matéria, o Renato apareceu de bigode em uma grande foto e assumiu ser gay, apesar de não querer ser um "mártir da causa". Havia ainda uma história em quadrinhos escrita por mim e o Bonfá (que fez os desenhos) sobre o nosso vocalista – eu me tinha inspirado em uma tira do livro *Asterix e a grande travessia*, de Albert Uderzo e René Goscinny. Enfim, a abordagem do JB foi simpática à Legião e reconhecia a nossa grande popularidade. Afinal, que outro grupo de rock tinha direito a publicar uma tira de humor sobre o seu cantor juntamente com a reportagem sobre o seu novo LP?

Ainda em novembro, a *Folha de S.Paulo* encarregou o André Forastieri de fazer a crítica do *As quatro estações*. O jornalista também ressaltou o caráter ecumênico do disco, porém de forma negativa, ao dizer que a Legião "abandona em 95% os ares militantes do passado distante e recente e investe pesadíssimo em revelações místicas e na alegria de viver – em melancólica versão Renato Russo, naturalmente". Mas nem tudo foi ruim no julgamento de Forastieri, que enxergou "três faixas absolutamente excepcionais, que salvam o disco da irregularidade e da queda para a pieguice": "Feedback song for a dying friend", "Eu era um lobisomem juvenil" e "Monte Castelo". Na *Bizz* de janeiro de 1990, a Bia Abramo, antiga parceira de São Paulo, resenhou o LP. Ela considerou que havia bons achados poéticos em todas as músicas e, além de "Há tempos", destacou aquelas duas primeiras músicas citadas por Forastieri. Em sua opinião, embora a Legião tivesse abandonado a "síndrome de adolescentes queixosos", faltava se libertar do hábito de utilizar a música "apenas como um meio para as pregações de Renato Russo".

Eu apenas discordo da conclusão da Bia, pois, como eu já explicitei neste capítulo, considero *As quatro estações* o nosso trabalho mais elaborado em termos musicais, porque ficamos cerca de um ano trabalhando os arranjos do repertório. Ainda em 1989, o Renato foi para os Estados Unidos. Ele estava com dinheiro no banco e com a sensação de dever cumprido após o lançamento do disco: "Ok, agora eu vou viajar. Vou para Nova York, São Francisco e Los Angeles." O Renato nunca tinha viajado assim. Ele havia passado dois anos de sua infância em Nova York, mas depois nunca mais saiu do Brasil. Isso lhe provocava uma espécie de síndrome de caipira, um sentimento de estar fora do eixo cultural. O Renato era um cara que lia tudo, que entendia, como ninguém, da cultura pop americana e europeia – e, no entanto, tinha esse recalque, meio que complexo de vira-lata terceiro-mundista.

Eu fiquei pelo Rio mesmo, e havia bons motivos para isso: o Nicolau ainda nem havia completado dois anos, e a Miranda estava prestes a nascer. Depois de cerca de um mês, o Renato voltou ao Rio animadíssimo com a viagem, e com vários vinis de bandas novas. Lembro que ele trouxe não só o LP do Stone Roses, recém-lançado, mas também todos os *singles* da banda. A gente ficava ouvindo "Fools gold" e ele comentava, entusiasmado: "Pô, cara, foda, é tipo rock inglês, mas é pista, é dançante também; olha que incrível!" Passamos o ano de 1990 ouvindo os caras. Ainda em 1989, no dia 13 de dezembro, nasceu a Miranda: alegria renovada e mais amor e sorte nesta vida. Em contraponto a esse momento de êxtase, no dia seguinte a Globo exibiu o último debate entre Lula e Collor de Mello, cuja polêmica edição apresentada no *Jornal Nacional* de 15 de dezembro provavelmente contribuiu para a eleição deste como presidente do Brasil.

O disco *As quatro estações* já estava acontecendo nas rádios, e começamos a nos organizar para a turnê de lançamento. Escolhemos um estúdio na Avenida Sernambetiba, na Barra da Tijuca, o qual pertencia ao Paulo Fortes, irmão do Zé Fortes, que até hoje é empresário d'Os Paralamas. Faltava definir o restante da banda, isto é, quem seriam os músicos de apoio. Como precisávamos de um baixista, eu fui atrás do Mingau, em São Paulo, que havia saído da banda 365 e era amigo meu – eu o conheci naqueles shows da Legião no Napalm, em 1983. Ele é um cara maravilhoso, um baixista canhoto, hipermusical, a própria *jukebox* do rock e do punk (ele toca qualquer coisa). Mas o Bonfá começou a embarreirar o Mingau: "Não, vamos fazer uma audição." Eu o hospedei em minha casa por um mês e o preparei para tocar todo o nosso repertório. O Mingau fez o teste, e o Bonfá logo o desprezou.

Mingau era "o cara", não ia dar problema nenhum, mas, seguindo a própria razão, o nosso baterista preferiu dar a vaga a um amigo dele, o Bruno Araújo, que tocava bem, embora não tivesse nada a ver com o universo da banda; ou, pelo menos, com o meu universo. Outro que entrou foi o Fred Nascimento, um dos caras daquela dupla do gênero Tears for Fears, Rosa Púrpura (conhecida pela música "Chuva de mel"). O Renato o havia conhecido em uma festa, dias antes de viajar aos Estados Unidos, e o convidou para tocar conosco. Eu fiquei muito amigo do Fred, mitômano incorrigível que é gente boníssima. Ele se achava o craque da bola e dizia que o seu apelido de infância era Maradoninha, ainda que em tal fase de sua vida o jogador argentino fosse ainda uma criança desconhecida. O Fred é um cara realmente musical, que toca o violão dele bem tranquilo, saca demais de rock inglês e tem um repertório vasto na mão. Na *Bizz* de abril de 2001, ele lembrou a sua passagem pela Legião, e o engraçado é que o cara deu jeito de colocar o futebol no meio da história: "Foi uma experiência profissional muito sofrida, mas muito legal. Como jogar pela Seleção Brasileira."

Faltava ainda um tecladista, que veio a ser o Mú Carvalho. A sua irmã, Lina Leonor, era casada com o nosso iluminador, o Maneco Quinderé, que falou para mim: "Está precisando de tecladista? Chama o Mú." E eu pensei: "Não acredito." Porque, quando eu tinha 14 anos e morava em Brasília, era muito fã do A Cor do Som. Eu e o Dinho passamos os anos de 1979 e 1980 ouvindo sem parar os nossos discos d'A Cor do Som e ainda fomos a vários shows deles na capital e no Rio. Mú era o tecladista; e Armandinho, o guitarrista, discípulo de Pepeu e grande instrumentista. Uma década depois, lá estava o Mú tocando ao meu lado, o que foi sensacional. Quanto ao Maneco, ele já acumulava extensa bagagem teatral. Hoje em dia, o cara ilumina tanto os shows do Chico Buarque, quanto a casa do Eike Batista. Na turnê, ele utilizou apenas o azul, e suas variações. A luz não era rítmica, e sim atmosférica, de acordo com o que o Renato cantava.

Formou-se o time. O Rafael, mais uma vez, tomaria conta da estratégia da turnê, que seria iniciada em abril de 1990. No mês anterior, estávamos ensaiando, quando tocou o telefone do estúdio. Era a Fernanda, ligando lá de casa. "Para tudo e vai até o banco tirar dinheiro, porque o Collor confiscou a poupança de todo mundo." Desliguei o telefone e passei a informação ao restante da banda – o ensaio foi encerrado imediatamente. Fiquei pensando: "Eu tenho insulina para comprar, quem esse Collor acha que é para fazer isso?!!!" Fosse na França, o cara simplesmente não sairia vivo. O povo iria para a rua, e o responsável por isso teria que responder em praça pública. Aqui, nós íamos à fila do banco para pegar... Os 50 mil cruzados novos permitidos pelo governo (ou 1.250 dólares).

Grande ironia da história: muita gente não votou no Lula com medo do comunismo, mas foi um *playboy* da direita que promoveu a apropriação do dinheiro alheio pelo Estado. O mais incrível é que esse sujeito veio do nada. Ninguém sabia quem era esse aventureiro que aparecia no horário político obrigatório em cima de um barco, como se estivesse em uma expedição filmada para o *Globo Repórter*. E ele ainda declarou à imprensa, em dezembro de 1990, que gostava muito da Legião! O cara nunca deve ter ouvido "Que país é este"... Enfim, o seu pacote econômico foi um choque. O Renato tinha 150 mil dólares no banco e estava prestes a comprar o apartamento dele, em Ipanema. Por sorte, eu já havia pago o meu, mas, de toda forma, todo mundo foi prejudicado. Chegamos até a ter dúvidas sobre a viabilidade da turnê. Mas tudo isso acabou nos dando mais força. Eu me lembro do Renato falando: "Eu vou recuperar cada centavo que esse desgraçado me tirou e vou comprar o meu apartamento." Nós voltamos a ensaiar com gana e logo botamos o bloco na rua. Houve grandes apresentações, que envolveram produções de altíssimo nível.

Essa excursão se relacionou também com uma fase negra do Renato, que estava se drogando e bebendo demais. Em sua temporada nos Estados Unidos, ele inventou que ia ter "um grande caso de amor gay", segundo contou à jornalista Maria Helena Passos, da revista *Marie Claire* (janeiro de 1995). Lá, se envolveu com o Robert Scott Hickmon, um catador de lixo boa-pinta que morava na Market Street, em San Francisco. Meses depois, o americano veio ao Brasil, acompanhou boa parte dos shows, e ficou hospedado no quarto onde o Renato morava, no Marina Palace Hotel, no Leblon – nessa época, o nosso vocalista já havia saído da Ilha do Governador. A relação entre os dois não durou muito, mas deixou o Renato destruído em termos emocionais. Para piorar, o Scott o apresentara à heroína, de acordo com aquela mesma entrevista (também citada por Carlos Marcelo, em *Renato Russo: o filho da revolução*). Ele vivia uma verdadeira montanha-russa sentimental, mas, antes mesmo dessa história, a sua saúde psíquica e física estava piorando de um jeito que nós decidimos contratar um médico para acompanhá-lo na turnê. "Agora nós só pegamos a estrada na companhia do Dr. Ricardo", disse o Rafael. Afinal, a engrenagem tinha que funcionar.

Vale ressalvar que, mesmo nos seus momentos de crise, o Renato continuava a ser um cara muito divertido. Nós fomos ao Mato Grosso de jatinho, e, como eu contei, ele adorava a novela *Pantanal*. Sobrevoando aquele Estado, o Renato soltou: "Poxa, nós vamos para o Pantanal, que demais! Eu quero ver revoada de tuiuiú." E eu pensando: "Não estamos indo pro Pantanal...." Chegamos ao hotel em Cuiabá, e só dava Beto Barbosa; era lambada pra lá, lambada pra cá. E o Renato falando: "Pantanal! Pantanal! Eu quero ver revoada de tuiuiú." Renato botou a maior pilha, até que nos alugaram uma Kombi. Só que Cuiabá não tem nada a ver com o Pantanal – e sim com a Chapada dos Guimarães, que fica a cerca de uma hora da capital. Chegamos a umas cachoeiras maravilhosas, mas o Renato ficava: "Cadê o Pantanal, os tuiuiús?" Foi decepcionante. Depois nós até fomos a Campo Grande, no Mato Grosso do Sul, e lá, sim, é próximo do Pantanal; mas tínhamos que viajar no mesmo dia e não deu para ver os tais tuiuiús.

Os shows aconteciam nos fins de semana. Eram no máximo dois shows e voltávamos para casa. Se faríamos ou não outra apresentação na semana seguinte, isso era uma incógnita: tudo dependia das condições do Renato. Enquanto isso, a Fernanda estava em casa, cuidando principalmente dos nossos filhos. No domingo, ela chamava o Renato para comer cachorro-quente lá em casa. Era outra onda. Nesse ponto, ela também continuou sendo muito importante, até o Renato partir. Há até uma música dele, "Leila", no disco *A tempestade*, que fala: "E domingo, cachorro-quente com as crianças na Fernanda." Mesmo de forma atropelada, a excursão foi seguindo, e fizemos mais de vinte shows. Nós passamos boa parte desse ano de 1990 viajando e rodando o Brasil. E o Renato sempre naquela inconstância emocional, mas tentando cumprir a promessa de recuperar cada centavo que o Collor tinha pegado de nós.

Após poucos meses de estabilidade artificial conseguida pela equipe econômica do Collor, a inflação voltou a explodir, e a recessão se aprofundou. Conforme o Nelson Motta lembrou em *Noites tropicais*, as duplas sertanejas foram a trilha sonora dos "anos Collor". As bandas de rock viviam o pior momento de suas carreiras, e as gravadoras, em crise, ansiavam por sucessos rápidos e baratos – por isso a insistência com aqueles artistas geralmente do interior de São Paulo, Minas Gerais e Goiás. É incrível pensar que a Legião conseguiu atingir um patamar bastante elevado de vendas de discos e ingressos para shows, com toda aquela corja de Brasília atuando livremente. Apesar de Sarney, Collor e os seus diferentes ministros da Fazenda, nós vendíamos mais e mais LPs e lotávamos estádios.

Dessa turnê do *As quatro estações*, eu me recordo bem de um show em Poços de Caldas (MG), que, para mim, era só a marca de um requeijão que eu adorava – eu não conhecia a cidade. Chegamos lá, de ônibus, ainda pela manhã. Eu estava no hotel com o Maneco e o Mú, quando sugeri: "Tem uns cavalinhos ali na praça. Vamos alugar uns e dar um rolezinho?" Eu costumava montar na Hípica, no Rio, tinha o meu próprio cavalo, e eles toparam. Alugamos os cavalos e saímos da cidade. Estávamos já no meio do mato, quando justamente o animal que eu montava empacou. Não teve jeito. Desci do cavalo, esbofeteei o pangaré lembrando a cena do filme *Blazing saddles*, do Mel Brooks (que eu tinha acabado de ver), e o Mú virou para o Maneco e perguntou quem ia separar a briga. Voltei a montar e retornamos à cidade, tudo em paz. Mas, enfim, Poços de Caldas é uma cidade agradável, com as águas hidrotermais, e, naquela época, existia um sistema de monotrilho de 6km que servia muito bem a cidade, vanguarda por aqui do transporte público. Lembro que a água do hotel era meio oleosa, medicinal, excelente para a pele, diziam.

A apresentação, no dia 28 de abril de 1990, foi em um ginásio retangular, e cerca de 3 mil pessoas lotavam o lugar. O equipamento de som era ruim, o palco era ruim, a plateia estava acomodada em um hangar ruim; e a acústica, ruim. Aquele clima anos 1980 sobrevivia. Para completar, o humor do Renato era o pior possível. Começou a apresentação, e ele cantou a primeira e a segunda música completamente desinteressado e *blasé*. Na terceira, o nosso vocalista falou: "Agora nós vamos tocar uma música do nosso primeiro álbum." E, no que começamos a levar "Ainda é cedo", ele saiu do palco e deixou a banda tocando. Achei esquisito, mas, como a introdução daquela canção era relativamente longa nos shows, nós seguimos tocando. Deu um minuto, dois minutos, e o cara não voltou. Então eu desliguei a guitarra e desci do palco. Quando entrei no camarim, vi o Renato caído no sofá e o Rafael diante dele, sem ação. Eu imediatamente falei ao nosso empresário: "Cara, um carro, agora! Santa Casa já."

Conseguimos um carro, e partimos para o hospital com o Renato. Ele estava com a pressão a 21 por 18 e muita cocaína no sangue, mas foi medicado e tudo correu bem. O público – que quebrou vidros, portas e caixas de luz do ginásio – chegou à Santa Casa de Misericórdia, e começou a gritar e a nos ameaçar. E nós lá dentro, pensando: "Bom, pelo menos agora o cara está medicado, amanhã ele levanta e parte." Porém, para apaziguar os ânimos, os organizadores devolveram os ingressos à plateia e prometeram outro espetáculo, que nós fizemos no dia seguinte. E ainda foi divulgado à imprensa que o Renato tivera distúrbios digestivos e passara por uma crise nervosa que o deixara afônico. Eu estava tão farto daquilo tudo que, depois de termos cumprido nossa obrigação contratual, decidi não perder tempo: na madrugada, entrei no caminhão que transportava o equipamento de som e desci à porta da casa da minha sogra, em São Paulo.

Esse foi apenas um episódio, entre vários que ocorreram nessa excursão. Um dia era bom; o outro, péssimo. Eu comecei a achar de novo que a minha integridade física estava ficando ameaçada. Precisava de um antídoto para situações como aquela em Poços de Caldas, pois a situação estava ficando perigosa. O cara sai do palco, e o público começa a jogar latas e garrafas. Ok, não vamos fugir da briga, mas acontece que são 3 mil contra a gente. O episódio de Brasília ameaçava se repetir, e nós parecíamos estar mexendo novamente com uma energia esquisita. Sendo que o repertório do *As quatro estações* era justamente o contrário do *Que país é este*, em termos de temática. E, mesmo assim, nós continuávamos, em certos momentos, despertando esse gênio do mal, que era o próprio Renato, um cara ciclotímico e imprevisível.

O show em Manaus, por exemplo, foi inesquecível, conforme eu contei na edição de abril de 2001, da *Bizz*: "A gente tinha tomado todas na noite anterior. Aquele calor lá fora, o Renato entra no camarim e diz: 'Hoje a gente vai tocar o que a gente tá a fim de tocar, vai ser uma grande *Jam*.' E assim foi. Em determinada parte, ele virou para a gente e falou: 'Agora vai ser aquela que o John Lennon ouvia quando estava doidão de LSD e passeava de Rolls-Royce.' E eu pensava: 'Puta que pariu, qual será a música que o John Lennon ouvia quando estava doidão de LSD e passeava de Rolls-Royce?' Era uma charada. Até que alguém [o Mú] lembrou e gritou que era 'A whiter shade of pale'(sucesso dos anos 1960 do Procol Harum). Alívio geral."

Acima de tudo, a turnê do *As quatro estações* foi de grandes espetáculos. Fizemos dois shows no Parque Antártica, em São Paulo, nos dias 11 e 12 de agosto de 1990. Oficialmente, foram 80 mil pessoas nos dois dias (40 mil em um dia e 40 mil no outro). Mas a verdade é que, no primeiro dia, havia cerca de 60 mil pessoas, porque venderam milhares de ingressos falsificados. Ou seja, foram 100 mil pessoas em um fim de semana. Que banda ou jogo de futebol faz isso hoje? O Dody Sirena e o Cicão Chies coproduziram essas apresentações e, dessa vez, havia toda uma estrutura para nós. Ficamos hospedados no Maksoud, e tínhamos, também, um som melhor. O mesmo Collor, na sua fanfarronice de "Ah, vamos abrir os portos", possibilitou a importação de melhores equipamentos por empresas como a Gabisom, com a qual trabalhávamos em todos os lugares aonde ela conseguisse chegar. E agora a cerveja vendida no show era a Budweiser, que não deveria ser chamada de cerveja. Na área da segurança, gostávamos de trabalhar com a Fonseca's Gang, do Walter Fonseca. Nós tínhamos passado por aquele trauma de Brasília, e a ideia era que aquilo não se repetisse. O palco era grande, assim como o som e a luz; havia até fogos de artifício ao fim do show.

O Dinho foi nosso convidado nos shows do Parque Antártica e contou a sua experiência para os jornalistas da *Bizz* (edição de abril de 2001): "Era a maior celebração que eu já vira para uma banda no Brasil, seja gringa ou nativa. A palavra que me vem à cabeça é transe. Transe coletivo. O barulho da plateia era maior do que o do próprio PA. Era ensurdecedor. Até hoje me pergunto como a banda conseguiu manter o sangue frio diante daquilo. Aliás, talvez a coisa mais surpreendente fosse justamente a aparente indiferença diante da histeria generalizada. No camarim, depois do show, eles agiam como se tivessem acabado de tocar para umas cem pessoas ali na UnB."

Os ingressos custavam o equivalente a sete dólares, ou seja, eram bem mais baratos do que hoje. Não recebíamos mais cachê de show, pois, praticamente, só tocávamos em estádios de futebol ou em lugares muito amplos, como o Jockey Club Brasileiro, no Rio, e preferíamos ficar com a bilheteria. Essa apresentação, aliás, foi muito especial, um grande evento, e coincidiu com a morte do Cazuza, que era muito admirado pelo Renato (e por todos nós). Havia cerca de 60 mil pessoas ocupando as três arquibancadas e o gramado do hipódromo. A produção tinha colocado "apenas" 40 mil ingressos à venda, para garantir a segurança do público. Mas ela foi obrigada a abrir os portões diante da pressão descomunal da galera; por isso, havia uns 20 mil espectadores a mais do que o planejado. Uma loucura! Foi realmente uma celebração coletiva, e uma despedida também. O Cazuza era um cara da nossa geração, e, mesmo não tendo um vínculo direto com ele, eu o respeitava demais. Eu tinha 17 anos, em 1982, quando o vi, à frente do Barão Vermelho, cantando no autódromo de Brasília.

Aquele show no Jockey, no Rio, foi em um sábado, 7 de julho de 1990. Todo sábado, estando no Rio, eu jogava minha pelada da PUC-Rio com o Toni, o Maurício Valladares e outros amigos. Nesse dia, fui lá e joguei das 18h às 20h, e a galera com o maior medo de que eu machucasse. Desci para a minha casa, tomei um banho, e, quando deu 21h, saímos para pegar o Renato. O ponto de encontro era o Marina. Parei meu carro ali, onde havia outros carros esperando para nos levar ao local da apresentação. O Bonfá chegou com a Simone, e o Renato apareceu com o namorado americano. E, quando chegamos perto do hipódromo, vimos um mar de pessoas. Ali nós já sentimos toda uma onda diferente. A comoção pela morte do Cazuza, o carinho do Rio pela Legião, a vitória daquela geração dos anos 1980, tudo isso ao mesmo tempo. A minha sensação era a de que estava acontecendo algo realmente diferente e especial. No camarim, nós nos acalmamos e falamos: "Vamos nessa. Um por todos e todos por um." Entramos no palco de 60m² e a emoção nos dominou. Foi tudo muito bacana, e o Renato abriu o espetáculo com um discurso lindo em honra ao Cazuza: "Agora eu vou falar de um carinha. Ele tem 30 anos. Ele é do signo de Áries. Ele nasceu no Rio de Janeiro. Ele gosta da Billie Holiday e dos Rolling Stones. Ele é meio louco. Ele gosta de beber pra caramba. Ele é cantor numa banda de rock. Ele é letrista e eu digo: ele é poeta. Todo mundo da Legião gostaria de dedicar esse show ao Cazuza."

Não à toa, Ezequiel Neves (o Zeca Jagger) e Roberto Frejat foram convidados especiais da Legião. O primeiro, hoje morto, é considerado um pioneiro do jornalismo especializado em rock no País e coautor de "Codinome beija-flor" e "Por que a gente é assim?"; já o segundo é, de longe, o principal parceiro musical do Cazuza, tendo tocado com ele no Barão Vermelho. Ambos eram, acima de tudo, grandes amigos do cantor e devem ter ficado orgulhosos com aquela homenagem. O Renato também cantou trechos de "Blues da piedade" e "Faz parte do meu show", composições do Cazuza, na introdução de "Soldados". O Hermano, no dia seguinte, comentou: "Renato só não falou que, como o Cazuza, ele também gosta de meninos e meninas." Aquela noite foi realmente o ápice da banda. A Zona Sul parou. A Rocinha desceu. Foram momentos realmente especiais, redenção e afirmação real de uma grande banda brasileira, em uma apresentação para 60 mil pessoas, ocupando uma área de 23 mil m² na Zona Sul do Rio de Janeiro.

O show foi filmado pela Rede Manchete, que o exibiu após a morte do Renato, em outubro de 1996. Nada menos que duzentos seguranças particulares foram contratados para o show, que transcorreu a maior parte na paz. Enquanto tocávamos "Será", a turma da fila do gargarejo iniciou uma guerra de areia, tendo sido, por essa razão, repreendida pelo Renato. Este, que já havia alterado os últimos versos de tal canção para chamar a atenção dos "babacas a mais", pediu para o Quinderé acender as luzes e ameaçou não dar o bis – no que foi aplaudido pela plateia. Depois de ter voltado para cantar as últimas músicas da noite ("Faroeste caboclo" e "Índios"), afirmou que aquela atitude de parte da plateia era pura infantilidade.

Não passou disso. Quando o público já estava deixando a arena, o Renato gritou, de surpresa: "Gente, olha a Lua!" O parceiro gringo dele tinha chegado no mesmo dia da apresentação – ou seja, morreu o Cazuza, e chegou esse maluco... Ainda nem tinha internet, logo a comunicação entre os dois se dava por carta ou telefone. E eu fico imaginando o Renato se correspondendo com esse cara, enviando o disco da Legião pelo correio e, pouco tempo depois, pagando a passagem dele para o Brasil. O Scott era um californiano louro, todo fortão, mas bronco e pouco confiável. Não demorou para ele começar a se envolver com a mulherada brasileira. E o Renato fantasiando que aquela figura seria o deleite, o amor de sua vida, enfim, tudo aquilo que ele desejava. O nosso vocalista era incapaz de descrever nas suas letras uma situação estável entre as pessoas. Mas, na verdade, o que ele almejava era ter alguém para dividir uma casa, para brigar e se reconciliar em seguida – para amar, enfim. Então o Renato pegou esse cara (sobre o qual pouco sabia) e o levou para o fundo do palco, ao lado da Fernanda e da Simone. Imagino o Renato tentando impressionar o cara: "Ó, você fica aí. Dá uma sacada no que eu faço com o público." O nosso vocalista regendo uma plateia de 60 mil pessoas e aquele sujeito ali, atrás do palco, olhando a cena.

É incrível lembrar que, quatro meses depois de um espetáculo daquele porte, nós nos apresentamos novamente no Rio, dessa vez em um estádio de futebol, com capacidade para 18 mil pessoas, fora o gramado, de 105 x 68m. Isso foi no dia 18 de novembro, quando nós tocamos no Ítalo del Cima, em Campo Grande, Zona Oeste da cidade. No Rio, o Renato esteve ótimo, nas duas apresentações. Em São Paulo, no primeiro dia, ele esteve mal e o show foi péssimo; no segundo dia, ele esteve bem, e a apresentação foi ótima. Ficamos nessa gangorra, com o Renato bipolar e o gringo junto em boa parte da turnê, até que chegamos ao último compromisso da temporada, no dia 25 de novembro, em Volta Redonda, Sul Fluminense. Novamente tocaríamos em um campo de futebol, o Raulino de Oliveira (que hoje atende também por Estádio da Cidadania), com capacidade para 45 mil pessoas. Ficamos em um hotel que parecia aquele do filme *O iluminado*, do Stanley Kubrick, com corredores enormes e atapetados. Era de dar medo. Para completar, o tempo fechou e, durante a passagem de som, veio uma tempestade muito forte, que varreu a cidade.

A Conspiração Filmes estava começando (acho que ainda nem existia legalmente) e nós a contratamos para filmar o show. Na sua equipe estava o Andrucha Waddington, ainda garoto, trabalhando como assistente de câmera e passando muito mal nesse dia. Aliás, não faltou trabalho ao Dr. Ricardo. Eu tinha carregado peso demais em tal semana, pois a minha casa estava em obras. E o que aconteceu foi que, logo antes da apresentação, eu comecei a sentir uma dor inacreditável no saco. Doía demais e eu não estava entendendo o que estava acontecendo, pois eu nunca tinha sentido isso. Cheguei a sentar em uma banheira de água quente, mas não adiantou muita coisa. Então eu recorri aos serviços do Dr. Ricardo, que, logicamente, se dedicava mais ao nosso vocalista: "Levanta, Renato; dorme, Renato." Mas o cara me deu um analgésico e logo veio o alívio.

Acho que a expectativa de registrar o show em áudio e em película, aqueles corredores do hotel, a tempestade, aquilo tudo me gerou uma grande ansiedade. Então veio o show e, contrariando os augúrios, tudo correu muito bem – o Renato, inclusive, esteve brilhante. O concerto terminou em um clima apocalíptico, com gente da plateia literalmente passando mal. Enfim, aquele tinha sido um ano bastante intenso. Tínhamos prometido recuperar o dinheiro que a malta de Brasília nos havia tomado e realmente o recuperamos. Terminado o show em Volta Redonda, eu só queria me distanciar o máximo. Via Dutra, a 128km do Rio, três da manhã: "Motorista, me leva para casa."

O ano de 1990 foi o nosso auge, sem dúvida. Em outubro, a *Veja* publicou uma matéria especial sobre o Renato, intitulada "O novo rei do rock". A revista afirmou que estávamos lutando contra o estigma da violência em uma excursão consagradora. A importância desses shows pode ser comprovada por certos trechos da reportagem: "A Legião Urbana se consolidou, na turnê que há seis meses cumpre pelo País, como o acontecimento mais quente em sua área de atuação musical, levando sucessivamente as plateias ao delírio." Segundo o texto, nós havíamos herdado a coroa abandonada pelo RPM no reinado do rock nacional. Além disso, a reportagem ressaltou dois feitos incríveis do *As quatro estações*: a venda de 730 mil cópias em menos de um ano (mais do que a soma d'Os Paralamas e do Cazuza) e o sucesso radiofônico de seis músicas, as quais fugiam às formulas fáceis do mercado. Apesar de ninguém da banda ter aceitado dar entrevista, a publicação encheu a nossa bola, dizendo que, como o público de rock queria mesmo era se divertir, a Legião seria "a melhor opção para isso na música brasileira".

O ego do Renato nunca tinha sido tão massageado quanto nessa época. A mesma reportagem chegou a dizer que "ele vale por 90% do time". Esse tipo de abordagem era comum na imprensa, e eu geralmente declarava que isso era normal porque ele era o cantor e o letrista da banda. Mas quem trabalhava diariamente conosco sabia que a história não era bem assim. Em *Rock and roll é o nosso trabalho: a Legião Urbana do underground ao mainstream*, a Érica Magi transcreveu um trecho interessante da entrevista que fez com o Mayrton: "O Renato dependia muito deles [de mim e do Bonfá], ele não dava muito passo sozinho, criativo, musical, na Legião. Ele fazia questão de dizer: 'Somos todos nós.' É um trabalho dos três. Ali era uma banda mesmo. O Renato tinha momentos de insegurança, onde ele se sentia seguro com o Dado e o Bonfá. Isso é muito importante registrar." Era por aí mesmo: éramos uma banda. Em novembro de 1990, o *Jornal do Brasil* nos colocou entre os maiores vendedores de disco dos País naquele ano, lembrando que os nossos números eram expressivos porque efetivamente 700 mil discos (na verdade, 730 mil) tinham saído das lojas para as mãos dos compradores. Roberto Carlos e a dupla Chitãozinho e Xororó, por exemplo, haviam alcançado 1 milhão de cópias, mas isso correspondia aos pedidos feitos por antecipação.

O lance é que éramos a única banda de rock capaz de encarar aqueles nomes superpopulares nas paradas de sucesso. Depois do Marina, o Renato se mudou para o Sheraton Rio. A essa altura, em dezembro, o Scott voltara aos EUA e o Rafael virara o assistente pessoal do nosso vocalista, embora não reclamasse disso – achava uma honra o convívio com um artista daquele porte, conforme contou a mim em recente conversa. O nosso empresário era o cara com quem ele ainda tinha uma interlocução, pois, em seus momentos mais *hardcores*, o Renato praticamente só lidava com michês. Nas suas próprias palavras, publicadas pela *Marie Claire*, em certos períodos, "ficava dias e dias com cinco, seis meninos (...). Coisa típica de decadência gay absoluta... Não acreditava em nada, tinha uma autopiedade extrema". Logo começou a haver problemas com outros hóspedes e, por extensão, com a diretoria do Sheraton. Houve, ao que parece, reclamações de que ele estaria quebrando coisas no hotel. Um dia, o Rafael foi ao quarto do Renato e o advertiu: "Cara, os homens de branco estão chegando para levar você. Temos que partir agora." O rumor era o de que haviam chamado o Samu (Serviço de Atendimento Móvel de Emergência), com camisa de força e tudo, para levá-lo dali. E o Renato, naquele clima: "Oba, oba, vamos fugir!"

Foi quando o Rafael o levou para uma clínica de recuperação em Botafogo, e lá o Renato baixou a bola. Até que, perto do Natal, ele pediu um violão para tocar para os outros pacientes, e o pessoal da clínica negou. O Renato entrou no quarto dele e simplesmente ateou fogo na cortina. Foi um quiproquó. Apareceu a equipe do Corpo de Bombeiros para cuidar do incêndio e os enfermeiros deram um sossega-leão no Renato. O Dapieve disse em seu livro que isso foi uma estratégia do Renato para passar o feriado natalino com a sua família, em Brasília. No dia 24 de dezembro ele foi liberado pela clínica, que o aliviou no boletim de ocorrências.

Depois de todo aquele tumulto, eu fui à clínica com o Rafael. Fizeram exame de sangue no Renato, e eu estava junto quando o nosso

1990 galope da vitória com o cavalo Navarone na Hípica, Rio de Janeiro

empresário foi pegar o resultado – ele também fizera um teste de HIV para dar uma força ao Renato, que estava quase pirando devido ao medo de estar contaminado por aquele vírus. O do Rafael deu negativo. Já o do Renato... No início dos anos 1990, essa notícia era como uma sentença. O Cazuza tinha morrido cinco meses antes. O Rafael foi falar com ele e respeitou o seu choque com a notícia. Logo o Renato começou a lhe dar instruções para encaminhar os seus pertences após a sua morte. Certamente, sentia-se condenado. Mais tarde, comentou aos amigos mais próximos (como a já citada Leo Coimbra, fonte de inspiração para "Eduardo e Mônica") que o Scott lhe havia transmitido o HIV. Conforme lemos na matéria "Renato Russo: do inferno ao céu", escrita por Cláudia Carneiro e André Barreto – e publicada pela *IstoÉ Gente* (edição 34, ano 2000) –, antes do Renato, o gringo namorara um paciente terminal de aids.

Lembro que acabara de ser lançado o *Behaviour*, disco do Pet Shop Boys que incluía "Being boring", o maior sucesso da dupla. O clipe da música era do Bruce Weber, que filmou um bando de jovens no auge da sexualidade em uma casa com piscina. Eu tinha dado esse CD ao Renato, que ainda estava na clínica. Eu passei lá para visitá-lo, e o CD do Pet Shop Boys estava ao lado da cama. E no que eu comentei: "Pô, legal, tá ouvindo?", ele disse: "Cuidado, não toca aí não, tem meu sangue aí." Ele havia se cortado e tinha um borrinho de sangue coagulado. "Renato, você é um escroto mesmo, e o vírus desse sangue aí já morreu", eu reclamei. Mas, a partir daí, conversamos mais seriamente. Papo vem, papo vai, de algum modo falamos um para o outro: "Bom, a sua condição é essa, né?" Afinal, eu também tinha uma condição instável, quando se tratava de saúde física. Não tinha a mesma gravidade, certamente. Mas até os anos 1920 não havia tratamento com insulina para diabetes, e morria-se disso. Então o assunto se encerrou nestes termos: "Cara, estamos nessa condição, então vamos nessa", eu disse. "Somos os dois 'éticos' da banda, você diabético e eu aidético, hahaha!", completou ele. E assim terminou nossa conversa naquela clínica. Foi o que então nós todos decidimos: manter esse cara ativo, trabalhando. Não o deixaríamos emburacar. Faríamos de tudo para ele só se envolver com aquilo que mais gostava de fazer e que o deixava mais para cima: compor música, gravar e produzir. Vamos fazer discos! E, tendo já médicos controlando a sua doença, decidimos manter sigilo absoluto sobre o assunto.

Depois desse dia, o Renato teve recaídas, frequentou outras clínicas, mas o foco era sempre este: "Vamos nos manter ocupados, e você vai ficar limpo. Daqui a pouco esse problema se resolve. Essa sentença pode ser prorrogada, pode ser extinta, e você pode ser absolvido." Por um momento, o Renato se apegou a essa possibilidade, e se empenhou na tarefa dificílima de fazer um novo disco após o sucesso avassalador do *As quatro estações*. Mas isso não significa dizer que ele tenha feito as letras mais animadas de sua carreira, é claro.

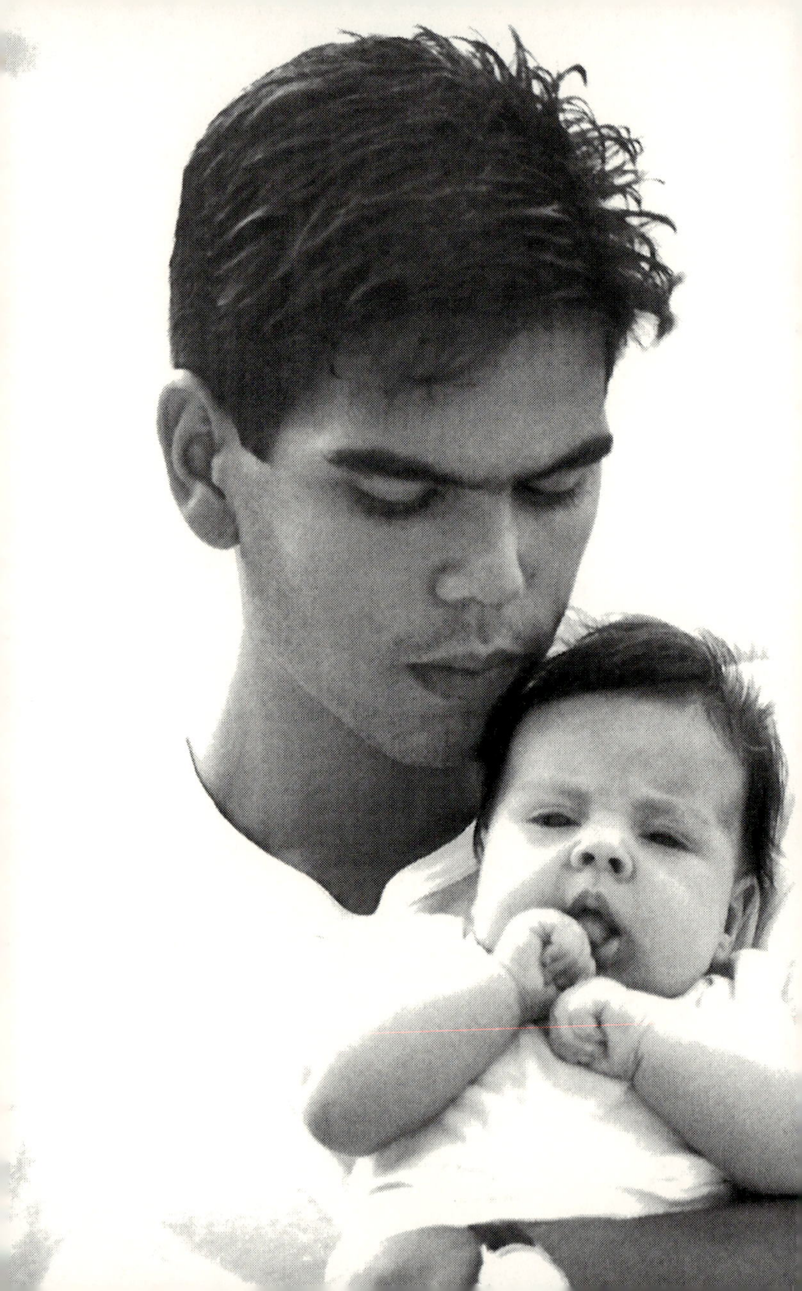

VIII

O MUNDO ANDA TÃO COMPLICADO

Após o carnaval de 1991, o Renato já estava em condições de trabalhar, e, então, nós entramos no estúdio para preparar um novo álbum, que seria o *V*. A EMI não disponibilizava mais os seus estúdios para gravação. Em meio àquele trágico cenário econômico gerado pelo governo Fernando Collor, a primeira providência tomada por muitas gravadoras foi fechar os seus estúdios de ensaio e gravação. Então nós fomos gravar na Barra da Tijuca, em uma das salas da primeira sede do Mega. Ou seja, agora as horas eram compradas. Nesse momento, a nossa relação com a EMI estremeceu e ficou mais distante. Até o quarto disco, nós estávamos próximos da gravadora, sempre cruzando com as pessoas de lá, que apareciam para ver, ouvir e conversar. Existia um intercâmbio entre o que era feito no estúdio (pela banda, pelos técnicos e pelos assistentes) e no escritório (pelos executivos). Mas isso tinha acabado. Nós fomos gravar na Barra da Tijuca, e o *V* foi um álbum que ninguém da EMI ouviu antes de ficar pronto. Acho que a sua diretoria só foi ouvi-lo quando ele estava mixado. O Rafael continuava a fazer a ponte entre nós e a burocracia da empresa.

O LP *As quatro estações* tinha sido um fenômeno, e isso talvez tenha contribuído para o Mayrton se tornar o diretor artístico da Polygram. Nessa gravadora, ele descobriu a Cássia Eller e gravou um disco do João Gilberto (que andava sumido), entre outras realizações. O Mayrton nos convenceu a gravar naquele estúdio da Barra, pois, assim, ele poderia trabalhar na Polygram, no Jardim Oceânico (no início daquele bairro), e nos encontrar depois de ter terminado o seu serviço. Nessa época, eu encontrei o meu amigo Luiz Zerbini, grande artista plástico, que me disse: "A gente está montando um espetáculo com o Fausto Fawcett na Magnetoscópio, na Rua Siqueira Campos, em Copacabana, e estamos precisando de microfones e amplificadores. Você tem pra emprestar?" Tratava-se de uma sala com uns 40m², que pertencia ao Marcelo Dantas, um cara multimídia. O Zerbini, o Barrão e o Serginho Mekler – os três que, mais tarde, formariam o coletivo Chelpa Ferro – estavam montando o espetáculo musical do Fausto Fawcett, chamado *Santa Clara Poltergeist*. Eu topei emprestar o equipamento na condição subentendida de que haveria uma vaga pra mim na banda. A vaga era minha.

Essa ficção surrealista do Fausto conta a história de uma mocinha de Blumenau (SC), Verinha Blumenau, que, um dia, voltando para casa, encontra uma bicicleta em uma poça de lama, de origem extraterrena, vinda com um meteorito. A garota tira a bicicleta da lama e sai pedalando, mas o selim começa a penetrá-la com aquela lama cósmica. Logo em seguida, ela descobre que, quando ficava em frente a uma TV fora do ar, adquiria poderes curativos, tornando-se a Santa Clara Poltergeist – que vai para o Rio de Janeiro e começa a atender em um apartamento em Copacabana. E as pessoas que precisavam ser curadas iam sendo convertidas em fiéis, e faziam fila na porta do tal apartamento. A trama, com pegada pornô explícita, era protagonizada pela Regininha, e ainda tinha nossa amiga Tetê, que fazia o papel da chinesa Wang Tsu, moradora da Barra da Tijuca e antagonista da Santa.

Essa história louca era contada em oito músicas. No espetáculo, o Serginho fazia as projeções; e o Zerbini e o Barrão, as instalações. A peça era aberta com uma canção do Jorge Ben, "Santa Clara clareou", e, a partir de então, se desenrolava a saga da Poltergeist. Eu me integrei à equipe. Empolgado com a ideia, eu apareci em um ensaio com microfones, mesa e amplificadores, além da minha guitarra para tocar. A banda, que contava com o acompanhamento de uma bateria eletrônica Roland TR 707, era composta pelo Fausto no vocal, o Marcelo de Alexandre no baixo e no teclado, e eu e o Carlos Laufer nas guitarras. Ex-guitarrista dos Robôs Efêmeros, parceiro do Fausto em "Kátia

Flávia", "Rio 40 graus" e tantas outras mais, Laufer se tornou um grande amigo, parceiro musical, incentivador e coprodutor dos meus discos. Desde então tocamos sempre juntos, ele na minha banda e eu onde quer que ele me chame.

O espetáculo teve uma temporada de meses na Magnetoscópio, com sessões duplas, e terminou no Sesc Pompeia, em São Paulo, em uma mega-apresentação, maneiríssima. Eu consegui combinar a minha participação na peça com o processo de produção do *V*. Foi ótimo atuar ao mesmo tempo nessas duas esferas. Tocar com o Fausto, naquele momento, foi como uma boia de salvação para mim, porque me colocou em contato com um universo completamente diferente e com toda uma cena alternativa e *underground*. Isso me instigava e motivava muito, porque a Legião Urbana estava no suprassumo da chatice e marasmo do *mainstream*.

Naquele ano de 1991, eu e Renato estávamos muito próximos. Foi talvez o período mais intenso da nossa amizade. Além dos encontros em função da Legião, nós nos víamos nos fins de semana. Ele parecia estar ótimo, sem beber e a fim de trabalhar (era um ser totalmente sociável). O Renato gravou o *V* totalmente limpo, e só por isso conseguimos realizá-lo. Ele tinha a percepção de que poderia acabar com tudo a qualquer momento. Era como um personagem mítico, que detém o poder, e que poderia orientá-lo tanto para o bem, quanto para o mal ("Sou meu próprio líder: ando em círculos (...)/ Cada criança com seu próprio canivete/ Cada líder com seu próprio 38"). A contraditória relação com as drogas também compunha aquele personagem do Renato ("Minha papoula da Índia/ Minha flor da Tailândia/ És o que tenho de suave/ E me fazes tão mal"), mas, nas gravações, ele estava longe delas e empolgado em realizar o disco. Não acho que ele apresentasse problemas de inspiração – parecia, sim, estar pleno de versos. Por não ter mais contato com os jovens, o Renato achava que isso lhe trazia dificuldade para escrever letras novas, mas, na verdade, estava cheio de questões para remoer.

O repertório do *V* era em parte composto de coisas que havíamos feito durante os ensaios para o terceiro e o quarto disco; rascunhos que tinham sido gravados em demos na EMI (como "Vento no litoral", "Metal contra as nuvens" e "Teatro dos vampiros") ou na casa do Renato (como "L'âge d'or"), mas que não havíamos conseguido levar adiante. Trabalhamos em cima dos temas, os reelaboramos e os transformamos em faixas do novo álbum. Boa parte delas se encaixava dentro da concepção que o Renato estava formulando para o *V*, a qual tinha como inspiração a Ordem dos Templários, uma organização cristã de cavalaria, fundada por monges em Jerusalém no período das Cruzadas, e que, nos séculos seguintes, daria origem a uma série de lendas sobre sociedades secretas e afins. O Renato imaginava o disco como uma expressão musical de aventuras épicas e imaginárias de um cavaleiro medieval templário, que vagaria erraticamente pelo mundo, deparando com vários acontecimentos. Parece um jogo de RPG. Mas há também referências à dramática situação brasileira daqueles primeiros anos da década de 1990. A concepção do Renato para o disco combina, portanto, elementos místicos com outros bem realistas. Uma mistura de mitologia medieval com a conjuntura nacional de então, marcada pelo governo Collor.

Apesar da disposição do Renato para o trabalho, o período de gravação foi emocionalmente intenso, porque o universo do *V* era pesado, denso e melancólico. O Bonfá também ficava irritado com a parafernália eletrônica do estúdio, o que contribuía para tornar o ambiente tenso. Além disso, não era nada fácil fazer um disco depois do sucesso extraordinário do *As quatro estações*. O nosso vocalista declarou à imprensa que o disco era intencionalmente lento, pelo que estava acontecendo com a vida dos membros da banda (na verdade, com ele próprio) e com a política do País. No seu entender, não dava para fazer música para cima naquele momento. O disco começa com "Love song" – uma "parceria" nossa com o menestrel medieval Nunes Fernandes Torneol, do século XIII –, cantada em português arcaico. Em seguida, vem "Metal contra as nuvens". Lembro que impliquei com ela: "Cara, por que a gente vai fazer uma música com 11 minutos?" Eu a considerava chata porque, depois dos três, quatro minutos iniciais, o que vinha era basicamente repetição. No entanto, os *overdubs* e o arranjo de cordas – escrito pelo Eduardo Souto Neto e executado por dezenas de músicos no estúdio da Polygram – deram uma incrementada na canção, e eu acabei gostando do resultado final. Foram 12 violinos, quatro violas e quatro *cellos*. Conforme o Arthur Dapieve escreveu em *Renato Russo: o Trovador Solitário*, essa composição era sobre o Collor: "Quase acreditei na sua promessa/ E o que vejo é fome e destruição/ Perdi a minha cela e minha princesa/ Quase acreditei, quase acreditei." Mas na terceira parte, havia referências à homossexualidade e à aids: "É a verdade o que assombra/ O descaso o que condena/ A estupidez o que destrói."

Na sequência do disco, vem "A ordem dos templários", uma gravação instrumental, que incluía "Douce dame jolie", do francês Guillaume de Machaut, do século XIV; "A montanha mágica", letra sobre drogas, intitulada com o nome do romance de Thomas Mann (embora ela fosse uma espécie de releitura de William S. Burroughs, escritor americano *junkie*); e "Teatro dos vampiros", a faixa de trabalho. Na sua introdução, incluímos um trecho do "Canon", do alemão Johann Pachelbel, do século XVII. Nela, o Renato fala, de forma generalizante, sobre as nossas vidas no início dos anos 1990: "Vamos sair/ Mas não temos mais dinheiro/ Os meus amigos todos estão/ Procurando emprego/ Voltamos a viver/ Como há dez anos atrás/ E a cada hora que passa envelhecemos dez semanas." Essa passagem é também uma referência explícita à situação econômica brasileira, durante os anos Collor. Quando saiu o disco, o Marcelo Nova falou ao Rafael: "Vem cá, esses caras 'tão de sacanagem, não é?!!! Não tem mais dinheiro, como assim?!!!" Em "Teatro dos vampiros", o Renato fez alusão também ao fato de ter-se tornado pai recentemente, e queria passar uma boa imagem ao seu filho: "Quando me vi/ Tendo de viver/ Comigo apenas e com o mundo/ Você me veio como um sonho bom/ E me assustei/ Não sou perfeito/ Eu não esqueço/ A riqueza que nós temos/ Ninguém consegue perceber."

A sexta faixa é "Sereníssima", que para mim destoa completamente do espírito do disco. Nela há o verso "Tenho um sorriso bobo, parecido com soluço", que o Renato extraiu de *Tônio Kroeger*, outro romance de Thomas Mann. Adoro este verso, assim como os que o seguem: "Enquanto o caos segue em frente/ Com toda a calma do mundo." Depois vem "Vento no litoral", totalmente triste, que tocou bem nas rádios e chamávamos de "nossa Pink Floyd". Adiante tem "O mundo anda tão complicado", que não chega a ser uma balada, mas é leve, ingênua até, e aborda o cotidiano de um casal em um tom um pouco melancólico. O Renato contou ao Dapieve que essa era a canção mais pedida nos shows. Depois ela foi popularmente apelidada de "O melô da mudança", pois a letra dizia: "Temos que consertar o despertador/ E separar todas as ferramentas/ Que a mudança grande chegou/ Com o fogão e a geladeira e a televisão/ Não precisamos dormir no chão/ Até que é bom, mas a cama chegou na terça/ E na quinta chegou o som..." O Renato tinha, finalmente, comprado o seu apartamento, em Ipanema, para onde se mudou depois de promover uma reforma no imóvel. Completando o álbum, aparecem "L'âge d'or", um hard rock batizado com o nome de um filme de Luis Buñuel e Salvador Dalí, e "Come share my life", música tradicional do folclore americano.

1991 de Axl Rose numa festa à fantasia no Crepúsculo de Cubatão, Rio

Em termos de sonoridade, o *V* não deixou de apresentar novidades. Eu o gravei com o primeiro modelo da marca Zoom, um *rack* de efeitos portátil e digital. Devo ter sido um dos primeiros a utilizá-lo no Brasil. Hoje eu não consigo passar nem perto de um desses e prefiro pedais analógicos. Mas, nos anos 1990, essa era a novidade e eu me deixei levar pelo encantamento daquele aparelho pequeno, que simulava um monte de sons. Eu tinha ainda um bom *amp*, um JTM 45, da Marshall, 1970, que eu usava com uma caixa 4 por 12 da mesma marca. Ele está no meu estúdio até hoje. Como eu disse no capítulo 4, o Renato foi finalmente convencido pelo Mayrton a abrir mão do seu teclado inseparável, o Juno 106, e experimentou novos timbres (que ele acabou curtindo). As guitarras utilizadas foram a Gibson Les Paul Studio do Renato, de cor branca – que depois ele me deu e, no decorrer dos anos, foi ficando amarelada –, e uma Fender Telecaster, já testada nas gravações do *As quatro estações*. O baixista Bruno Araújo foi incorporado ao processo de gravação, o que evitava aquele problema anterior de termos que revezar no instrumento – ele, entretanto, apenas tocava (de forma competente) as linhas de baixo que lhe passávamos.

A capa do *V* foi mais cara do que a prudência recomendava naquele momento de crise. O Renato cismou que queria a lua-estrela da capa em alto-relevo e em cor de ouro, o que aumentava os custos da produção. O orçamento chegou a ser vetado pela consultora de marketing da EMI, mas ele não abriu mão da sua ideia inicial, e acabou vencendo a queda de braço com os executivos da gravadora. O *V* foi considerado por muitos um disco de rock progressivo, o que até faz sentido no que diz respeito a certas canções. O Renato tinha voltado a ouvir esse tipo de som e gostava especialmente de LPs como o *Nurserey crime* (1973), do Genesis; o *Islands* (1971) e o *Larks' tongues in aspic* (1973), do King Crimson. O encarte do *V*, inclusive, inclui a mensagem "Bem-vindo aos anos setenta!" Trata-se do álbum preferido do Bonfá e do Renato, que o considerava o melhor, disparado, em termos de letra. Eu estou longe de tê-lo como o trabalho mais inspirado da Legião, embora eu reconheça a existência de grandes canções nele. Eu acho "A montanha mágica" e "Teatro dos vampiros" excelentes, e gosto bastante de tocar "Sereníssima". De certa forma, o *V* me parece uma sequência e um aprofundamento do *As quatro estações*, em termos artísticos.

O disco tem uma forte carga depressiva, mas eu diria que ele soa mais como uma grande crítica, um reconhecimento de que tudo estava ruim, aliado a uma vontade de mudar e de melhorar. O Renato passava por esse processo de limpar o organismo, de lutar para viver, e isso é marcante no álbum. Na terceira parte de "Metal contra as nuvens", há versos como: "Não me entrego sem lutar/ Tenho ainda coração/ Não aprendi a me render/ Que caia o inimigo então." As frases finais da música (em sua quarta parte) dizem: "O mundo começa agora/ Apenas começamos." Nós não tínhamos a menor pretensão de repetir o sucesso do disco anterior (embora a pressão existisse) e, mesmo assim, o *V* vendeu cerca de 700 mil cópias, com o passar do tempo. Na época, os diretores de gravadoras diziam que disco de platina era um sonho, tendo em conta a realidade do mercado, em crise. Mas isso não valia para a Legião, é claro.

A indústria fonográfica estava em queda livre e sofrera uma redução de 40% em suas vendas, em 1991. Os jornais diziam que o *V* era uma esperança para melhorar os números da EMI, antes do fim do ano. Ele foi o nosso primeiro disco que saiu antes em CD do que em vinil, e foi lançado no fim do ano para aproveitar as vendas de Natal. Tivemos dificuldade em escolher os *singles*, que acabaram sendo "Teatro dos vampiros", "Vento no litoral" e "O mundo anda tão complicado". A primeira chegara às rádios em novembro, e já foi logo recordista de execuções nas estações do Rio e São Paulo.

A crítica recebeu o disco de forma fria. No *Jornal do Brasil*, o Tárik de Souza fez uma resenha que ganhou o seguinte título: "Sujeito a nuvens de monotonia". Em termos de divulgação, essa ideia me deixou preocupado, porque se chocava com o fato de que a gente morava no Rio, com praia, sol e carnaval. De fato, o álbum é melancólico, e isso não é bom em termos de publicidade. Mas ele elogiou o meu trabalho de guitarras, que temperaria as músicas com "densidade e volume", e qualificou o *V* com duas estrelas, o que significa que ele seria "bom" (mas não "ótimo" ou "excelente"). No mesmo jornal, o Pedro Só escreveu uma matéria segundo a qual o disco seria "místico". Já o seu título afirmava: "Legião dá adeus à rebeldia".

A *Folha de S.Paulo* foi mais ferina e estampou a matéria intitulada: "Pessimismo da Legião Urbana provoca tédio". "A pretensa intelectualidade do grupo caiu na banalidade de quem não tem nada a dizer", afirmou a crítica Eva Joory, que salvou apenas "O mundo anda tão complicado", por sua simplicidade. A sua conclusão foi demolidora: "Com 'V', a Legião quis abrir caminhos para realizar um trabalho mais clássico, mas não conseguiu nada além de um resultado medíocre e sem vigor." Embora a autora tenha criticado bastante a poesia do Renato, ela considerou "A montanha mágica", por exemplo, a melhor letra sobre drogas já escrita no idioma português.

Destoando daqueles dois jornais, a *Bizz* publicou uma resenha amplamente positiva, em janeiro de 1992. Para Antonio Carlos Miguel, o álbum seria um "bem-elaborado trabalho poético-musical" ou, ainda, "uma das poucas coisas aceitáveis que foram produzidas em 1991 pela geração 80 do nosso rock". "O disco é bastante amargo e acaba funcionando como uma radiografia de nossa época", observou certeiramente o jornalista. "Funciona como uma suíte, para ser saboreada na íntegra", afirmou no desfecho, referindo-se ao caráter conceitual do álbum.

Antonio Carlos Miguel, que depois faria uma crítica devastadora d'*O Descobrimento do Brasil*, no jornal *O Globo* (o que lhe renderia, inclusive, a inimizade do Renato), percebeu as diversas possibilidades artísticas encontradas no *V*. Nele também estão músicas que o Renato colocava entre as suas favoritas: "Metal contra as nuvens", "Teatro dos vampiros" e "Vento no litoral". Naquela mesma edição de janeiro, fomos pela quarta vez capa da Bizz, que publicou uma entrevista conosco, comandada pelo Alex Antunes. A sua primeira pergunta dizia respeito à treta que tivemos com a EMI, sobre a qual falei rapidamente neste capítulo. O Renato explicou que havíamos negociado um contrato para o *V* que nos dava total liberdade artística, e que essa nossa independência tinha gerado certo ressentimento entre os executivos da gravadora. E eu completei dizendo que eles já tinham pisado na bola, quando tentaram lançar uma coletânea da Legião (por nós rejeitada) pelas nossas costas. Aliás, nessa ocasião, fizemos um escarcéu. Pichamos o andar onde ficava a diretoria da EMI com tinta spray azul. O Renato caprichou nas frases (escritas em inglês, é claro): "Vocês nos tratam como lixo! Nunca mais vocês vão fazer isso." Eu pichei uma, inspirada nas greves das universidades da França. Eu me lembrava de ter visto nas ruas "Medicina em guerra!", e então mandei: "Legião em guerra!" Foi como se tivéssemos cortado o cordão umbilical.

Na verdade, o motivo principal da nossa briga não chegou a ser citado nessa entrevista. O Jorge Davidson revelou essa história à Christina Fuscaldo, autora do texto de apresentação da edição especial de 2010 do cd *V*. Segundo o diretor artístico da EMI, ele providenciara a gravação de um show da turnê do *As quatro estações*, contra a nossa vontade. Porém, em 1991, o Renato pediu as fitas para o Mayrton e o pessoal da Polygram ouvir. O Jorge se negou a entregar o registro da nossa apresentação, e o Renato ficou possesso. Tempos depois, o executivo entendeu que o nosso vocalista tinha acabado de saber que era soropositivo; logo, estava desesperado para fazer um disco ao vivo, por acreditar que estava para morrer. A questão é que, por conta desse desentendimento, a Legião foi a única banda do seu elenco que não o apoiou para substituir o Beto Boaventura na presidência da gravadora. E, coincidência ou não, o Jorge não assumiu o almejado posto.

Na *Bizz*, o Renato falou também sobre o pavor de ter que repetir o nosso disco anterior, que estourou quase todas as faixas nas rádios. Inclusive, quando aquela entrevista foi realizada, em dezembro de 1991, "Sete cidades" ainda tocava nas FMs de todo o País, o que não deixa de ser impressionante. Por esse motivo, o nosso vocalista chegou a indagar: "A gente vai ser obrigado a fazer quantos hits, já que o último tinha *nove*?"

Simultaneamente ao processo de realização do *V* e da minha participação em *Santa Clara Poltergeist*, a Fernanda, o André Mueller (baixista da Plebe Rude), a Marta (mulher dele) e eu estávamos fundando a Rock it!. A ideia era que essa loja de discos, revistas especializadas e indumentária rock fosse um ponto de encontro entre os admiradores desse estilo musical. Queríamos fazer convergir tudo o que estivesse acontecendo em relação à cena roqueira no Brasil, Estados Unidos e Europa. Mas a Rock it! surgiu, principalmente, porque queria elaborar um projeto em que eu estivesse à frente – e, é claro, de que eu gostasse de fazer. Eu estava tentando me aprimorar e construir um trabalho fora do universo da Legião.

O *Jornal do Brasil* publicou uma matéria no dia da abertura da casa, a 6 de dezembro de 1991, instalada na Rua Bartolomeu Mitre, no

Leblon. Nela, eu explico o nosso conceito: "Não vai ter nenhum tipo de segmentação. Há coisas dos anos 80 e 70, new wave, punk, pós-punk e hardcore." Afirmamos que estávamos cansados de ser mal-atendidos por vendedores que nem sequer conheciam as faixas dos discos comprados pelos clientes. Por essa razão, havíamos radicalizado e criado um "templo do rock". Estávamos ainda em um esquema pré-internet, e a loja foi um espaço interessante para divulgação de fanzines, por exemplo. Havia uma banca onde a rapaziada deixava as suas fitas demo para venda. Lá era possível encontrar as primeiras gravações do Planet Hemp e do Pato Fu, entre outras bandas iniciantes. Isso numa época em que o rock estava declinando. Internacionalmente, o grunge de Seattle emergia, mas os efeitos mais amplos da sua conquista só chegariam ao mercado brasileiro mais tarde.

Por meio da Rock it!, eu decidi abrir um selo. Eu tinha ficado amigo do Felipe Neiva, que era dono do Mega, aquele estúdio onde a Legião gravou o *V*. Ele também estava para fechar em meio àquele cenário de crise, e eu lhe propus que juntássemos as forças. Encontramo-nos um belo dia e eu lhe disse: "Vou abrir um selo, tem uma banda que eu estou a fim de gravar. Você entra com o estúdio e leva parte dos *royalties*." Ele topou. O grupo era o Second Come, um "*best-seller*" da loja. Eu e o André produzimos o disco deles, o *You*, lançado em 1993, cujo chamariz era uma versão de "Justify my love", da Madonna. Depois, organizamos um show de lançamento do álbum no Arpoador, junto com outras bandas. Gravamos também o Gangrena Gasosa, Sex Beatles (banda do Alvin L), Low Dream, Vertigo (banda do Dinho), Devotos, o segundo solo do Toni Platão, Comunidade Nin Jitsu e o Ultramen, entre outros. Eu entrei em acordo com a EMI e com a Virgin para distribuir esse material e colocá-lo nos pontos de venda. Mas elas fizeram mal esse trabalho, porque o seu foco era outro; as multinacionais só queriam saber do que era popular.

Como a comunicação com o público era difícil, nós pedíamos que o Carlos Albuquerque desse uma nota n'*O Globo*, por exemplo, ou tentávamos chegar aos caras de rádio e TV. Era um empreendedorismo mesmo. Mas o interessante é que o mercado foi mudando, e começaram a aparecer grandes bandas, como o Skank e o Jota Quest, o Raimundos,

Planet Hemp e Nação Zumbi, entre outros. É claro que nós tínhamos o interesse de descobrir uma banda bacana que coubesse no Brasil. Mas a própria ideia de "grandes bandas" foi-se perdendo com o tempo, e sendo substituída por nichos mais setorizados. Eu nunca consegui, de fato, ter um artista de âmbito nacional. Ao longo do processo, isso começou a me frustrar um pouco, e eu fui atirando para lados diferentes. Em determinado momento – quando, aliás, a Legião já havia acabado – eu busquei instituir uma aura mais elitista ao selo, produzindo trabalhos, digamos, mais "artísticos", como o primeiro CD do Chelpa Ferro (1997), ou a trilha do espetáculo *Casa* (1999) da Débora Colker. Mas também abrimos um subselo chamado Sucessos Populares (SucPop), e chegamos a produzir um grupo de pagode chamado Enigma da Cor, de Madureira, subúrbio do Rio. Aquilo foi divertido e bastante bizarro.

Enquanto existiu o acordo de distribuição com a multinacional, o negócio foi viável financeiramente. Eles até davam um incentivo e bancavam certos custos de gravação. Mas, depois, isso acabou. Lembro que o Ultramen e a Comunidade Nin-Jitsu deram muito certo lá no Sul. Ali, um disco bancava o outro, e o negócio meio que se autossustentava. Até o dia em que eu cheguei a Porto Alegre, já no início dos anos 2000, e vi os discos deles, em uma grande banca de produtos pirata, por dois reais. Foi quando eu pensei: "Parei." Aquele modelo de indústria estava esgotado. Não existia mais um circuito de rock, de bandas, de artistas, de cena e de palco. Tudo começou a ficar muito capenga e difícil.

Mas, no cômputo geral, a experiência do selo foi muito positiva. Nós lançamos um monte de coisas interessantes, como a coletânea *Brasil compacto*, que incluía artistas do Brasil inteiro, cada um com duas faixas. Nós recebíamos muitas fitas, de todo o País. E por isso tivemos essa ideia de fazer uma compilação com a galera do rock alternativo. Então, no Rio Grande do Norte, havia o General Junkie, que era uma banda muito boa; em Recife, havia o Eddie, que contava com a Karina Buhr... Gravamos "Quando a maré encher" antes mesmo de a Nação Zumbi e a Cássia Eller popularizarem a música. Foi bacana fazer tudo isso, descobrir artistas, produzir e tentar mudar o cenário. E a marca ainda existe, tanto que eu lanço os meus trabalhos pela Rock it! Mas eu comecei a pensar em outros projetos, a usar o meu tempo mais em estúdio, a trabalhar mais para mim e não tanto para os outros. Eu tinha o meu próprio espaço de gravações e comecei a fazer os meus CDs. Acho que a Rock it! teve um papel importante para a nova geração, dos anos 1990, assim como o selo Banguela, dos Titãs. A turma da década de 1980 ajudou a fazer emergir um novo cenário rock no país.

Só foi possível que eu me aventurasse em tal empreitada porque o Mayrton, ainda na época do *As quatro estações*, havia me falado: "Abre a sua editora. Não edita com esses caras da EMI. Esse negócio aqui vai quebrar. Pega para você o seu patrimônio e não deixa ele nas mãos de uma multinacional. É importante você ter um direito mínimo sobre o que é seu." Era uma coisa básica, uma lógica evidente, mas, no Brasil, só quem teve essa sacação desde cedo foi o Tim Maia. O Mayrton dava palestras para a Polygram, e nelas iam muitos vendedores de discos. Naquele tempo, ainda existia essa figura do vendedor que entrava de loja em loja, deitava um catálogo no balcão e perguntava: "O que o senhor vai querer? Eu tenho aqui Caetano Veloso, Elba Ramalho, Os Paralamas do Sucesso..." Naquelas apresentações, o Mayrton dizia assim: "Vendedor, você não vai existir mais. Não vão precisar mais de você. Porque existe um negócio, a rede, que está começando a acontecer. E esse contato direto, pessoal, do vendedor com o dono de loja, isso não vai mais existir." Ali o nosso produtor estava sendo um visionário.

Foi o seu conselho que eu segui, tempos depois, quando abri a Rock It! Após ter abandonado o projeto de lançar novas bandas pelo meu selo, eu passaria a compor para filmes e seriados. Esse é um trabalho que me preenche e me satisfaz, principalmente, por me permitir pensar a música de outra forma. Primeiramente, eu faria a trilha sonora do *Bufo & Spallanzani* (2001), do Flávio Tambellini, baseado no livro homônimo do Rubem Fonseca. Depois, comporia a d'*O homem do ano* (2003), do José Henrique Fonseca, filho daquele mesmo escritor; e a do *Pro dia nascer feliz* (2006), documentário do João Jardim. Ganhei o prêmio de melhor música com aquele primeiro filme, no Festival de Cinema Brasileiro de Miami (2001), e também com este último, no Festival de Gramado. Sigo até hoje com outras tantas trilhas em cartaz...

Em 1992, quando a Rock it! estava engrenando, começamos a ensaiar intensamente para a excursão do *V*. Embora não houvesse mais ensaios e gravações nos estúdios da EMI, os diretores nos cederam o espaço, que estava vazio. Levamos para lá o nosso equipamento de palco, e o Rafael filmou tudo em película, com uma câmera de 16mm – o áudio foi gravado no *multitrack*, e o resultado ficou bom. Acho que esses vídeos nunca foram exibidos, e imagino que as fitas tenham sido perdidas. Em um dos ensaios, o Fred Nascimento, que tocava violão, teve um entrevero com o Bruno, baixista. Eu não entendi nada, porque os dois eram inseparáveis, desde a turnê do *As quatro estações*. Além disso, o Fred era um cara tranquilo. Mas, quando eu vi, lá estava ele com o violão – que era do Renato – apontado para a cabeça do Bruno. Eu só consegui segurar o instrumento e os dois partiram para dentro. Ainda tentei separar, mas o Renato falou: "Não, deixa." Eles foram demitidos sumariamente pelo nosso vocalista. O que aconteceu exatamente foi contado no livro do Dapieve. Antes de iniciar o ensaio, o Fred tinha pedido ao Bruno que passasse as músicas com ele, para que ficasse tudo acertado, e não houvesse motivo para reclamação dos integrantes da Legião (e, principalmente, do Renato). Mas o baixista ironizou ("Pô, Fred, você até parece que é da banda"...), e não seguiu a sua sugestão. Então o nosso vocalista chegou, discutiu rapidamente com o Bonfá – os dois viviam se bicando – e, em seguida, virou-se para o Fred, perguntando-lhe, em tom de ironia/bronca, se seria muito lhe pedir que passasse o som do violão. O Fred tentou se desculpar, mas foi interrompido pelo Bruno, que o chamou para conversar fora do estúdio, pensando que seria dedurado pelo violonista. Aquele, por sua vez, imaginou que essa seria uma senha para os dois saírem no braço, e resolveu dar a primeira porrada...

Naturalmente, nós tivemos que buscar novos músicos para completar a banda. Naquele momento, a estrutura musical que planejamos contaria com bateria, contrabaixo, guitarra, violão, teclado e voz. O Renato não tocava mais nada, no máximo um pandeirinho aqui ou ali. Foi quando surgiu o Sérgio Serra, um cara amigo, com quem sempre nos encontrávamos, e que havia tocado nas primeiras formações do Barão Vermelho. Dez anos antes eu o tinha visto tocar no já citado show do autódromo de Brasília, com tal grupo. Mais tarde, ele substituiu o Carlo Bartolini no Ultraje a Rigor. O lance é que o Serginho assumiu o violão e também a guitarra (que ele tocava ainda melhor). E para o baixo o escolhido foi o Tavinho Fialho, um virtuose que tocara com o Arrigo Barnabé e o Caetano Veloso, entre outros. O Mú Carvalho não poderia fazer todos os shows e indicou o Carlos Trilha, um garoto bem tranquilo, de apenas 21 anos, que tocava com o Leo Jaime e já sabia tudo de programação de sintetizadores – motivo pelo qual o Renato se amarrou nele. Com essa formação, partimos para a estrada.

Precisávamos divulgar o disco, o que, naquele momento, não se limitava mais a ter um *single* no rádio; era necessário fazer pelo menos um videoclipe para a MTV. Justamente naqueles dias, a emissora propôs que gravássemos um show acústico. Ainda não havia aquela série de CDs *Acústico MTV*, que vendia superbem, e conseguia até ressuscitar a carreira de certos artistas. O primeiro programa tinha sido o do Barão Vermelho, cujo CD até hoje não foi lançado. Nós pensamos: "Maravilha, nós fazemos um programa inteiro, aquilo vai ficar na grade deles e não precisaremos fazer os clipes, e muito menos ir ao Faustão e similares."

O Faustão agora estava na Rede Globo, e o seu programa não lembrava em nada a anarquia do *Perdidos na Noite*. Decidimos gravar o especial para a MTV, mas o Bonfá estava um tanto arredio; ele achava um saco tocar um par de bongôs. Chegamos a ensaiar na casa dele e, depois, firmamos os ensaios no apartamento novo do Renato. Não há músicos de apoio nessa gravação: são apenas dois violões e uma percussão. Ensaiamos durante uma semana, algumas vezes só eu e o Renato, e até aperfeiçoamos certas canções. "Índios", por exemplo, ganhou um arranjo bem mais elaborado do que o original. O tom da música, no *Dois*, é em dó maior, mas, ali, passou para sol maior. Ficou outra coisa. "Teatro dos vampiros", por sua vez, foi simplificada: retiramos o já citado "Canon" e criamos outra introdução (preservando, porém, a essência da composição).

O programa foi gravado na antiga boate Hippodromo, no bairro de Perdizes (São Paulo), em janeiro de 1992. Além de "Teatro dos vampiros", tocamos outras duas músicas do *V*: "Sereníssima" e "Metal contra as nuvens". Pela primeira vez, gravamos *covers*: "On the way home", do Buffalo Springfield, "Rise", do PIL, "Head on", do Jesus and Mary Chain, e "The last time I saw Richard", da Joni Mitchel. Para a felicidade dos fãs, incluímos não só "Índios", mas também "Há tempos", "Eu sei", "Faroeste caboclo", "Pais e filhos", "Baader-Meinhof blues" e "Mais do mesmo".

O show teve ainda uma música que surgiu de um imprevisto. Eu estava usando um violão Guild, que eu havia comprado em Nova York só porque eu tinha visto o John Lennon com um da mesma marca. Ele é um excelente instrumento, com corda de aço, mas não tem captadores. Por isso, ele foi microfonado naquela apresentação. Em determinado momento, a corda dele arrebentou, e eu não tinha nenhum outro violão de reserva. E, no que eu estou providenciando o reparo, o Renato decidiu cantar uma música para entreter a plateia: "Hoje à noite não tem luar", versão do Carlos Colla para "Hoy me voy para México", sucesso da *boy band* porto-riquenha Menudo. O nosso vocalista sempre quis gravar essa música – nem todos sabem, mas ele acompanhou a excursão do Menudo no Rio, esteve no ônibus dos caras, foi a São Januário ver o show e conheceu o Ray, o Roy, o Robby, o Ricky e o Charlie. O sonho do Renato era produzir um desses grupos, em que ele seria o compositor e colocaria uns "boyzinhos" no palco, cantando e dançando. Então ele embolsaria a grana sem o desgaste de ter que subir em um palco e entreter as pessoas, como aliás fez o Gugu Liberato, cuja produtora criou o Dominó e o Polegar.

A apresentação foi gravada em um Adat de oito canais, e o público era proveniente de fã-clubes. Volta e meia, alguém tomava uma bronca: "Xxxxiiiiii, isso aqui é TV, é preciso fazer silêncio!" Era um pessoal que curtia mesmo a banda, tanto que, no meio de "Sereníssima", uma música ainda não divulgada nas rádios, a plateia reproduziu os sons de gritos da versão original do disco. O Renato se surpreendeu e até parou a música para, sorrindo, comentar: "É, não estava esperando! Vamos continuar, legais os efeitos!"

Na época, a EMI não se interessou em transformar o programa em CD. Pelo que me lembro, os seus executivos alegaram que a qualidade do som estava aquém do necessário. Porém, com a morte do Renato e o fim da banda, aquele material (assim como outros, até então esquecidos) passou a ser visto como interessante, do ponto de vista comercial. Então o Torquato Mariano, diretor artístico da EMI no fim dos anos 1990, e o Aloísio Reis, então presidente da gravadora, nos

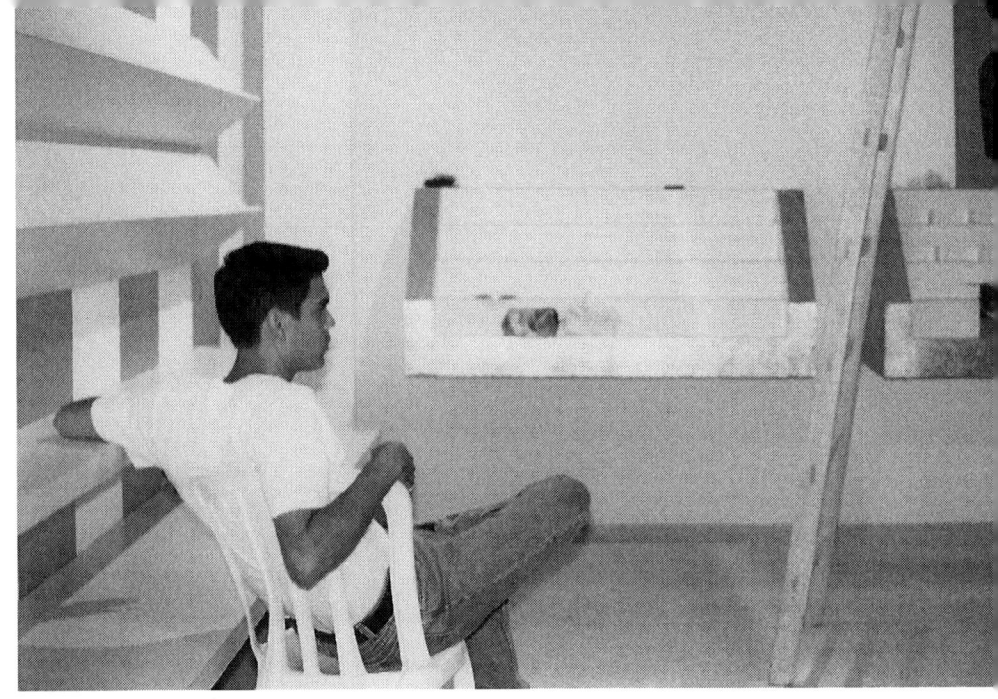

1990 durante as obras da loja de CDs Rock It!

propuseram: "Vamos lançar?" Era, de fato, uma grande ideia. Eles bancaram o projeto, e eu viajei para Los Angeles com o Bonfá para encontrar o "Moog" Canazio, que havia sido engenheiro de som da Rita Lee e estava havia anos em Los Angeles trabalhando na profissão em um estúdio que ficava no Topanga Canyon. Ficamos lá por algumas semanas mixando o CD, e aquele cara fez um trabalho incrível. O Bob Grunman masterizou o disco, e o som final ficou excelente. O *Acústico MTV – Legião Urbana* foi lançado em 1999, e vendeu mais de 1 milhão de cópias. E "Hoje a noite não tem luar", cortada do programa que fora ao ar em 1992, tornou-se o principal *single* do disco.

Depois de termos gravado o especial para a MTV, em janeiro de 1992, retomamos o formato elétrico e nos preparamos para sair em turnê. Entre os roadies estava o Reginaldo Ferreira da Costa, presidente do fã-clube *Por Enquanto*. Curiosamente, ele tinha sido a primeira pessoa de fora do círculo da Legião a saber que o Negrete tinha saído da banda. O Renato lhe passara essa informação em uma entrevista exclusiva para o *Por Enquanto*. Tempos depois, o Reginaldo estava ouvindo o programa *Chá das Cinco*, da Transamérica, e o nosso vocalista disse: "Nunca deixe que as pessoas digam que o seu sonho é babaquice!" Identificado com a frase, o presidente daquele fã-clube foi me procurar na Rock it!, e se ofereceu para trabalhar como roadie. Perguntei se ele entendia de guitarras, pedais e amplificadores, e ouvi um "mais ou menos" como resposta. Pedi para o Rafael fechar com o Reginaldo para ser meu roadie pessoal, e deu tudo certo. Somos grandes amigos até hoje, apesar de ele ter-me largado para trabalhar com o Renato na excursão d'*O Descobrimento do Brasil* – lembro isso a ele cada vez que nos encontramos. Hoje o Reginaldo voltou a trabalhar comigo.

O Reginaldo integrava uma equipe técnica que contava com cerca de trinta pessoas. Nós chamamos o Cláudio Torres, sócio fundador da Conspiração Filmes, e o Gualter Pupo, hoje diretor de cinema, para montar o cenário. O Maneco Quinderé, novamente, faria a luz. Para combinar com o tom épico do disco, a iluminação seria baseada em óperas de Wagner indicadas pelo Renato. Dessa vez, a Fernanda me acompanhou, e o Bonfá levou a sua mulher, Simone. Os ensaios já tinham sido quentes, com direito àquele embate físico dentro do estúdio. Para piorar, a excursão do *V*, iniciada em julho, se daria em meio à recaída do Renato com o álcool. Nas palavras de Dapieve, que também aborda o assunto em seu livro: "Renato novamente enveredara por uma fase perigosa."

No fim de agosto de 1992, estávamos prontos para cumprir a etapa nordestina da turnê – que incluía Salvador (BA), Recife (PE), João Pessoa (PB) e Natal (RN). Estávamos no saguão do Galeão, no Rio, esperando o Renato, que apareceu bêbado. Logo depois chegou o Edgard Salles (primo de João Barone), que era o nosso contador. Ele usava uns óculos com armação vermelha, parecida com aquela que o Herbert usava no início da carreira. O lance é que o Renato acabou se atracando com alguém no banheiro do Galeão, e perdeu os seus óculos. Já na fila do embarque, ao cruzar com o Edgard, o Renato não teve dúvidas: arrancou-lhe os óculos e seguiu em frente. Enquanto isso, o nosso contador, que era completamente míope, ficou sem enxergar nada, mas embarcou assim mesmo (o coitado foi recuperar seus óculos horas mais tarde). Dessa vez foi até um episódio engraçado, mas na sequência as coisas piorariam.

Salvador (BA) foi um caos. Depois houve Recife (PE), onde também fizemos um show horroroso. O Renato tinha voltado a ser aquele cara insuportável, egoísta, manipulador e sistematicamente alcoolizado. Não havia nenhuma sintonia entre nós naquele período, pois ele havia entrado em uma onda etílica como eu nunca tinha visto, a ponto de ficar horas e horas com um copo grande (daqueles nos quais se bebe suco de laranja) de Cointreau na mão. E por que essa bebida, especificamente? Porque é álcool, mas, ao mesmo tempo, glicose – o que era fundamental, porque o Renato praticamente não comia. No dia seguinte aos shows, era pavoroso e preocupante. Eu e o Bonfá, com as nossas mulheres, tomando café da manhã, e ele lá, na piscina, virado e ainda com o copão de Cointreau. Além dessa bebida, o Renato ingeria muito Lexotan, conforme contou à revista *Marie Claire* (e todos nós sabíamos).

O nosso vocalista já não estava mais sendo coerente com o compromisso que havia entre nós da banda e as pessoas que pagavam o ingresso para nos ver tocar. A galera que comparecia às nossas apresentações estava sempre esperando o nosso melhor. "Eu quero ver a Legião, porque esses caras mudaram a minha vida" – era esse o espírito. Não era essa coisa de hoje em dia, em que se vai a um megaevento – no qual vai estar uma megaestrela do pop, um DJ qualquer e uma série de outras atrações –, onde, na verdade, as pessoas estão porque é "a boa da noite", porque é o que tem para se fazer naquele dia. O público da Legião não era assim. Definitivamente. "A Legião está na nossa cidade!" – era isso o que ele pensava. No entanto, o Renato estava quebrando essa relação especial com o público. Desde a partida do avião, ele vinha sendo desagradável e dizia frases como: "Este avião bem que podia cair." Esse tipo de provocação foi se repetindo no Nordeste. Foram shows patéticos, porque o Renato, depois de se estragar, não tinha voz e muito menos força e vontade para cantar. E ainda por cima tripudiava sobre o público, que se enraivecia e revidava.

Eu tinha o meu segurança particular, assim como o Renato e o Bonfá. Desde o *As quatro estações*, eram os mesmos caras. Eram todos da polícia (estilo bigodão, barriga volumosa, pulseiras, etc.), e estavam ali cuidando da nossa segurança. Naturalmente, acabávamos ficando próximos dos caras, e trocávamos ideias. O meu era o Celsão, o do Renato era o Carlão e o do Bonfá, Tonhão. Naquele clima de piscina e passeios, o Celsão estava todo bronzeado. O Carlão, por sua vez, estava verde, cheio de olheiras, porque tinha que passar a noite acordado resolvendo os problemas do Renato. Tinha que buscar um Cointreau ali, um rapaz acolá; precisava aguentar o pique, porque o Renato não desligava nunca; era alcóolico compulsivo e dependente químico. Enquanto tivesse pó ou álcool, ele não parava. Naquele momento, parecia que o verdadeiro show dele não era no palco, mas no quarto do hotel.

Eu não estava nessa onda. Acho que eu nunca tinha estado, a não ser talvez na adolescência em Brasília, quando o próprio Renato me apelidou de "O presidente do clube da criança *junkie*" – e mesmo assim sempre prezei meu equilíbrio físico e emocional. Não sou exatamente um notívago, adoro a luz do dia. Trabalho à noite quando necessário. Se eu estiver animado, feliz, posso varar a madrugada. Mas não o faço em clima depressivo, baixo-astral, quando as drogas aparecem com companhias que também não têm hora para dormir. A minha vida é bem mais simples do que aquela que o Renato escolhera para si. Eu tentava sempre relevar tudo em função da sua doença, mas aquilo era entristecedor para todo mundo e, claro, muito mais para ele próprio. Mas acontece que, naquele momento, o Renato mesmo decidiu se isolar de todo mundo, e virou um cara de pouco acesso, recluso no seu submundo, por muitas vezes rude e agressivo. Era quase impossível se relacionar com ele daquele jeito. Eu, no entanto, me esforçava, porque, no fundo, sempre gostei muito do Renato e o prezava como amigo e artista que era.

Na verdade, ele não chegava a subir no palco bêbado. Porém, como ficava bebendo desde madrugada até de manhã, chegada a hora da apresentação, o nosso vocalista estava de ressaca, de mau-humor, com aquele rancor que lhe era característico. A onda do Renato era muito ruim. O resultado é que ele, sem o menor saco de fazer o show, acabava tratando mal aquelas 20, 30 mil pessoas que tinham pago ingresso para assistir à Legião. "O que eu estou fazendo aqui, cantando para esse rebanho?", o Renato indagava, às vezes. Quando terminava o show, ele recomeçava a sua performance etílica: pegava também aqueles copos de plástico, de refresco de padaria, e os enchia de Cointreau. Entornava uma garrafa e enlouquecia. Às 7h ele ainda estava de pé, até que, às 9h, caía apagado. Só acordava lá para as 16h, 17h, a contragosto, naquela ressaca monstruosa, tendo que subir no palco quatro horas depois.

Para piorar a situação, o Serginho, grande guitarrista, tinha os seus problemas com bebida e estava dando um trabalho danado. O Dapieve conta em seu livro que, certa vez, ele acertou uma cusparada em um roadie, o Bruno Maciel, que não pensou duas vezes: pegou o primeiro violão que viu por perto e bateu com força contra o guitarrista. O instrumento em questão era "o" violão do Renato, um Morris, que ficou todo quebrado. Esse episódio foi abafado, e o nosso vocalista não ficou sabendo – ou, então, teríamos mais duas demissões sumárias. Ou seja, também tínhamos que administrar esse tipo de situação dentro da nossa equipe.

Depois de nos termos apresentado em João Pessoa – onde eu e o Bonfá passamos o dia inteiro no mar –, partimos para a capital do Rio Grande do Norte, onde tocaríamos no feriado de 7 de setembro, no Espaço de Natal (mais conhecido como Papódromo, pois o Papa João Paulo II havia passado por lá). "É nisso aí que nós vamos tocar?", perguntamo-nos com espanto. E o Renato pelo avesso, porque tinha dado o *pocket show* dele no quarto do hotel. O Papódromo era uma armação bem esquisita, um palco muito alto, que criava uma grande distância em relação ao público lá embaixo. Nós tínhamos que subir uns 7m de escada. No primeiro acorde do concerto, a eletricidade falhou e a apresentação rolou com a luz de serviço. Ou seja, o trabalho de iluminação do Quinderé, cheio de sutilezas, não aconteceu. Em certa parte do espetáculo, o Renato, com a voz arrastada, entoou: "Sou meu próprio líder, ando em círculos..." E começou a rodopiar. Não satisfeito, começou a se arrastar pelo palco, para depois descer a tal escada – enquanto o microfone ia ecoando as batidas. Em certo momento, ele sumiu da nossa visão, e eu fiquei pensando, enquanto tocava: "Isso é tão cansativo..." Eu continuei olhando lá para baixo, até me certificar de que o Renato estava bem, de pé, seguindo em frente, e não parei de pensar que estava exausto daquilo tudo ali – e que era hora de mudar de vida.

Eu imagino que, no Nordeste, o Renato estivesse seguindo um roteiro da cabeça dele, de líder de banda de rock, romântico, depressivo, que aprontava, quebrava hotel, e passava dos limites. Já ouvi jornalistas dizerem que o Renato se superou naquela apresentação de Natal, tendo vencido as adversidades, que eram significativas: um palco inadequado, sem a menor estrutura, distante do público, e ainda por cima

1994 visitando a casa onde nasci em Bruxelas, Bélgica

precariamente iluminado. Além disso, havia a sua própria questão emocional. Sei também que esse show foi inesquecível para muitos que estiveram ali, como é possível ler na internet. Ver a Legião ao vivo era uma ocasião especial, porque nos apresentávamos pouco em público, e os ingressos geralmente esgotavam com rapidez. Entendo o carinho que os potiguares têm em relação à nossa passagem pela terra deles. Mas, para mim, que estava no palco, a tensão era quase insuportável – e então eu não consigo ter uma ótima lembrança.

De qualquer maneira, o pior aconteceria na manhã seguinte. Por volta das 9h, 10h, contratamos o serviço de bugres para visitar as dunas de Genipabu. Nessa estavam o Tavinho, o Cláudio, o Gualter, o Maneco, a Fernanda... quem estivesse livre. E passamos um dia incrível naquele lugar lindo, conhecendo finalmente as belezas do Nordeste brasileiro. Fizemos até um voo de ultraleve na praia, no qual o piloto perguntava: "Com emoção ou sem emoção?" A coisa desandou mesmo quando o Renato chegou ao bar do hotel, à beira da piscina, e percebeu que estava sozinho. Ele se sentiu traído ou abandonado e, assim, aprontou uma grande cena testemunhada pelo Rafael. De forma dramática, o Renato simulou estar passando mal e chegou a verter sangue pela boca – as suas gengivas às vezes sangravam por causa do abuso do álcool, mas isso podia ser confundido com uma hemorragia. O nosso empresário ficou tão desesperado com aquilo que começou a acionar os seguranças, médicos e o pronto-socorro – mas o Renato pediu que ele se acalmasse, pois simplesmente havia simulado seu mal-estar (estava mesmo era em uma tremenda ressaca). Manaus e Belo Horizonte já estavam com datas acertadas, mas ficou claro para todos que não havia mais como continuar a turnê. De uma hora para outra, desmontamos toda uma gigantesca estrutura e deixamos um monte de gente sem trabalho (escolha mais que acertada, pois eu não aguentava mais).

Embora o Renato possa até ter deixado uma boa impressão para o público de Natal, o saldo da turnê do *V* foi bastante negativo. Fisicamente, o nosso vocalista estava totalmente destruído. E o que a plateia espera do seu ídolo? Espera um choque, uma aparição com força e vitalidade. No entanto, o Renato não tinha mais vigor nenhum e muitas vezes frustrava a expectativa de milhares de pessoas. Isso, quase invariavelmente, retornava para nós como uma energia muito ruim. O fantasma do Estádio Mané Garrincha ainda rondava e eu me sentia fragilizado, angustiado no palco. Diferentemente, o Bonfá achou a excursão divertida, especialmente porque ele fazia um show no Nordeste e esticava uma semana por lá.

Lembro que, voltando ao Rio, no Galeão, eu estava esperando a mala, quando o Renato chegou. Eu imediatamente lhe falei: "Pra mim chega! Perdeu a graça e a razão de ser, isso aqui está uma merda, e você se perdeu, vamos encerrar o circo, não subo mais num palco nessas condições, se liga e vá se cuidar." Simplesmente, nem chegamos a nos apresentar no Rio, que era o nosso grande palco. No fim de 1992, lançaríamos um álbum duplo ao vivo e, de certa forma, quem não conseguiu ver a turnê pôde ouvir trechos de shows de diferentes épocas da Legião. Fui para casa e pensei: "Vou cuidar da minha vida, tocar a minha gravadora e me juntar ao Fausto e ao Laufer", que começavam um novo projeto: *Básico Instinto*.

1998 *réveillon* em Mangaratiba, RJ

IX
QUANDO A ESPERANÇA ESTÁ DISPERSA

Em setembro de 1992, encerramos a turnê e, logo em seguida, o Renato se internou na clínica Vila Serena, no Rio. Ainda naquele ano, reapareceu sóbrio, focado e decidido: "Sou alcoólatra, HIV positivo, e a vida é o que eu tenho pela frente. Preciso trabalhar!" Ele levou a sério o tratamento com AZT e antivirais (para adiar o aparecimento dos sintomas da aids) e sofreu bastante com os seus efeitos colaterais. Além disso, passou a frequentar as reuniões dos Alcoólicos Anônimos. Começamos, então, a produzir as demos para o novo disco que se chamaria *O Descobrimento do Brasil*. Esse álbum aparecia, para o Renato, como mais uma tentativa de ser minimamente feliz neste planeta, de conviver com as pessoas e de mergulhar no trabalho.

Internamente, tínhamos certo receio de não conseguir compor as músicas em tempo hábil, e isso poderia retardar demais o lançamento do disco. Ao mesmo tempo, precisávamos recuperar o alto investimento feito para a excursão do *V*, interrompida abruptamente. Foi quando o Renato veio com a seguinte ideia: aproveitar os nossos diversos registros ao vivo e lançar um álbum antes de completarmos o processo de composição das canções novas. Essa foi a gênese do *Música p/ acampamentos*, que não estava previsto em contrato e, por isso, foi um adendo a ele. Ou seja, a gravadora nos fez assinar outro acordo comercial, específico para aquele trabalho. Nós realmente demos mole nessa negociação, porque, embora a EMI tenha ganho muito dinheiro com esse projeto, ele não entrou na contagem dos discos necessários para o cumprimento do nosso contrato com a empresa.

O nosso primeiro passo em relação ao *Música p/ acampamentos* foi pesquisar o material que existia. Havíamos gravado muita coisa ao vivo: não apenas shows, mas também programas de rádio e de TV, dos quais poderíamos aproveitar o áudio. Depois fizemos a seleção. Do concerto realizado no Parque Antártica, em agosto de 1990, pegamos "Fábrica", "Daniel na cova dos leões", "Maurício", "Há tempos", "Faroeste caboclo", "Soldados" e "Pais e filhos". A penúltima música cita "Blues da piedade" (Frejat/Cazuza), "Faz parte do meu show" (Renato Ladeira/Cazuza) e "Nascente 9" (Flávio Venturini/Murilo Antunes), enquanto a última menciona "Stand by me" (King/Leiber/Stoller). Já da apresentação no Morro da Urca, feita em agosto de 1986, aproveitamos "Ainda é cedo", acrescida de "Gimme shelter" (Jagger/Richards). Assim, canções famosas do nosso repertório ganharam versões estendidas por meio da inclusão de músicas incidentais. Nesses momentos, o lado *crooner* do Renato ficava ainda mais evidenciado.

No que diz respeito à televisão, optamos pelo *Acústico MTV*. Selecionamos "Teatro dos vampiros", "Eu sei", "Índios", "Mais do mesmo" e "On the way home" – cuja interpretação forte do Renato me agrada mais do que aquela fanha e desanimada do Neil Young, com o Buffalo Springfield, no disco *Last time around* (1968). Em termos de rádio, privilegiamos as emissoras cariocas. No programa *Chá das Cinco*, da Transamérica, em dezembro de 1987, tocamos "Baader-Meinhof blues", com uma introdução inusitada: nela, o Renato interpreta uma dura da polícia em cima de uns jovens (o que chegou a acontecer conosco lá nos tempos de Brasília). Especialmente para aquela emissora, gravamos, em julho de 1992, duas músicas ao vivo nos estúdios da EMI: "A dança", totalmente rearranjada, e "A montanha mágica", com enxertos de "You've lost that loving feeling" (Barry Mann/Cynthia Weil-Phill Spector), "Jealous guy" (John Lennon) e "Ticket to ride" (Lennon/McCartney). Na Rádio Cidade, em agosto de 1992, fizemos uma versão eletrificada do blues "Música urbana 2", com bateria, baixo, guitarras e teclado. As gravações daquele ano mostram que a banda da turnê interrompida do *V* – com Tavinho Fialho no baixo, Sérgio Serra na guitarra e Carlos Trilha no teclado – estava afiada e com ideias novas.

No tocante às faixas raras do repertório da Legião Urbana, o disco tem "A canção do senhor da guerra". Como eu antecipei no capítulo 5, trata-se de uma demo que o Renato tinha feito sozinho na EMI, entre 1984 e 1985 (antes de pensarmos em gravá-la para o especial A *Era dos Halley*, nos estúdios da Som Livre). Para encerrar o álbum, colocamos um trecho de "Rhapsody in blue", do George Gershwin, executada pela Orquestra Filarmônica de Monte Carlo – essa era a vinheta de encerramento dos nossos shows na turnê do *As quatro estações*.

Boa parte dos arquivos que utilizamos estava em dois canais e, portanto, não havia muita mixagem a ser feita. Era mais uma questão de acertar os volumes e a compressão, uma vez que não dava para mexer muito. Gostamos de tanta coisa que acabamos montando um álbum duplo – assim, realizamos, finalmente, o grande sonho do Renato. Essa atitude foi um tanto arriscada para a época, por causa da crise gerada pelo governo Fernando Collor, mas nós bancamos a ideia e ela deu certo. *Música p/ acampamentos* ganhou disco de platina duplo, tendo alcançado, portanto, a marca de 500 mil cópias vendidas. A Fernanda fez a produção gráfica, e na capa há um desenho supersimples de um tambor no meio de dois violões, de autoria do Bonfá. O texto do encarte e todas as informações do disco foram escritos à mão, em nanquim, pelo Gualter Pupo, um trabalho que levou dias e dias na sala lá de casa. Como não existiam os recursos digitais de hoje, foi preciso que ele escrevesse tudo de próprio punho para, na sequência, fotografar os textos e depois fazer um fotolito com a nossa montagem.

Produzido por nós e o Rafael, o disco foi lançado em dezembro de 1992. O seu nome, *Música p/ acampamentos*, tem a ver com o fato de a Legião ser muito presente nas rodinhas de violão pelo Brasil afora. Além disso, nós viemos de um lugar onde se acampava muito. Queríamos sugerir esse clima de acampamento, das pessoas em volta de uma fogueira, conversando, tocando e cantando. Apesar de não termos contribuído para a divulgação do álbum – nem sequer demos entrevistas sobre ele –, algumas faixas chegaram a tocar nas rádios (especialmente, a gravação ao vivo e estendida de "Pais e filhos"). O curioso é que, pressionado pelos seus leitores, o *Jornal do Brasil* chegou a fazer uma campanha para conseguir entrevistar o Renato, que vivia um período de exílio verbal.

Em dezembro de 1992, aquele mesmo jornal escolheu dois jornalistas para resenhar o disco. Referindo-se ao cancelamento da nossa turnê naquele ano, Jamari França considerou o álbum "um prêmio de consolação que vale a pena: ao vivo a Legião sempre serve versões diferentes das músicas gravadas". Já o Pedro Só afirmou que a obra valia somente para os fãs mais "condescendentes", pois ela mostrava o "esmorecimento musical do grupo". Apesar de tudo, classificou como "excelentes" as faixas "A canção do senhor da guerra", "Eu sei", "Índios" e "Fábrica". Praticamente, o Jamari fez o papel do policial bom; e o Pedro, o do mau, com a ressalva de que o primeiro já nos elogiava desde o primeiro disco (e nos tratava com imenso respeito). Aliás, o Tom Leão agia de forma semelhante, na *Bizz* e n'*O Globo*. Pela *Folha de S.Paulo*, o Alex Antunes considerou *Música p/ acampamentos* um trabalho desigual. Não gostou do clima de rock de arena dos registros feitos no Parque Antártica, embora tenha se entusiasmado com "Ainda é cedo", gravada no lançamento do *Dois*, no Rio, com "a banda em seu ápice, num de seus shows memoráveis".

Por essa época, "Sete cidades", do *As quatro estações*, estava entre as mais tocadas da Rádio Cidade, o que era extraordinário. O interessante é que o Renato declarou para o Alex, em outubro de 1991 (numa já citada entrevista que foi publicada pela *Bizz*, em janeiro de 1992), que tal música estava rolando nas rádios naquele momento. É claro que "Sete cidades" não se manteve nas paradas durante mais de um ano. A Rádio Cidade oferecia aos seus ouvintes uma versão acústica e exclusiva daquela canção, e isso explica o seu retorno ao *Top 10* da emissora. Além dela, "Sereníssima", do *V*, andou frequentando as paradas até mais ou menos outubro de 1992 e, assim, esse álbum foi além dos seus *singles* previstos – para lembrar, "Teatro dos vampiros", "Vento no litoral" e "O mundo anda tão complicado". Outra curiosidade é que a Daniela Mercury, no auge do sucesso, na segunda metade de 1992, cantava "Há tempos" em seus shows, mas não em ritmo de axé. Ela fazia uma interpretação dramática, amparada por uma cama de teclados (não havia bateria na maior parte do arranjo). Essa versão entrou no seu especial de fim de ano, na Rede Globo. A galera que encheu a Praça da Apoteose para ver a artista baiana cantou em peso a nossa composição.

Também em dezembro de 1992, garantimos na Justiça o direito de usar o nosso próprio nome. Estávamos sendo processados havia cinco anos por um sujeito, que registrara a marca "Legião Urbana" quando já estávamos famosos em todo o País. Ele era músico, e o interessante é que nem o nome da banda dele estava registrado. O seu pedido de indenização foi negado pelo desembargador José Rodrigues Lema, segundo o qual "a atividade comercial não pode ser marcada pelo oportunismo". O magistrado também levou em consideração a proteção da propriedade intelectual na sua decisão. Como ganhamos na primeira instância, e a decisão foi unânime, o tal sujeito não poderia mais recorrer. A Cristina Garcez, que nos representava legalmente, aproveitou o embalo e entrou com uma ação para cancelar a marca adquirida por aquele cara.

Em março de 1993, a MTV exibiu uma entrevista que o Renato concedeu ao Zeca Camargo. O *Jornal do Brasil*, que estava devendo aos leitores uma matéria com o nosso vocalista, publicou os melhores trechos sob o título "O Axl Rose tupiniquim" – em referência ao depoimento do próprio Renato, que se considerava tão "psicótico" quanto o líder dos Guns'N'Roses. Sobre o disco de estúdio que a Legião estava preparando, o Renato adiantou que o "tédio" do *V* daria lugar a temas mais divertidos: "Quero falar da lagartixa psicodélica que fuma haxixe no jardim." Ou, ainda, "a gente quer fazer coisas que as crianças entendam e gostem". Nessa matéria, assinada por Apoenan Rodrigues, há um boxe intitulado "Bebedeiras e trocadinhos", sobre o vexame que o Renato protagonizara havia duas semanas na casa noturna Mistura Fina, no Rio. Durante o show da Rio Sound Machine, banda da qual o Bruno Araújo (que tocara conosco) participava, o Renato subiu para dar uma canja, depois do Leo Jaime. No entanto, o nosso vocalista estava bêbado e iniciou um discurso desarticulado. Em seguida, emendou uma ária, com a sua voz de barítono. A banda então parou de tocar e saiu de cena, para a irritação da plateia, que o vaiou. O Renato, que costumava atacar o público quando era provocado por ele, disse que queria dinheiro e que ganhava muito bem, em dólar – momentos antes a Rio Sound tinha tocado "Não quero dinheiro (só quero amar)", do Tim Maia. Diante desse comentário, algumas pessoas jogaram moedas e notas amassadas no palco. Em seguida, os seguranças da casa o retiraram dali, de forma truculenta.

1999 no estúdio da Rua Jequitibá, Gávea, Rio de Janeiro

O Rafael afirmou ao *JB* que o Renato estava em uma fase "bastante fértil", compondo bastante, e que os trabalhos para o novo disco seguiam em "ritmo normal" – o que era verdade. Mas o jornal relativizou esse depoimento com a informação supostamente oriunda de "amigos e pessoas ligadas a Renato", de que ele está "passando por uma fase difícil: bebe além do que seu fraco fígado permite e se transforma (...)".

Durante esse tempo de produção d'O *Descobrimento do Brasil*, ao qual o Rafael se referiu, eu seguia tocando com o Fausto Fawcett. Nessa época, o espetáculo que ele comandava era o *Básico Instinto*, no qual a Regininha Poltergeist recebeu a companhia de outras louraças Belzebus (a Marinara Costa, a Kátia Bronstein, a Gisele Rosa e a Luzia Mayer). Os primeiros ensaios aconteceram na casa do Laufer – na Rua Álvaro Chaves, em frente à sede do Fluminense, nas Laranjeiras –, onde fomos arranjando as músicas compostas para cada menina, nós três (eu, o Fausto e o Laufer) e o Dé Palmeira (ex-Barão Vermelho) no baixo. Os refrãos ficaram famosos na época ("Amém, Regininha, amém", "Marinara, explode coração", "Joia loura, Kátia Talismã", "Gisele é medalha de ouro"...). Elas apareciam de vez em quando pra dar um alô e inspirar o Fausto nos seus textos. As composições partiam sempre daquelas levadas estilo Jorge Ben, e a maioria delas assinada pelo Fausto e o Laufer – no disco *Básico instinto* (1993), eu tenho a coautoria de "Groove".

Depois que os arranjos foram mais ou menos fechados, passamos a ensaiar no estúdio, com as louras dançando, coreografadas pela Déborah Colker. Denominada Falange Moulin Rouge, a banda, além de mim e do Laufer nas guitarras, contava com, claro, o Dé no baixo, o João Barone na bateria – mais tarde substituído pelo Charles Gavin (Titãs) –, o Eduardo Lyra (que acompanhava Os Paralamas) na percussão – que depois daria lugar ao Ari Dias (ex-A Cor do Som) – e o DJ Paulo Futura. Entre 1992 e 1993, nós excursionamos e tocamos em uma penca de lugares. Houve temporadas no Mistura Fina (na Lagoa) e no Jazzmania (no Arpoador). Depois o negócio se expandiu. Fomos para o Bar Opinião, em Porto Alegre, e para Curitiba. Em São Paulo, tocamos no Aeroanta. Gravamos o disco, e o projeto acabou na TV Bandeirantes com o Fausto e a Falange Moulin Rouge recebendo convidados, novos artistas. Na verdade me sentia um pouco dividido, porque estava superanimado para gravar o álbum novo da Legião, já que o Renato parecia recuperado, e o horizonte era, até certo ponto, promissor. Ao mesmo tempo, eu também adorava tocar com o Fausto: o ambiente era muito divertido e, como disse no capítulo anterior, isso me colocava em um cenário musical bem distinto daquele que a Legião frequentava. Em meados de 1993, conciliar esses dois projetos musicais ficou impossível, pois tive que me dedicar intensamente ao disco *O Descobrimento do Brasil*; assim, cancelei minha participação no programa de TV e nos shows que se seguiram ao longo de 1994.

A essa altura, o João Augusto – atualmente presidente e proprietário da gravadora Deckdisc – tinha assumido o posto de diretor artístico da EMI, porque o Jorge Davidson tinha ido trabalhar na Sony. Quanto àquele álbum, começamos desenvolvendo os temas instrumentais a partir dos quais o Renato faria as letras (como sempre). A música "Os anjos" é baseada em uma melodia que eu havia feito no meu gravador de quatro canais. Para o Renato, ela tem inspiração Beatle, tipo "Misery". "Giz" tem origem em uma antiga música nossa, à qual acrescentamos outras duas partes que eu havia criado. A letra é inspirada na infância do Renato, na Ilha do Governador. Ele chegou a dizer, em entrevistas, que essa é a canção mais bonita de sua autoria. Nós a chamávamos de "música da garrafinha", pois o *preset* do teclado (um M1, da Korg) que usávamos no seu arranjo, fazendo o tema do verso, era denominado *Bottle Flute*. A super-romântica "Os barcos" se relaciona com um capricho do Renato: ele sempre quis fazer uma canção que falasse em "um outro alguém", como "Someone else", do Jimmy Webb, cantada pelo Art Garfunkel no LP *Watermark* (1977). "Love in the afternoon" é uma homenagem ao baixista Tavinho Fialho (que participou da turnê do *V*), tragicamente morto em um acidente de carro, em agosto de 1993. Para o Renato, ele lembrava o Kenny Passarelli, que tocava baixo com o Elton John. Uma atrás da outra, as músicas foram aparecendo, e o Renato não teve dificuldade para escrever as letras.

A pré-produção foi realizada no estúdio caseiro do Mú Carvalho na Barra da Tijuca. Em agosto de 1993, entramos com o Mayrton no estúdio Discover, na Rua Maria Angélica (no Jardim Botânico). Dois meses depois, *O Descobrimento do Brasil* já estava pronto, e a sua produção foi assinada pelo Mayrton e também por nós, como havíamos feito no *V*. O interessante foi que, dessa vez, gravamos no primeiro estúdio brasileiro a trabalhar com a plataforma digital *Pro Tools*, algo revolucionário na época. Assim, o nosso disco acabou inaugurando essa tecnologia no País. Havia uma polêmica em torno da qualidade da gravação propiciada por aquela plataforma, que hoje é padrão de mercado, mas não estávamos nem aí; o Renato, por exemplo, adorou a possibilidade de corrigirmos nossos erros, um por um. O Mayrton foi o paladino entusiasta desse modelo de gravação que acabou enterrando a fita magnética; ele sempre esteve ligado no que acontecia nos estúdios mais modernos do mundo.

Enquanto o álbum era mixado pelo Marcelo de Sabóia (que trabalhou na maioria das faixas) e o Guilherme Reis, nós nos ocupávamos com *games* de computador. Eu jogava *O príncipe da Pérsia*; e o Renato, uma versão digital do *Mahjong*, um jogo milenar chinês que ele adorava. Aliás, aquele Renato da excursão ao Nordeste no ano anterior estava longe, em outro canto, não mais ali. Entre outros motivos, talvez o nosso vocalista estivesse ciente – como eu estava – de que a Legião tinha se convertido em um patrimônio do público, que sobreviveria para sempre, independentemente de nós.

Um lance bacana desse disco é a sua sonoridade variada. Conforme a Christina Fuscaldo escreveu no encarte da edição especial de 2010 d'*O Descobrimento do Brasil*, isso aconteceu, em parte, porque percebemos que podíamos experimentar novos instrumentos, ou mesmo os dos outros: "Bonfá fez teclados para 'Perfeição', 'A Fonte', '*O Descobrimento do Brasil*', 'Vamos Fazer um Filme', 'Um Dia Perfeito' (...). Dado usou o 'dobro' do Leo Jaime em 'Só por Hoje' e brincou com o bandolim em 'Vinte e Nove', na faixa-título, em 'Vamos Fazer um Filme', 'Giz' e 'Só por Hoje'. Além de baixo, teclado e violão, Renato arriscou tocar cítara em 'Love in the Afternoon' e 'Só por Hoje'." Ele pegou a cítara, começou a arranhar as suas cordas, tirou um som aqui, outro ali, e afirmou, convicto: "Se o Brian Jones conseguiu, eu consigo." E o resultado ficou ótimo.

A variedade musical d'*O Descobrimento do Brasil* se relaciona também com o fato de que estávamos antenados com o que rolava na época. Lembro que tinha o acid rock, e nós ouvíamos muito o Stone Roses, e o Radiohead acabava de lançar seu primeiro disco, *Pablo honey*. O grunge estava bombando, e o Nirvana era o seu maior representante, enquanto o rap metal fazia bastante sucesso com o grupo Rage Against the Machine. Essa influência do rock inglês e americano dos anos 1990 aparece mais fortemente em músicas como "A fonte", "La nuova gioventú", "Do espírito" e "Perfeição". Os timbres de guitarra e as levadas de bateria confirmam tais referências. Devido principalmente a elas, não sei se conseguimos cumprir o planejamento do Renato de fazer um disco composto por *pop songs*; ou seja, sucessos populares, de três minutos em média, de rápida assimilação, com o refrão chegando no primeiro minuto. De fato, a maioria das faixas está mais ou menos dentro dessa concepção: "Os anjos", "Giz", "Vinte e nove", "O Descobrimento do Brasil", "Os barcos", "Vamos fazer um filme", "Um dia perfeito", "Love in the afternoon" e "Só por hoje".

"O passeio da Boa Vista" é um caso particular. Trata-se de uma gravação instrumental delicada e singela, quase uma vinheta, que não tem sequer percussão. Eu toquei as guitarras; e o Renato, o violão e os teclados. Não era destinada às rádios, embora seja leve e não destoe do clima geral do álbum. A inspiração do Renato para compor essa música, da qual também sou autor, ocorreu após ele ter visto uma apresentação do bailarino David Parsons, no Teatro Municipal do Rio. Ele a escreveu originalmente para o grupo EnDança, de Brasília. O Renato imaginou o Rio antigo, Botafogo, século XIX, com o pessoal passeando à beira-mar.

Não deixa de ser curioso que "Perfeição" tenha sido a nossa música de trabalho, porque ela foge àquela proposta majoritária, dos sucessos populares. Ela tem uma letra quilométrica e não apresenta uma forma convencional, com parte A, parte B e refrão... Nesse sentido, ela guarda um paralelo com "Há tempos", que foi escolhida para puxar as vendas do *As quatro estações*, mesmo ignorando o formato consagrado da canção radiofônica – por essa razão, no seu livro *Letra, música e outras conversas*, o Leoni considerou que a Legião é um caso único no rock brasileiro. Em "Perfeição", o Renato vai recitando os seus versos, que são uma espécie de manifesto político sobre o Brasil dos anos 1990, válido até hoje, penso eu. A ideia era que o arranjo ficasse entre o rock e o rap, e que o Renato mais declamasse os versos do que propriamente os cantasse. Isso era diferente do que costumávamos fazer. A letra de "Perfeição" é dividida em cinco grandes partes, e a última delas era chamada pelo Renato de "refrão", embora não houvesse repetição ("Venha, meu coração está com pressa..."). Ainda no estúdio, quando o pessoal da equipe técnica ouviu o trecho final, disse imediatamente: "Cara, isso parece 'O bêbado e o equilibrista'," um clássico da MPB, de autoria do Aldir Blanc e João Bosco (e que ficou famoso na voz da Elis Regina). Eu acho que é necessário forçar um pouco a barra para identificar as duas melodias (embora haja semelhanças). No entanto, nós já tínhamos sofrido processos de plágio por "Será" e "Pais e filhos", e havia uns caras que nos colocavam na Justiça invocando argumentos como: "Ah, essa música da Legião tem uma parte semelhante a uma passagem da canção que eu registrei lá na Escola Nacional de Música..." E aí nós éramos obrigados a acionar advogados e ir a juízo. Gastávamos energia e dinheiro só para provar que as nossas composições eram, de fato, nossas. Isso nos dava uma enorme dor de cabeça. Por precaução, nos créditos do disco, incluímos o Aldir Blanc e o João Bosco como autores da música ao lado do Renato, do Bonfá e de mim.

As quatro primeiras partes da letra de "Perfeição" são um retrato do cenário do País naqueles primeiros anos da década de 1990. O governo Collor foi uma catástrofe em todos os sentidos, e as mazelas sociais pareciam longe de qualquer solução. Apesar de garantidos por lei, na Constituição "cidadã" de 1988, os direitos sociais básicos, como Saúde, Educação e Trabalho eram e continuam abertamente desrespeitados no Brasil. O descaso com os serviços públicos saltava (salta) aos olhos, e os escândalos de corrupção eram (são) noticiados cotidianamente. Com poucos anos de existência, a Nova República, que nascera repleta de expectativas positivas, já se mostrava fracassada. A população que fora às ruas exigir o fim da ditadura militar, em 1984, acabava de se decepcionar pela segunda vez na recém-conquistada democracia. Se José Sarney havia se despedido da Presidência sem um mínimo de governabilidade, Collor foi retirado do posto por meio de um processo de *impeachment*. Certos versos de "Perfeição" narram essa situação geral do País. Na parte I, há o seguinte pensamento: "Vamos celebrar a estupidez do povo/ Nossa polícia e televisão/ Vamos celebrar nosso governo/ E nosso Estado que não é nação/ Celebrar a juventude sem escola/ As crianças mortas/ Celebrar nossa desunião (...)." Na parte II, a indignação é a mesma: "Vamos comemorar como idiotas/ A cada fevereiro e feriado/ Todos os mortos nas estradas/ Os mortos por falta de hospitais/ Vamos celebrar nossa justiça/ A ganância e a difamação/ Vamos celebrar os preconceitos/ O voto dos analfabetos/ Comemorar a água podre/ E todos os impostos/ Queimadas, mentiras e sequestros (...)." Pulando para a parte IV, também não há mudança no tom crítico: "Vamos festejar a violência/ E esquecer a nossa gente/ Que trabalhou honestamente a vida inteira/ E agora não tem mais direito a nada/ Vamos celebrar a aberração/ De toda a nossa falta de bom-senso/ Nosso descaso por educação/ Vamos celebrar o horror/ De tudo isto – com festa, velório e caixão (...)."

Na parte V de "Perfeição", por sinal a última, a direção da letra muda e mostra a crença no futuro: "Venha, meu coração está com pressa/ Quando a esperança está dispersa/ Só a verdade me liberta/ Chega de maldade e ilusão/ Venha, o amor tem sempre a porta aberta/ E vem chegando a primavera/ Nosso futuro recomeça:/ Venha, que o que vem é perfeição." Isso porque há uma concepção n'*O Descobrimento do Brasil* que, de certa forma, está embutida no seu próprio nome. Para o grupo havia um sentido filosófico em tal disco. Nós queríamos apontar também para a possibilidade de ver o País de um outro jeito, por um outro ângulo. O Brasil não seria só um aglomerado de calamidades, e apresentar isso foi o nosso principal intuito no álbum. Pretendíamos descobrir e exibir para as pessoas um País diferente, que coexistia ao lado daquele comandado pelas elites corruptas. O nosso objetivo era mostrar que, longe dos noticiários, existia um Brasil genuíno, autêntico, composto de pessoas simples e honestas que tocavam a sua vida mesclando esforço, coragem e amor. Essa nossa perspectiva, um tanto romântica, buscou retratar um pouco o cotidiano desses brasileiros anônimos, tratados quase como os *bons selvagens* de Rousseau – de quem o Renato gostava a ponto de citá-lo, sonoramente, em seu nome artístico (Russo). Renato se referia, portanto, a uma parcela da população que ainda não teria sido contaminada pelos males da política brasileira.

O processo de *impeachment* do Collor também renovou os ânimos de muitos brasileiros insatisfeitos com toda aquela situação – aliás, em várias passeatas do movimento "Fora Collor", os estudantes cantaram "Tempo perdido". Na entrevista que demos ao *Jornal do Brasil*, em dezembro de 1993, o Renato disse: "A gente não é como esses caras [os políticos]. Eu sou brasileiro. Esses caras não são brasileiros. Polícia que mata criança, traficante, essas pessoas sim são animais. A gente acredita no Brasil. Existem muitas coisas legais." O trecho específico sobre os policiais (infanticidas) dizia respeito à Chacina da Candelária, em julho de 1993, que teve repercussão mundial. A questão da violência urbana aparece em "Os anjos", ainda que de forma escapista: "Gostaria de não saber desses crimes atrozes/ É todo dia agora e o que vamos fazer?/ Quero voar pra bem longe/ Mas não dá/ Não sei o que pensar e nem o que dizer/ Só nos sobrou do amor/ A falta que ficou."

Essa crença em um Brasil digno fica mais evidente na música que dá nome ao disco. Na letra de "O Descobrimento do Brasil", é como se o Renato quisesse descrever um país que pulsa e vive, cheio de gente que estuda e trabalha, que ganha mal, que se apaixona, que namora, que casa, enfim, que segue a sua vida comum e deseja ser minimamente feliz. Isso tudo a despeito do caos social e dos escândalos protagonizados pelas elites políticas: "Ela me disse que trabalha no correio/ E que namora um menino eletricista/ As famílias se conhecem bem/ E são amigas nesta vida./ – A gente quer um lugar pra gente/ A gente quer é de papel passado/ Com festa, bolo e brigadeiro/A gente quer um canto sossegado/ (...)/ – Estou pensando em casamento/ Ma 'inda não posso me casar/ Eu sou rapaz direito/ E fui escolhido pela menina mais bonita."

Há nessa canção (assim como em "Giz") certas lembranças de infância do Renato, daquele garoto de classe média da Ilha do Governador, cercado de pessoas simples e honestas, como a "professora Adélia/ A tia Edilamar/ E a tia Esperança". A segunda delas foi encontrada pelo jornal *O Globo*, por ocasião da morte do Renato, que havia sido seu aluno na segunda e terceira séries do primário do colégio Olavo Bilac. Ela contou que chegou a enviar uma carta para a gravadora assim que soube da música, mas não obteve resposta e acabou desistindo.

Dá para perceber que, em termos gerais, esse redescobrimento do Brasil proposto no disco tinha um caráter otimista. É possível encontrar ainda outras ideias e sentimentos. O Renato, mais uma vez, estava buscando paz e tranquilidade. Essa procura está presente em "Um dia perfeito", que se formou a partir de um tema que fiz em casa, na já citada Rua Timóteo da Costa. Nessa época, eu dei para o Renato o *Transformer*, do Lou Reed, aquele mesmo disco que um ex-namorado da minha irmã tinha deixado lá na nossa casa, havia quase vinte anos. Eu contei a história da importância e da força desse disco ao Renato que, dias depois, apareceu com a letra daquela música, claramente inspirada em "Perfect Day", uma das faixas do clássico de Lou Reed: "Quase morri/ Há menos de trinta e duas horas atrás/ (...) Um dia perfeito com as crianças." Sobrevivendo, sobrevivemos.

Como eu disse, ele tentava se recuperar das drogas e procurava o prazer em momentos simples da vida. "Um dia perfeito" tem versos como: "Não vou me deixar embrutecer/ Eu acredito nos meus ideais/ Podem até maltratar meu coração/ Que meu espírito/ Ninguém vai conseguir quebrar." Para mim, a música é marcada por aquela imagem da varanda, com as crianças correndo, e a chuva ameaçando cair: "Hoje a gente fica na varanda/ Um dia perfeito com as crianças/ São as pequenas coisas que valem mais/ É tão bom estarmos juntos/ É tão simples: dia perfeito/ Corre corre corre/ Que vai chover/ Olha a chuva!" Logo depois dessa palavra, surgem gritos de crianças, que foram citadas no encarte: Nico, Mimi, Gabri, Antonio, Rafa, Pedro, Juju. Os dois primeiros são os meus filhos, e os outros eram amigos deles lá do prédio onde morávamos. Levamos a criançada para o estúdio em um fim de semana e fizemos a gravação.

Como vimos, "Perfeição" foi a nossa música de trabalho, mas *O Descobrimento do Brasil* teve outros dois *singles* escolhidos por nós: "Vamos fazer um filme", cuja letra tem uma onda meio "Being boring", dos Pet Shop Boys, e "Vinte e nove". Essa última é uma canção curta, sem repetição, que eu adoro. Em 1994, quando ela começou a tocar nas rádios, eu completava justamente 29 anos de idade. Nela, o Renato fala sobre o seu problema com o álcool: "Me embriaguei morrendo vinte e nove vezes." Mas também aborda a astrologia, segundo a qual aquele era o momento do retorno de Saturno, quando tudo recomeça e se abre um novo ciclo ("E aos vinte e nove, com o retorno de Saturno/ Decidi começar a viver"). Eu gostei dessa mensagem e levei o lance a sério: "Que ótimo, vamos começar tudo de novo? Ok, vamos nessa!" De fato, com a recuperação do Renato e um novo disco depois daquele caos que foi a turnê do *V*, nós estávamos, mais uma vez, recomeçando, e bem.

Embora tenhamos selecionado aqueles três *singles*, apenas "Perfeição" ganhou um videoclipe, que foi dirigido pelo nosso amigo e fotógrafo Flávio Colker. Esse trabalho foi, aliás, a nossa primeira "superprodução" na área. Os nossos videoclipes anteriores são até legais, mas muito simples, porque nós nunca tivemos saco de nos dedicar à produção de vídeos – o *V*, por exemplo, não teve sequer um videoclipe. Mas, na época d'*O Descobrimento do Brasil*, a MTV já era forte no Brasil e convinha divulgar o disco por meio dela. No fim de outubro, fomos filmar em uma fazenda perto de Niterói, o que deu ao videoclipe um visual florestal, florido, bucólico. Era, na verdade, um haras incrível. No vídeo eu monto um cavalo, um enorme garanhão da raça brasileira Campolina, campeão reprodutor, de valor incalculável – e não houve briga com o animal dessa vez. Em um momento do vídeo, nós três ficamos ao redor de um jogo de tabuleiro. Isso, provavelmente, é uma referência ao *Mahjong*, que o Renato adorava. Aliás, ele também curtia

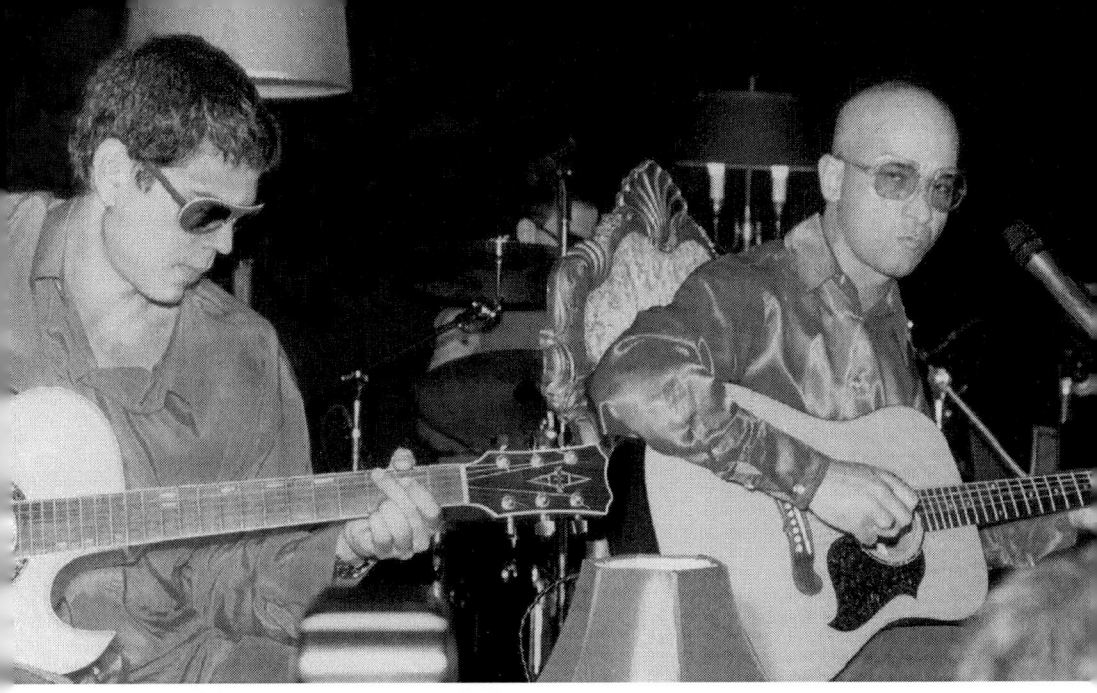

1999 show teste do Acústico MTV d'Os Paralamas no Hipódromo Up, Rio

tarô e taoismo; o seu lado místico era forte e, de vez em quando, ele se encontrava com seu guru que transmitia recado a todos. Por vezes, Renato invocava aquelas lendas sobre sobreviventes incas e túneis que ligariam São Tomé das Letras a Machu Picchu, e também esta cidade a Brasília. O curioso é que, na nossa juventude, isso fazia um sentido incrível, e ali voltava a me intrigar e a me lembrar Fassbinder e, principalmente, Herzog, com o seu filme *Aguirre, a cólera dos deuses*.

O disco saiu em dezembro de 1993. Assim como o videoclipe, a capa d'*O Descobrimento do Brasil* (também fotografada pelo Flávio) é colorida, com forte presença da natureza, e por isso a sua arte é diferente da dos discos anteriores. Nós três vestimos um figurino que, de certa maneira, remetia à época do Descobrimento propriamente dito – e nós aparecemos com roupas e acessórios produzidos pela nossa amiga Mari Stockler. O cenário foi montado pelo Luiz Zerbini e o Jorge Barrão, e a iluminação e o enquadramento da foto revelam alguma influência do casal gay francês Pierre et Gilles, cuja arte combina fotografia e pintura renascentista de uma maneira bem conceitual. A produção gráfica ficou a cargo da Fernanda, mais uma vez.

Nós ficamos muito satisfeitos com o resultado d'*O Descobrimento do Brasil*. O *Jornal do Brasil* publicou uma crítica do disco antes do seu lançamento, quando ele estava em fase de masterização, em Nova York (sob os cuidados do Mayrton). Em outubro de 1993, o Tárik de Souza (mais uma vez) escreveu que o CD combinava romantismo com toques sociais. De forma simpática, e se referindo implicitamente à variedade musical presente no disco, o jornalista afirmou que havia "muito por descobrir em *O Descobrimento do Brasil*". Em dezembro, novamente o Alex fez a crítica para a *Folha de S.Paulo*. As primeiras linhas possivelmente mostravam que a banda tinha ficado mítica àquela altura: "Se a Legião Urbana não existisse, Deus ia ter que inventar." Ele percebeu a influência do grunge nas guitarras do disco, o que Tárik também tinha apontado, aliás. Mas o Alex relacionou a presença do som de Seattle com o fato de eu estar frequentando naquela época "o lado perverso do rock – a Falange Moulin Rouge, de Fausto Fawcett, e o selo Rock It! (...)". Por fim, elogiou "o conjunto otimista e/ou estoico das letras", "a delicadeza dos arranjos" e "o belo projeto gráfico". Aqueles dois primeiros elementos contribuiriam para uma "atmosfera de beleza e conciliação".

A *Bizz* se atrasou e publicou a crítica d'*O Descobrimento do Brasil* na edição de fevereiro de 1994. Celso Fonseca enalteceu a Legião por esse trabalho "poeticamente menos melancólico e musicalmente muito bem resolvido". E considerou-o um "sutil inventário de todas as vocações musicais do grupo", do punk rock sujo às baladas folk. "Nada n'*O Descobrimento do Brasil* tem a marca da exaltação fácil ou do deslumbramento bobo", garantiu o jornalista, apesar de ter afirmado que o Renato pregava "um país de sangue limpo, sem mentiras, roubos ou violências".

Com o disco lançado, faltava apenas cair na estrada. O Sérgio Serra deu lugar ao Fred Nascimento, de volta à banda como violonista e, agora, também como guitarrista. O baixista Gian Fabra assumiu o lugar deixado pelo saudoso Tavinho, e o Carlos Trilha se manteve no posto de tecladista. O Rafael tentou fazer com que a turnê começasse em janeiro de 1994, mas o Renato enrolou o quanto pôde. O resultado foi que começamos a excursão perto do começo da Copa do Mundo nos Estados Unidos. O Renato dizia que não estava nem aí para a ideia de sermos o país do futebol, e pedia para que os shows fossem marcados nos dias dos jogos do Brasil. O Rafael, é claro, ignorava esse pedido, porque percebia que o Renato voltava à sua habitual rejeição à estrada.

Excursionar pelo País na época da Copa já era de certa forma ousado, porque obrigava o público a suspender o estado de euforia com as vitórias do nosso time nos estádios americanos. E o Renato queria competir com a Copa ou mesmo desafiá-la. Lembro que cheguei a assistir a certos jogos da Seleção em quartos de hotel, sem companhia alguma (o Bonfá e o Renato não gostavam de futebol). No dia 24 de junho, em Belo Horizonte, por exemplo, eu vi o Brasil vencer o Camarões por 3 x 0 – com direito a gol de biquinho do Romário, após receber um lançamento de trivela do Dunga. No dia seguinte, fizemos um show no Parque da Mangabeiras, ao pé da Serra do Curral.

Planejamos uma turnê curta, porque o Renato deu indícios de que não seria bom intensificarmos o ritmo. O tempo de duração dos espetáculos também era menor, com cerca de 1h40. Dessa vez, ele estava sóbrio e não deu muito trabalho. No entanto, aparentava cansaço e falta de saco para a dinâmica de viagens, hotéis e shows. Ele havia declarado para o *Jornal do Brasil*, em outubro de 1993: "Dizem que odeio fazer show, mas não é verdade. O que eu não gosto é de comer fora, de hotel, aquela correria da viagem. Passagem de som eu acho chato. Como sou perfeccionista, fico muito ansioso. Enquanto todo mundo está se divertindo, eu fico acordado até seis da manhã, perguntando se foi bom mesmo, se aquela passagem não saiu errada, se não poderia ter ficado melhor." A onda do Renato era realmente essa. O cara era perfeccionista e não conseguia relaxar, espairecer depois das apresentações.

A excursão começou no dia 21 de maio de 1994, no G.E. de Valinhos (SP). Em termos gerais, ela não foi muito legal, pois não estávamos nos saindo bem ao vivo. Para evitar os problemas ocorridos na excursão do *V*, as bebidas alcoólicas do frigobar das suítes ocupadas pelo Renato eram previamente retiradas, e os músicos eram orientados a não beber ostensivamente na frente dele. Nessa turnê, as nossas exigências eram: quarenta toalhas brancas; buquê de flores do campo e rosas sem espinhos (distribuídas ao público depois do bis); bufês de pratos quentes: carne, arroz branco e salada; sopa de legumes passados no liquidificador (para o Renato); quatro batas de algodão, largas e curtas (também para o nosso vocalista); água de coco; e cerveja e vinho para mim – o suficiente. O Maneco Quinderé fez mais uma vez a iluminação e, dessa vez, a inspiração do seu trabalho veio da *Pop Art*: "Foi a exacerbação da cor para criar um clima lúdico e romântico", explicou o iluminador, na *Bizz* de abril de 2001. Ele pilotava pessoalmente os canhões de luz, dois deles sempre direcionados ao Renato. A turma que cuidava do som era formada pelo Guilherme Reis, engenheiro de som do disco, Dalvino Machado (produtor técnico) e Jorginho Carvalho (técnico de monitor). O Alexandre Soares (o Podre) foi o meu roadie.

No dia 28 de maio de 1994, fomos ao Gigantinho, em Porto Alegre, onde iniciamos o giro pelas capitais. Conforme o Arthur Dapieve lembrou em *Renato Russo: o Trovador Solitário*, a lotação do ginásio já estava esgotada, com 15 mil ingressos vendidos, quando fomos informados de que havia ocorrido um derrame de mais 7 mil bilhetes falsos. Subimos tensos no palco, com medo de que acontecesse outra tragédia, mas deu tudo certo. O Gian, que estava uma pilha de nervos, caiu em prantos quando o Renato cantou o refrão de "Índios": "Eu quis o perigo e até sangrei sozinho..."

O nosso compromisso seguinte ocorreu em São Paulo, no Ginásio do Ibirapuera, nos dias 16 e 17 de junho. A primeira noite foi acompanhada pela jornalista Inaê Riveras, da *Bizz*, que publicou a sua resenha em agosto. Ela observou que havíamos levado cerca de uma hora para nos encontrar musicalmente, em meio a problemas com o som e a iluminação. Mas o lance é que, os nossos shows, cada vez mais esparsos no tempo, tinham se tornado eventos realmente especiais para os fãs, que aproveitavam essa rara oportunidade de ver a banda. Segundo a repórter: "Como sempre, o mais fascinante no show da Legião foi o verdadeiro estado de catarse que se instala sobre o público. Russo vira um semideus no palco. O respeito que seus fãs têm por sua figura e sua música é quase sagrado, coisa a ser estudada." Levemente encantada, Riveras concluiu: "A aparência insegura de Renato, esquecendo (ou fingindo esquecer?) trechos de músicas ou afinando o tom de sua voz, é cultuada pelo público, que ama sua poesia e venera sua delicadeza. Impressionante."

De acordo com a crítica, o show atraiu "gente de todos os gostos, credos, cores, idades", e essa foi mesmo uma característica da turnê. Aproveitamos a viagem a São Paulo para conceder a nossa segunda entrevista ao Jô Soares, que perguntou ao Renato: "Você tem problema de ficar à vontade no palco?" O apresentador certamente não esperava uma resposta tão reveladora: "Acredito que não. Tive problema mais pessoal, de dependência química que já resolvi. Eu tenho de dependência química, só que agora encontrei uma programação com 12 passos. A cada dia sigo uma programação e tenho apoio de pessoas amigas que têm o mesmo problema. É um grupo de autoajuda que existe em todas as cidades do Brasil, mas, pela décima segunda tradição, eu não posso dizer o nome. O que posso dizer é que é a primeira letra do alfabeto repetida duas vezes", declarou. Em maio, nós havíamos participado do *Programa Livre* (SBT), do Serginho Groisman, e fomos uma das maiores audiências de sua história, com 12 pontos.

Tocamos no Ginásio Álvares Cabral, em Vitória (ES), em julho de 1994, e voltamos para o Rio de Janeiro. Nessa cidade, cumpriríamos os últimos compromissos do ano, nos dias 8, 9 e 14 de outubro, no Metropolitan – atualmente Citibank Hall. Inicialmente, seriam apenas dois shows nessa casa que havia sido inaugurada no mês anterior. Mas os ingressos foram vendidos rapidamente, e a enorme demanda não atendida forçou a realização de uma data extra, também com lotação esgotada. Àquela altura, o Brasil já era tetracampeão. Na primeira apresentação, o Pelé estava no camarote, e ouvimos cerca de 8 mil pessoas gritando para ele: "Tetracampeão!" Mas a nossa performance foi péssima, com o Renato dando demonstrações de mau humor. Cantou mal, nitidamente sem ânimo, sem vontade.

Talvez a sua má vontade naquele dia tivesse uma razão. Uma grande estrutura havia sido montada para atender a Legião, conhecida por fazer poucos shows e, por isso mesmo (mas não só por essa razão), atrair uma multidão enlouquecida quando se apresentava. A logística foi bem preparada: todo mundo confortável, luz bacana, som bom, mordomo no camarim, etc. Além disso, havia o próprio conforto de tocar na cidade onde morávamos, o que nos poupava daquela vida cansativa de viagens e hotéis – também era legal saber que muitos amigos estariam presentes. Os ensaios no Metropolitan começavam às 18h e se estendiam até às 3h. Um dia antes do espetáculo, nós fomos passar o som, o que geralmente evitávamos fazer, porque não tínhamos muita paciência para isso. Dessa vez, nós precisávamos também ensaiar o *set* acústico do show apenas comigo, o Renato e o Fred no palco.

O problema foi que, na passagem de som, o Bonfá começou a ter atitudes de "Marcelo Bonfá". Tal e qual Maria Callas, intransigente e egocêntrico, desandou a reclamar: "Eu estou muito longe, eu quero luz, eu quero a minha bateria mais na frente"... E, quando o Bonfá começava, ele se tornava o cara mais insuportável do Planeta. Em certo momento, ele empurrou a bateria, já toda microfonada, mais para perto de onde estava o Renato – que estava com o seu microfone de voz aberto. O equilíbrio do som foi abaixo, e não poderia ser diferente. Em vez de duas caixas de retorno, como é praxe para uma banda de rock, foram colocados seis monitores para o Renato: quatro na frente e dois atrás dele, cada um com 600W de potência. Tinha sido superdimensionado mesmo, para o nosso vocalista se sentir à vontade.

Quando se está no palco, é necessário se ouvir e estar confortável com o seu som (e, nesse sentido – e só nesse –, a chatice do Bonfá tinha razão de ser). Porém é verdade também que aquele outro cara que está ali cantando tem que ser, digamos, atendido, protegido. Ele precisa ter um áudio bom e ouvir tudo da melhor forma possível para poder cantar, porque a voz não é elétrica, não sai com a força de um amplificador. E nós sempre tivemos problemas com o som, porque tocávamos pouco e não resolvíamos essas questões com o exercício das repetições sucessivas, como outras bandas. Para piorar, a gritaria histérica da plateia nos atrapalhava demais. Eu tinha que colocar o volume da guitarra no máximo; era difícil perceber o andamento da música, e eu tinha às vezes que me guiar mais pelo visual.

Quando estávamos prontos para passar o número acústico, o Renato se levantou bruscamente da cadeira que estava no palco, foi em direção ao Bonfá, e lhe disse: "Aí, vai se foder, vai tomar no teu cu, eu vou embora!" E foi. Entrou em um carro que o levou direto para a sua casa, na Rua Nascimento Silva. E, na época, não havia celular. Então até o cara chegar em casa e decidir atender o telefone... Na hora, eu pensei: "Bem, seja o que os deuses quiserem." Fui para o camarim com o Bonfá arrasado ao meu lado, e disse a ele: "Cara, relaxa, vamos ver o que acontece." Por um lado, o Bonfá realmente pediu que aquilo acontecesse, porque foi chato mesmo, deu uma de diva. Por outro lado, se o Renato quisesse, poderia ter simplesmente virado e dito: "Aí, relaxa, ficou complicado, você está me atrapalhando." Bastaria ter falado algo do tipo, mas o Renato, claro, preferiu responder a um chilique com outro chilique. Isso fazia parte do personagem teatral e dramático que ele, muitas vezes incorporava: "Você me magoou, me ofendeu, me feriu, eu vou embora!"

À noite, consegui falar com o Renato, que me disse: "Eu não toco mais com aquele cara." No dia seguinte, é claro, ele honrou o compromisso assumido com o público e o contratante, e apareceu para cantar. Mas talvez toda aquela crise da véspera tenha sido o motivo de o Renato ter estado tão mal no primeiro show do Metropolitan. A apresentação foi uma merda – ainda assim, ao final, um emissário do Pelé foi ao camarim comunicar que o "Rei" havia adorado o nosso show.

Já a segunda noite foi incrível. A gente abriu com "Será" e com o Renato entregando flores ao público, no melhor estilo Roberto Carlos. Era nítida a sua vontade de cantar, tocar, dançar e fazer acontecer. Foi um grande show. Enquanto tocávamos "Que país é este", ele conseguiu encaixar "Baile dos passarinhos", do Balão Mágico ("Passarinho quer dançar/ O rabicho balançar/ Porque acaba de nascer/ Tchu tchu tchu tchu") "Cajuína", do Caetano Veloso ("Existirmos: a que será que se destina..."), "Aquele abraço" ("O Rio de Janeiro continua lindo"), do Gilberto Gil, e "Bigmouth strikes again", dos Smiths. Enfim, o Renato fez piadas, divertiu o público e se entregou, tudo no maior alto-astral. Ouvindo as fitas desse dia, me pareceu mais como uma despedida. Em 2001, o áudio das duas primeiras apresentações foi aproveitado no álbum *Como é que se diz eu te amo* (embora aquela música dos Smiths tenha sido cortada por falta de autorização). Esses shows foram gravados e exibidos pela TV Bandeirantes no fim de 1994.

A turnê chegou a Santos, onde nos apresentamos na casa de espetáculos Reggae Night, a 14 de janeiro de 1995. Mas o Renato, novamente, estava sem a menor paciência para subir no palco. Apesar da apatia dele, a plateia estava animada. Antes de tocarmos "Metal contra as nuvens", o público entoava o tradicional coro "É Legião, é Legião..." Porém, quando terminou o verso "Tenho ainda coração", daquela música, o nosso vocalista foi atingido por uma lata de cerveja. Ele parou de cantar, começou a perambular e, em seguida, sentou-se na parte mais alta do palco. Pouco tempo depois, deitou-se no tablado, onde se manteve em silêncio. A galera ainda cantou bem alto as frases finais da letra ("E nossa história não estará pelo avesso"), como se aquilo fizesse parte do espetáculo.

Sem perder tempo, o Fred puxou "Faroeste caboclo", para o delírio da plateia. Mas o Renato continuaria deitado e mudo durante toda a execução da música. Os fãs só conseguiam ver o seu braço, que ele levantava de vez em quando para conferir as horas no relógio. Até o trecho do reggae ("Logo, logo os malucos da cidade...") o público cantou com entusiasmo. Depois, a sua animação foi diminuindo e não demorou para que nos perdêssemos completamente, devido à ausência de uma voz que nos guiasse. No vídeo do show, eu apareço andando pelo palco, tentando comandar a banda, com um ar assustado. Dando fim àquela agonia, pulamos para o fim da música e fizemos uma zoeira incompreensível. Foi terrível.

Quando terminamos de tocar a música, boa parte do público já estava impaciente. Sentado, o Renato iniciou um discurso: "Eu tenho certeza que vocês não querem esse tipo de show." Ele de repente se levantou e, sozinho, cantou "Smells like teen spirit", do Nirvana, de forma agressiva, cambaleando no palco: "*Here, we are now, entertain us/ I feel stupid, and contagious/ Here, we are now, entertain us/ Here, we are now...*" ("Aqui estamos nós agora, nos divirta/ Me sinto estúpido e contagioso/ Aqui, estamos nós agora, nos divirta/ "Aqui estamos nós agora..."). Ele já havia cantado esse trecho junto a "Que país é este", em um dos shows do Metropolitan. Depois de dizer "Porra, vocês não aprendem nunca", anunciou "Vento no litoral". E a galera comemorou.

Ele continuou como se nada tivesse acontecido, por mais quarenta minutos, assim como o público, que nos aplaudiu até o fim, gritou o nosso nome, enfim, tudo aquilo que se espera dos nossos fãs. Eu fiz aqui essa narrativa mais detalhada do que foi essa apresentação em Santos porque ela foi a nossa última ao vivo. O nosso vocalista continuava imprevisível, e até o Rafael percebeu que não seria uma boa voltarmos a tocar ao vivo. A instabilidade do Renato levava o nosso empresário a recusar convites de grandes festivais, como o *Hollywood Rock*, que quisera fazer uma noite apenas com a Legião. Mas nós não podíamos ficar amarrados a contratos que não poderíamos cumprir.

2002 preliminar no Maracanã, nas comemorações do Centenário do Flu

No camarim da casa de shows, os jogadores Leonardo (tetracampeão em 1994) e Edmundo (o "Animal") apareceram para nos cumprimentar. Eles estavam em Santos disputando um torneio na praia, e aproveitaram para ver o show. Ali eu conheci o Leonardo, que era realmente fã da banda, e se tornou um amigo meu. Deve ter sido ele quem levou o Edmundo. Tiramos fotos, conversamos, até que o Edmundo mandou a seguinte pérola (talvez querendo descontrair): "Achava que na banda só o cantor era veado" – e riu sozinho. O curioso é que, durante anos, ficou exposta no quarto do meu filho Nicolau uma foto minha com o Leonardo e o Edmundo. Ironicamente, é essa a imagem que eu mais lembro do último show da Legião. No ano seguinte, entraríamos no estúdio para fazer também as nossas últimas sessões de gravação.

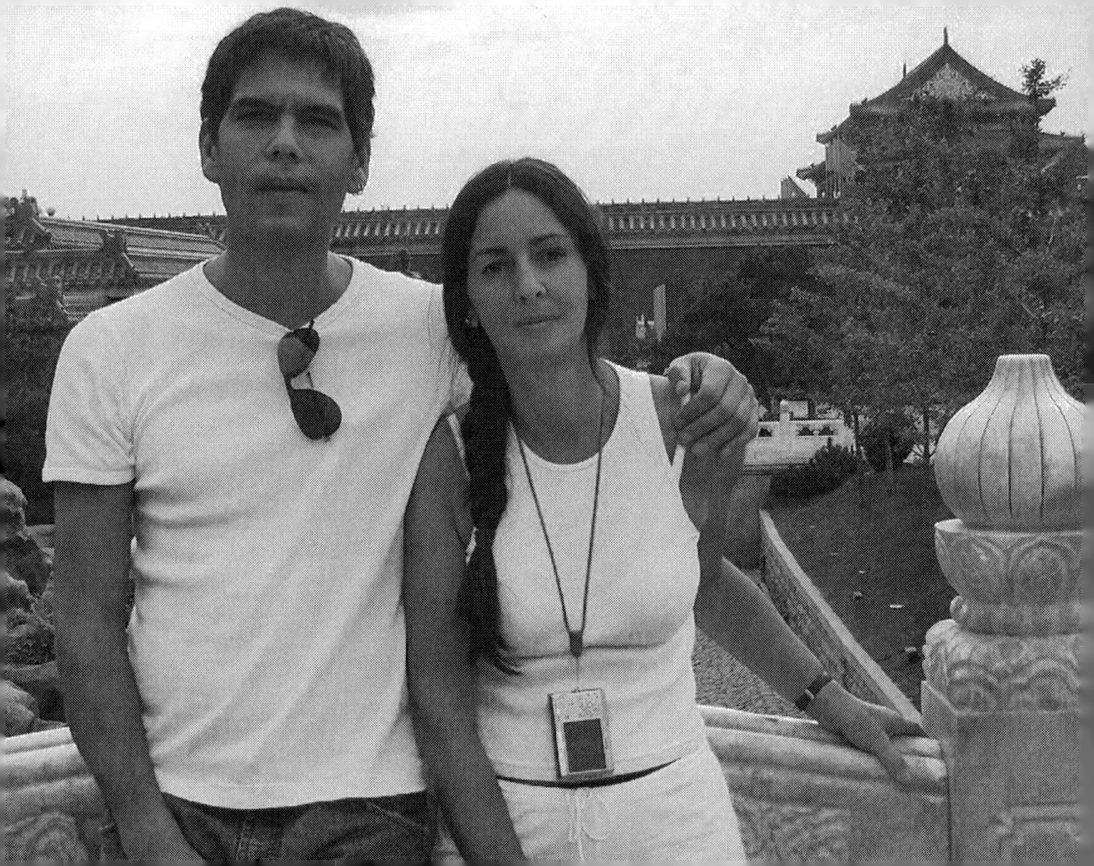

X
OS NOSSOS DIAS SERÃO PARA SEMPRE

Depois do show de Santos, entramos em recesso mais uma vez. O Renato estava gravando um disco solo, e a Legião Urbana ficou parada durante todo o primeiro semestre de 1995. Eu me dei férias e fui para Mangaratiba. Na volta, segui tocando os negócios da Rock it! e fiquei aguardando o Renato terminar o seu álbum, para que a Legião pudesse se agrupar novamente.

Ele havia voltado às drogas, à bebida e à depressão. Como eu já disse, a estratégia das pessoas mais próximas ao Renato era mantê-lo sempre trabalhando, porque gravar era aquilo que existia de mais importante em sua vida. Nessa época, ele tinha redescoberto a sua identidade italiana e estava disposto a gravar um disco todo cantado naquela língua. Essa era uma ideia inusitada, pois ainda não havia aquela onda de canções italianas na indústria fonográfica brasileira. Depois da experiência muito bem-sucedida do Renato, cantoras de prestígio, como a Zizi Possi, apostaram nessa tendência, também com sucesso (o seu álbum *Per Amore*, de 1997, recebeu disco duplo de platina). No fim de 1994, a EMI bancara a ida do Renato à Itália para ele se familiarizar com o cenário musical do lugar onde os seus antepassados (os Manfredini) haviam nascido. Mas o nosso vocalista também tinha interesse em levantar documentos para fazer o pedido de dupla nacionalidade. Acompanhado da assessora de imprensa Gilda Mattoso, fluente em italiano e conhecedora do país, o Renato pisou na Europa pela primeira vez. Ele então visitou Milão, Roma e Sesto Cremonese, na região da Lombardia, onde se emocionou ao descobrir a certidão de casamento dos seus bisavós. E ainda conheceu as cantoras Fiorella Mannoia e Laura Pausini – considerada brega, ninguém entendeu o interesse do Renato por esta última.

Entre fevereiro e março de 1994, o Renato tinha gravado um disco solo em inglês, o *Stonewall celebration concert*, em homenagem aos 25 anos da Rebelião de Stonewall, quando, em 1969, a comunidade gay nova-iorquina resistiu fisicamente às frequentes agressões policiais. Esse álbum despretensioso, em que o Renato é acompanhado apenas pelo Carlos Trilha ao teclado, vendeu 250 mil cópias. Depois de voltar da Itália, ele gravou em 1995 o *Equilíbrio distante*, que contou novamente com a produção do Trilha. Dessa vez, porém, ele convidou outros músicos, entre os quais os baixistas Bruno Araújo – finalmente perdoado daquela briga com o Fred em um ensaio para a turnê do *V* – e Arthur Maia, do Cama de Gato e da banda do Gilberto Gil.

Ao longo das gravações do disco, o Renato teve, é claro, altos e baixos em termos emocionais. Depois que todas as vozes estavam gravadas, ele cismou que queria regravar tudo de novo, porque insistia que o microfone usado na gravação era inadequado e deixava sua voz com um timbre de que ele não gostava (talvez tivesse razão). Ele começou a faltar às gravações, e o Trilha, que produzia o disco, me ligava do estúdio (Discover), perguntando: "Você sabe do Renato? Ele não tem aparecido nas gravações." Segundo o Arthur Dapieve, em *Renato Russo: o Trovador Solitário*, além de estar inseguro em relação à aceitação do disco pelo público da Legião, nosso vocalista caiu em depressão por causa do fim de um namoro. Assim, voltou à bebida e aos escândalos públicos (o Renato tentou tirar a roupa dentro de um avião que saía de Brasília rumo ao Rio).

Apesar das seguidas interrupções, o Renato conseguiu lançar o *Equilíbrio distante* em dezembro 1995. Com um repertório *sui generis* para um cantor de rock, havia enormes chances de o seu segundo álbum solo ser um fracasso retumbante. Mas ele gostava de arriscar, e o fez daquele jeito mesmo, improvável. Não se preocupou nem em poupar os fãs da Legião daqueles timbres de teclado do mais refinado "brega".

O resultado foi que o álbum bateu a marca de 1 milhão de cópias vendidas! "La solitudine" e "Strani amori" tocaram sem parar nas rádios. O clipe desta segunda música, dirigido pela Mari Stockler, uma ode ao mundo gay masculino, ficou um bom tempo entre os mais pedidos da MTV. Em janeiro 1996, o disco do Renato já havia vendido 150 mil cópias. Nessa época, a Legião entrava em estúdio para gravar *A tempestade*, e eu cheguei perto do Renato e lhe falei: "Você conseguiu, né, cara? Ídolo do rock, contestador, faz um disco brega e consegue disco de ouro em menos de um mês... Parabéns, você é foda!" Ele sorria com satisfação. Esse maluco tinha mesmo o domínio da linguagem popular. E mais uma vez reconheci sua habilidade subversiva popular arrebatadora.

Em meio ao grande sucesso do *Equilíbrio distante*, o Renato tinha tudo para ter entrado em uma viagem individualista, investindo em uma carreira solo, o que não seria de todo ruim. Pelo que sei, ele não cogitou fazer isso, nem poderia. Ao Bonfá e a mim o Renato fazia questão de dizer que os seus discos solos eram realizados em língua estrangeira justamente para não serem confundidos com os da Legião – que continuava sendo a sua grande paixão e prioridade. Apesar do valor documental, o lançamento, em 2008, do CD *O Trovador Solitário* (Discobertas/ Coqueiro Verde), a partir de registros feitos em 1982, feriu (postumamente) essa preocupação do nosso vocalista. Bonfá e eu não tínhamos nem um pouco de ciúme do seu sucesso como cantor solo, pelo contrário: nós éramos os primeiros a incentivá-lo a produzir, porque, repito, mantê-lo ocupado era a melhor forma de ele não emburacar. E o mais importante, naquele momento, era a sua saúde física e mental.

Enquanto o Renato estava envolvido com a gravação do *Equilíbrio distante*, o Bonfá, o João Augusto (diretor artístico da EMI) e eu fomos supervisionar a remasterização digital dos seis primeiros CDs de estúdio da Legião pelo Peter Mew, o lendário engenheiro de som dos estúdios Abbey Road, em Londres. O Renato pediu-me que perguntasse ao pessoal de lá o que eles achavam do som da Legião. Um dos técnicos ingleses ouviu "Eu sei" e disse que lembrava os Beatles. Renato adorou a história. O clima em Abbey Road era realmente especial; de acordo com o Renato, até o Bonfá, que era meio avesso à banda de Liverpool, voltou de lá com outra *vibe*. "Ele está tão legal", dizia o Renato sobre o nosso baterista, que voltou para a casa com uma foto em que ele imita os Beatles atravessando a rua onde se localiza o estúdio – como na capa do *Abbey Road* (1969). Bonfá criou a logo da série "remasterizado" dos CDs da Legião, desenho onde nós três aparecemos atravessando a lendária faixa de pedestres da rua londrina. Apenas o *Música p/ acampamentos* não foi remasterizado, porque não havia como melhorar a qualidade de certas gravações, um tanto precárias.

Em setembro de 1995, o *Jornal do Brasil* publicou uma matéria especial sobre o lançamento da caixa de CDs *Por enquanto*, que reunia os álbuns: *Legião Urbana* (1985), *Dois* (1986), *Que país é este 1978/1987* (1987), *As quatro estações* (1989), *V* (1991) e *O Descobrimento do Brasil* (1993). Até ali, o primeiro disco tinha vendido 435 mil cópias; o segundo, 921 mil; o terceiro, 657 mil; o quarto, 916 mil; o quinto, 369 mil; e o sexto, 329 mil. A reportagem de Bráulio Neto nos tratava como a banda campeã de vendas do rock brasileiro, com quase 4 milhões de discos vendidos em dez anos de carreira. Conforme eu declarei à publicação, "a cada três meses, atingimos uma média de 150 mil álbuns vendidos, reunindo o catálogo antigo". Desse boxe em diante, os CDs com o símbolo da remasterização (o desenho do Bonfá, que fazia referência à capa do *Abbey Road*) indicariam melhor qualidade sonora e adequação visual para o formato dos disquinhos digitais. Outro atrativo era o texto do Hermano sobre os nossos discos e determinadas letras de música, em que o antropólogo (e amigo da Legião) se referiu às nossas origens: "O 'no future' dos punks acabou se mostrando cheio de consequências e de diferentes futuros." Excelente texto, como sempre.

Quando a caixa *Por enquanto* foi lançada, "Giz" ainda estava entre as mais tocadas nas rádios. Como eu disse no capítulo anterior, os *singles* previstos para *O Descobrimento do Brasil* haviam sido "Perfeição", "Vamos fazer um filme" e "Vinte e nove". Novamente, conseguimos superar as expectativas em termos de sucessos radiofônicos. No segundo semestre de 1995, também estávamos trabalhando na composição das novas músicas, que integrariam o nosso próximo álbum, mais uma vez concebido para ser duplo. O Renato percebia a gravidade de sua situação, e estava ansioso: "Nós precisamos fazer o disco agora!", dizia ele ao Bonfá e a mim, nos meses finais daquele ano.

Dessa vez, eu seria o produtor do CD. "Toma logo a frente desse negócio", o Renato tinha dito para mim, de forma incisiva. Àquela altura, eu já produzira álbuns para a Rock it! e sabia como conduzir todo o processo dentro do estúdio. Além disso, esse pedido do Renato significava que eu conhecia algo sobre a sua saúde que quase ninguém podia saber e, portanto, era como se ele me dissesse: "Por favor, me ajude, vamos fazer esse disco sem a interferência de gente de fora." Compreendendo aquele quadro, tomei a direção do projeto e procurei, na medida do possível, acelerar as coisas.

É possível ler na imprensa declarações minhas de que havíamos pensado em nomes como Brian Eno para nos produzir, mas essa informação não é verdadeira. Acho que estávamos tentando esconder dos jornalistas o porquê de eu ter-me tornado o produtor da Legião. Na fase inicial do trabalho, a presença do Renato ainda era assídua, e ele pediu-nos que trouxéssemos tudo o que tivéssemos em casa – havia temas musicais não aproveitados n'*O Descobrimento do Brasil*. Ao mesmo tempo, eu fui bolando melodias novas e logo começaram a aparecer as harmonias de "Natália" e "L'Avventura" (uma das minhas preferidas). O Bonfá veio com "Longe do meu lado", que motivou um comentário engraçado do nosso vocalista, em 1996, encontrado no livro *Renato Russo de A a Z* (Letra Livre, 2000), da Simone Assad: "Ah, a sacarina do Bonfá (...) Aí, todo mundo acha que eu é que faço essas músicas, e que eu é que sou o melancólico do grupo." Já "A Via Láctea", nós compusemos os três juntos. Enfim, fomos juntando o material com o objetivo de montar um repertório que viabilizasse um álbum duplo.

Segundo informou a coluna "Supersônicas", do Tárik de Souza, no *Jornal do Brasil*, nós entramos no estúdio para gravar no dia 15 janeiro de 1996. O título da nota era "Dado produz Legião", o que correspondia inteiramente à realidade, embora, no encarte do CD, a produção tenha sido creditada a "Dado Villa-Lobos e Legião Urbana", devido a nosso acordo de cavalheiros. Como ocorrera com o estúdio Discover, nós também praticamente inauguramos o AR Estúdios. Eu costumava trabalhar com o Tom Capone – sócio do estúdio e posteriormente um dos maiores produtores da música brasileira – na sala B, que era pequenininha. Ali nós estruturamos as músicas e gravamos as demos, isto é, montamos o alicerce do disco. No momento em que iniciamos a gravação, mudamos para a sala A, que acabara de ficar pronta, onde praticamente passamos a morar. Convidamos, então, o Trilha para fazer a programação e os teclados. Foi nesse momento que o Renato, em função da doença, passou a ficar mais recluso em seu apartamento de Ipanema.

Ele mal dava as caras no estúdio. No feriado do carnaval de 1996, alugamos eu e meus amigos uma casa na costa verde do litoral carioca. Era o momento de relaxar e recarregar as baterias por cinco dias antes da volta ao estúdio. O Renato me ligava todos os dias para falar sobre o disco. Ele estava escrevendo as letras, e as lia para mim: "Olha esta aqui; escuta esta outra." Era pelo menos uma hora por dia ao telefone com o Renato, que havia elaborado a ideia de que não teria muito tempo de vida pela frente. Por isso, tudo o que produzia e falava se vinculava a um universo subjetivo recheado de melancolia, cansaço, conformismo, arrego e, até mesmo, desespero. Ele estava se despedindo. Por conta disso, ele seguia me cobrando urgência na produção do disco.

Pelas conversas e pelas letras que o Renato estava compondo ("Quando tudo está perdido", "E essa febre que não passa"), eu fui percebendo que ele estava sentindo a proximidade do fim. A sua imagem estava cada vez mais fragilizada, e as notícias trazidas pelo Rafael – que o visitava com mais frequência – também não eram animadoras. No entanto, eu nunca pensei que o Renato fosse morrer. No fundo, eu nutria uma esperança, e acreditava que a sua sentença não fosse irrevogável. A imprensa sempre trazia uma notícia nova sobre medicamentos contra o HIV – que hoje em dia dão uma resposta significativa aos soropositivos. O próprio Renato, ainda que disfarçadamente, parecia nutrir uma pequena expectativa. A mesma letra de "A Via Láctea", que fala da tal febre intermitente, diz também que "sempre existe uma luz". Havia, portanto, uma chance e certa esperança.

Após o carnaval, ficamos eu, o Marcelo de Sabóia (responsável pela gravação e mixagem) e o resto da equipe 24 horas por dia trancados no estúdio A. Eu estava com tudo isso na cabeça – com esse universo denso, pesado e complicado para administrar –, mas tinha que agir com a maior calma do mundo. Não dava para dizer às pessoas: "Olha, está acontecendo isso, ok? Então, vamos acelerar, galera!" Em momento algum abrimos

2005 Bloco da Lama, Paraty, RJ

o jogo a respeito do que acontecia internamente com a banda. Com jeito, eu tentava acelerar o ritmo. Logo que a base de uma música ficava pronta, o Renato ia direto gravar as vozes. Algumas ele gravou enquanto ainda estávamos no estúdio B. O nosso vocalista dizia: "Opa, abre o microfone que eu vou cantar" – e nós o estimulávamos a fazer isso. Assim foi com "Clarisse", por exemplo. O Renato mesmo havia feito um *loop* de violão, que estava mal cortado, com ruídos, mas não importava: "Bota aí que eu vou cantar", disse ele, com o meu total consentimento. E o cara cantou de improviso uma canção que tem quase dez minutos, em um *take* só. Ficou nítida a fragilidade da sua voz. Eu ainda sugeri refazer determinada parte, mas de nada adiantou: "Não, não, ficou bom", reclamou ele. Eu entendi de imediato o que ele quis dizer.

"Clarisse" conta a história de uma menina deprimida de 14 anos envolvida com drogas. A letra sugere aquele cenário do filme Cristiane F., de jovens entregues ao vício e à desesperança: "E Clarisse está trancada no banheiro / E faz marcas no seu corpo com seu pequeno canivete/ Deitada no canto, seus tornozelos sangram." Enquanto o Renato cantava, era nítida a forma como ele se punha no lugar daquela menina que, apesar de muito jovem, estava à beira da morte. A letra é forte, sombria, e a interpretação dele parece fazer o mundo desabar. "Cara, o que está acontecendo?", nós pensávamos, sentados na técnica, onde assistíamos à sua emocionada performance. Desabei, estava acabado, destruído. Ao fim dessa gravação, o Renato estava quase chorando, como se dissesse: "A hora chegou, não tem mais volta." Como era triste ver um grande amigo naquela situação, a sua vida sendo extraída aos poucos, diariamente, minuto a minuto. Mas eu me agarrava a uma esperança, e procurava a tal luz no fim do túnel. A minha crença, mesmo abalada, era a de que ele ficaria conosco.

O Renato foi gravando uma música atrás da outra, e nós íamos fechando os arranjos na medida do possível. Naquele momento, não havia como criar obstáculos, querer refazer vozes, mudar um pouco o direcionamento de uma canção ou de um arranjo, criar outras partes, etc. Era simplesmente: "Ok, gravando." E assim registramos as canções a toque de caixa. O Renato dizia: "Vamos gravar tudo o que eu tenho: 'Dado viciado', 'Mariane', 'Marcianos invadem a Terra'"... Ele queria registrar as composições que não tivessem gravação oficial com a sua voz, ou seja, todo um trabalho antigo que, provavelmente, ficaria desconhecido do público. Fomos gravando o que o Renato queria, até que, um dia, ele disse: "Pronto, não tenho mais o que botar para fora." Constatamos que tínhamos um repertório de trinta músicas, o suficiente para fazermos um álbum duplo.

Em meio a esse processo, o contrato com a gravadora estava vencendo. Nós, então, pensamos: "A hora é esta. Vamos negociar um novo contrato como se nada houvesse e vamos assegurar nossa saúde financeira." Afinal, eles já haviam arrancado um bocado de nós. A ideia era fechar um acordo não só para o disco duplo que estávamos preparando, mas também para os próximos – embora, em função da doença do

Renato, nós não tivéssemos certeza alguma sobre o nosso futuro. Fizemos toda a negociação escondendo a real situação dele. Houve uma reunião para a assinatura dos contratos, e o Renato precisou se maquiar. Mas, independentemente do disfarce, ele esteve ótimo naquele dia de medição de forças com a EMI. O Renato falou, argumentou e nos ajudou muito. O acordo era assinado pela presidência da companhia e precisava ser aprovado em Londres, porque o orçamento era grande. O documento pregava que a Legião só poderia ser considerada como tal se reunisse aqueles três indivíduos: Renato, Bonfá e eu. Cada um de nós assinou um contrato independente. Essa foi uma negociação realmente complicada. Os executivos da gravadora jogaram duro, e nós mais ainda. A Legião era a marca de maior expressão e vendagem da companhia, e, portanto, nós tínhamos um bom argumento para a discussão. A verdade é que eu e o Bonfá não queríamos nem pensar no que seria o futuro. Dizíamos um para o outro: "Vamos viver o hoje, o amanhã, mas não vamos pensar o que será daqui a seis meses, um ano." No entanto, com a EMI era mais ou menos assim: "Nós vamos assinar um acordo de tantos anos e tantos discos. Ok, apenas nos dê o nosso adiantamento, que vocês serão recompensados mais tarde." Depois de muita briga, o novo contrato foi selado e todos se deram bem. Nós conseguimos o que queríamos, e a gravadora, em breve, conseguiria muito mais com a vendagem sempre para lá de satisfatória dos nossos álbuns.

Depois de todo esse desgaste, o disco entrou em processo de mixagem. Foi uma fase difícil, pois o Renato não ia mais ao estúdio. Fazíamos a pré-mixagem de uma música e, diariamente, entregávamos uma fita DAT para ele ouvir em casa e ocupar a cabeça com o conceito final do disco, a ordem das faixas, etc. Quem fazia o papel de pombo-correio era o nosso roadie, Reginaldo Ferreira. Mas o Renato não gostava de nada e certa vez me disse que a única parte que prestava era o som do metrônomo que marcava o andamento das músicas. Eu fiquei puto, ainda mais com a situação das vozes, mas depois o Mayrton me acalmou, dizendo que o Renato agia da mesma forma com ele. Aliás, o Mayrton declarou para a Christina Fuscaldo, autora do texto de apresentação da edição especial de 2010 de *A tempestade*, que só não sentiu ciúme por ver outra pessoa produzindo a Legião porque eu tinha ficado com a tarefa. O Trilha também sofreu com o Renato, que ligava para o tecladista todos os dias, às 2h da manhã, para comentar o que tinha sido feito durante o dia.

No estúdio, eu seguia naquele ritmo acelerado, naquela ansiedade, tipo: "vamos acabar logo com isso!" Além de agonia, eu sentia uma profunda tristeza. O Renato sempre foi um cantor incrível, com aquele vozeirão, só que a sua voz não era mais a mesma – estava frágil e sem força, apesar de sua presença sempre marcante. Ele, que sempre fora tão criterioso, agora parecia não se importar se o vocal estava bom ou não. Em depoimento para a Fuscaldo, o Jorge Davidson diz que chegou a aconselhar o Renato a refazer as vozes, mas ele afirmou que isso era problema meu; achava que eu deveria me virar com o *Pro Tools* para corrigir as imperfeições do seu canto. Impossível, incorrigível, o Pro tools não corrige o emocional, Renato não merecia isso. O lance é que o Renato estava entregando os pontos e, de certa maneira, repetia os momentos finais do Cazuza, que gravara o disco *Burguesia* (1989) com a voz rouca e trêmula, fazendo um grande esforço.

O Renato só topou refazer o vocal de "A Via Láctea" porque nós detectamos um problema mais sério: o sinal havia "clipado" e estava distorcendo o som. Além disso, ele próprio havia escolhido aquela música para ser o *single* do disco, contra a vontade da gravadora, aliás. Então, nesse momento, o Renato apareceu no estúdio, de bengala, muito fragilizado, reclamando da gravação: "Cara, que merda é essa? Isso aqui é uma banda de rock!" E, no que fomos regravar a canção, ele teve um destempero total e disse: "Está uma merda, essa mixagem está uma bosta!" O cara teve um ataque de nervos, mexeu nos *faders* da mesa de som e eu falei: "Renato, calma, que isso aqui é só a pré-mix, uma cópia de monitor pra você cantar." Mas ele seguiu descontrolado e nós acabamos discutindo; depois de tudo, o Renato ainda foi embora resmungando, o que me tirou do sério. Eu ainda não era capaz de entender plenamente o que estava acontecendo, mesmo que já tivesse todos os sinais para isso. Nós ficamos sem nos falar durante uma semana. Até que o Ricardo Alexandre, do *Estado de S. Paulo*, entrou em contato comigo, manifestando interesse em entrevistar o Renato. Eu liguei para ele e perguntei se aquele jornalista poderia entrevistá-lo. Recebi uma resposta curta, mas positiva: "Beleza." Logo após a realização da entrevista, o Renato ligou para mim contando o que havia falado para o Ricardo, e nos reconciliamos.

O jornalista escutou os três integrantes e publicou a matéria sobre a banda em setembro de 1996. Entre outros assuntos, eu tive que abordar aquela briga com o Renato: "Foi uma questão musical e estética e, de certa forma, descambou para o pessoal, porque o Renato às vezes não sabe lidar com as pessoas. Mas depois ficou tudo bem, senão a banda teria acabado, o disco não teria nem sido terminado, a gente deixava lá para EMI ver o que faria. Sabe como é, banda é como casamento."

Aquilo não foi nada. Tínhamos um trabalho penoso pela frente: eram trinta músicas para serem trabalhadas, mixadas e finalizadas. E o prazo acertado com a EMI para a entrega do disco estava se esgotando. Foi quando entendemos que seria impossível entregar um álbum duplo, porque não haveria tempo suficiente para finalizarmos todas aquelas faixas. Ainda tinha o projeto gráfico a ser feito, além da própria fabricação do CD, que não aconteceria do dia para noite. Tudo isso comprometeria a previsão de lançamento do novo álbum. Então, o Bonfá e eu propusemos ao Renato: "Cara, vamos fazer um disco simples. O resto já está registrado, e a gente pode lançar depois." Ele concordou na hora, até porque temíamos que o preço final do produto ficasse muito alto – o que, no caso de um álbum duplo, seria praticamente inevitável.

O próprio Renato tratou de selecionar as 15 músicas que comporiam o primeiro CD, *A tempestade*, cujo título alternativo é *O livro dos dias*, como aparece na primeira página do encarte (eu e o Bonfá preferíamos esse nome ao que foi estampado na capa). À exceção de "1º de julho" – que, além de ser uma demo do Renato gravada e mixada no Discover, em 1994, foi composta para a Cássia Eller –, todo o material era novo. Vale destacar a inclusão de "Soul parsifal", uma parceria do Renato com a Marisa Monte, que o considerava um dos grandes compositores brasileiros. O nosso vocalista deixou "Clarisse" de fora, receoso de que a música pudesse ser mal entendida ou interpretada de forma literal pelos jovens. Ele temia que a faixa pudesse estimular a depressão e o suicídio em adolescentes, enquanto eu só via o próprio

Renato na personagem Clarisse. O Renato também pensava que o público da Legião não merecia ouvir os versos mais pesados daquela canção – e repetia a mim e ao Bonfá que deveríamos ter responsabilidade em relação aos nossos fãs. No já citado livro da Assad, há uma declaração sobre o assunto, proferida pelo Renato em 1996: "Eu achei que, num país sem cultura, sem afirmação, e passando por um momento tão difícil, seria uma sacanagem lançar essa música. Porque a gente iria acelerar o desenvolvimento de certas emoções ou certas informações (...). E, de repente, eu achei que, se nós tivéssemos a chance de colocar esta música dentro de um contexto que a explicasse, tudo bem."

Eu lamentei certas exclusões, mas havia um sentido no repertório escolhido para *A tempestade*. O conteúdo das músicas, assim como a sua ordem no disco, deixava claro o tom de despedida. O encarte do CD estampa como epígrafe as seguintes palavras de Oswald de Andrade: "O Brasil é uma república federativa cheia de árvores e gente dizendo adeus." Mesmo uma faixa pulsante como "Dezesseis" aborda um tema pesado: a morte de um adolescente (em um pega de automóvel). O fim da letra ainda aventa a possibilidade de suicídio: "E até hoje quem se lembra diz que não foi o caminhão/ Nem a curva fatal e nem a explosão/ Johnny era fera demais pra vacilar assim/ E o que dizem que foi tudo por causa de um coração partido/ Um coração/ Bye bye Johnny."

Em minha opinião, "Esperando por mim" é talvez a melhor canção do disco, embora nunca tenha tocado nas rádios. Nessa faixa triste e bela ao mesmo tempo, o Renato retoma a sua inspiração romântica e depressiva, e afirma categoricamente que "o mal do século é a solidão". E, principalmente, parece se despedir dos seus amigos e familiares: "E o que disserem/ Meu pai sempre esteve esperando por mim/ E o que disserem/ Minha mãe sempre esteve esperando por mim/ E o que disserem/ Meus verdadeiros amigos sempre esperaram por mim/ E o que disserem/ Agora meu filho espera por mim/ Estamos vivendo/ E o que disserem/ Os nossos dias serão para sempre."

A derradeira faixa do disco é "O livro dos dias", nome que remete a uma espécie de calendário-diário, onde os diversos momentos da vida seriam relatados. Aqui o Renato explicita o seu estado de saúde e também espiritual, a contradição entre um organismo em vias de falecimento e uma vontade de, apesar de tudo, manter-se vivo: "Meu coração não quer deixar meu corpo descansar." Os últimos versos dessa história são: "Este é o livro das flores/ Este é o livro do destino/ Este é o livro de nossos dias/ Este é o dia dos nossos amores." A última página estava virada. Na sua essência, *A tempestade* é um disco muito triste e, depois de lançado, eu nunca mais consegui escutá-lo.

Concluída a mixagem, em junho de 1996, eu estava exaurido. Todas aquelas questões – a doença do Renato, a pressa em finalizar o disco, a responsabilidade de produzi-lo, etc. – embaralharam a minha cabeça e eu estava atordoado. O ambiente das gravações tinha sido muito triste, e o Bonfá ficava no estúdio o menor tempo possível, exatamente por isso. Conforme ele disse para a Fuscaldo: "Renato sempre foi nossa gasolina. Sem ele, ficava tudo vazio." Quando o álbum saiu, em setembro de 1996, eu me senti aliviado e, na medida do possível, feliz, pois sabia que o Renato ficaria satisfeito por poder ver o disco pronto.

Antes disso, em agosto, eu concedi uma grande entrevista para a *Revista de Domingo*, do *Jornal do Brasil*, publicada no dia 18 com o título "O legionário do rock". No texto de apresentação, o Clóvis Saint-Clair ressaltou o meu trabalho como produtor do novo disco da banda, o que seria "o atestado de amadurecimento do guitarrista e bom moço da Legião". Além disso, afirmou que eu era "um homem de negócios [...] à frente da Rock It! Records". E que cada vez mais eu fazia "jus ao visual de roqueiro" que me distinguiria dentro do grupo. Depois dessa introdução bem curiosa, tive de responder pela enésima vez a respeito dos boatos sobre o fim da banda, e expliquei que a Legião já era uma entidade com vida própria (cabia a nós apenas cuidar dela). O jornalista quis saber se eu me imaginava como o Keith Richards, velhinho, tocando ao lado do Renato e do Bonfá, e eu lhe disse: "Não, imagina!" Afirmei, inclusive, que não fazíamos mais shows, apenas discos. Como o entrevistador insistiu nesse assunto, eu até deixei em aberto a possibilidade de voltarmos a tocar em público. No entanto, listei os fatores que nos afastavam das apresentações: "A cobrança, as viagens, os hotéis, as caixas de som, as entrevistas... O Renato (...) que não gosta de subir no palco, fica nervoso..."

Nessa entrevista, citei "Faroeste caboclo" como a música que eu não aguentava mais ouvir, e garanti que não usava mais drogas antes dos

2009 Calle Francisco Vidal, Montevidéu, 40 anos depois

shows, somente tomava uma cervejinha. Para mostrar que não se tratava simplesmente de ser "careta", declarei que, aos 13, 14 anos, eu "tomava de tudo" e era o presidente do "clube da criança *junkie* em Brasília" – aquela história do Renato. Outro ponto interessante foi quando abordei o relacionamento entre os membros da banda: "O que nos une é o trabalho. Só. Mantemos a amizade pelo telefone." O momento mais inusitado ocorreu quando contei que jogava "uma pelada sagrada" no campo do tricolor Chico Buarque, e que ganhar do time dele tinha "um sabor todo especial".

Eu não poderia deixar de aproveitar o espaço para divulgar os artistas da Rock it!. Entre os artistas do meu selo, destaquei o Maria

Bacana, e fiz um diagnóstico acerca do *underground* brasileiro: "(...) a fusão de ritmos regionais com o rock já é uma coisa estabelecida." Eu estava adorando essa parte da conversa, mas o cara me fez falar sobre moda! Ele questionou se o meu visual "mais roqueiro" era estudado. "Sempre fui assim. O meu protótipo é calça boca fina, um tênis ou uma bota, e uma camiseta branca. É o básico. São os Ramones, é o Lou Reed. Gostaria de usar uma calça quadriculada, mas não dá. Não consigo usar uma calça com a boca maior do que 17cm", expliquei.

O jornalista demonstrou curiosidade sobre o meu passado musical e eu lembrei o Dado e o Reino Animal, que eu pretendia reeditar para gravar um disco, ou pela EMI, ou pela Rock it!. Foi especialmente engraçado quando o repórter afirmou que naquela época eu já era apontado como um "grande guitarrista", o que neguei, de forma bem-humorada: "Eu nunca li isso. Só ouvi. É a maior mentira! (risos)." Depois encarei o tema com seriedade: "A verdade é que, na Legião, o que funciona é a combinação de cada um na hora de fazer a composição. Essa é que é a química. Eu toco o acorde certo na hora certa. (...) Agora, é claro que você vai criando um estilo. Hoje em dia tem música aí com 15 acordes. Ficou mais difícil."

Especificamente sobre o disco novo, expliquei que o título ainda não havia sido decidido, embora a masterização estivesse pronta, e a parte gráfica (do Egeu Laus, da EMI), perto de ser terminada. E eu defendi a ideia de que não havia novidades: "(...) as canções são lindas, melódicas, e falam de amor, da questão social... Tem de tudo: das baladas românticas ao rock mais pesado, com as guitarras distorcidas, passando por uma coisa intermediária, mais acústica, com violão e piano." Eu minimizei a experiência de ser o produtor do CD, dizendo que "foi meio chato até. Porque o bom mesmo é você tocar e ter alguém cuidando dos problemas da produção". E recordei a importância do nosso vocalista nesse processo: "O Renato é o líder da banda. Mesmo quando eu estava lá no estúdio, sozinho, tinha a sombra dele por trás." Também amenizei as notícias que circulavam a respeito da onda *junkie* do Renato, sobre a qual o jornalista queria saber; assegurei que essa fase tinha acabado, apesar de não saber se ela voltaria. Em compensação, revelei que ele estava "um pouco mais deprimido".

Nessa época em que o Renato estava recluso, eu andei fazendo o trabalho de atender à imprensa e falar sobre os preparativos do álbum. Em março de 1996, por exemplo, eu havia conversado com a *Folha de S.Paulo*, e é interessante perceber que naquele contexto ainda pensávamos em fazer um álbum duplo. Em agosto, para a *Bizz*, eu afirmei que o disco era mais pop que o habitual para o padrão Legião. No dia 30 de agosto, segundo mostravam os jornais, o nosso CD ainda tinha o título provisório de *O livro dos dias* – e a caixa *Por enquanto* já havia vendido 19 mil unidades. No início de setembro, o *single* "Via Láctea" entrou nas paradas e foi direto para os primeiros lugares. A 13 do mesmo mês, foi ao ar o especial *Arquivo MTV: Legião Urbana*, que apresentou as nossas primeiras gravações, mostrou entrevistas e deu dicas sobre o nosso álbum que estava para ser lançado. No dia 20, *A tempestade* chegou às lojas com 340 mil cópias vendidas por antecipação, e o *Jornal do Brasil* publicou a resenha escrita pelo Tárik de Souza. O título expressava fielmente a opinião do jornalista, e mostrava que o recado do Renato tinha sido entendido: "Legião acena despedida." Mas o autor também elogiou o "disco nítido, um dos melhores da Legião".

No dia 1º de outubro, outros críticos daquele jornal deram o seu parecer sobre *A tempestade*. O Moacyr Andrade afirmou que "o grupo nascido no tédio de Brasília (...) chega a um estágio de quase anunciado desencanto e aparente esgotamento". O Jamari França foi mais uma vez elogioso e ressaltou as virtudes do Renato como letrista: "Ninguém sabe expressar sentimentos com tanta sensibilidade quanto Renato Russo no Rock Brasil." E aprovou o resultado final do CD, "surpreendentemente bom para um grupo que não toca junto, que pouco se vê e tem um letrista e cantor que sofre de maneira passional as angústias da condição humana".

Nenhum dos críticos do *Jornal do Brasil* se referiu à fraqueza da voz e à afinação às vezes imprecisa do Renato, o que qualquer conhecedor da Legião é capaz de notar na primeira audição. De forma geral, acho que houve um respeito da imprensa em relação ao seu talento como cantor, a sua história e a sua contribuição para o rock brasileiro.

Na *Folha de S.Paulo*, quem fez a resenha de *A tempestade* foi Marisa Adán Gil, que elogiou o Renato por continuar sendo "um ótimo letrista

(...) com imagens perturbadoras e versos comoventes". "Como cantor, está ainda melhor" (!), afirmou surpreendentemente. Porém, segundo a jornalista, o som da banda não teria acompanhado a suposta evolução técnica do Renato: "Estamos ouvindo o mesmo disco de três anos atrás." Das 15 músicas de *A tempestade*, a crítica de cultura salvou quatro: "1º de julho", "Soul parsifal", "Natália" e "Música ambiente". E concluiu o seu pensamento de forma desabonadora: "Pouco para um disco tão longo, ou para uma banda que já teve tanto a dizer (...)."

A essa altura, os rumores de que o Renato seria soropositivo haviam se intensificado. Naquela matéria escrita pelo Ricardo Alexandre para o *Estado de S.Paulo*, ele esclarece aos leitores: "Não, não perguntamos se Renato está com aids." Em uma terça-feira, 8 de outubro, o Rafael me ligou e disse: "Cara, vamos lá ver o Renato." O nosso empresário também não tinha notícias a respeito do nosso vocalista, pois estava difícil ter acesso a ele. Então, nós fomos lá à casa do Renato, em Ipanema, e o pai dele nos recebeu. Quando eu entrei no quarto, vi um corpo esquálido como o de um prisioneiro judeu no holocausto, em uma cama de hospital e sob lençóis brancos. Eu fiquei em estado de choque. Então o Dr. Saul cutucou o meu amigo doente, que estava de bruços, e lhe disse: "Olha, Renato, quem está aí." Ele se virou, e o médico lhe perguntou, apontando para mim: "Renato, quem é esse cara aí?" E ele respondeu, antes de se virar de bruços novamente: "É o guitarrista da minha banda." Eu não aguentei: entrei no banheiro e comecei a chorar. Foi somente ali que a morte precoce do Renato me pareceu um fato inevitável. Na volta do banheiro, eu olhei para o Dr. Saul e lhe perguntei: "É isso mesmo?" A sua resposta foi sucinta: "O quadro é esse, e não tem jeito." Antes de eu sair de lá, o Renato ainda me deu um "tchau". Voltei para casa chocado, arrasado, destruído.

Nem o Rafael, que tanto cuidara do Renato antes de o seu pai chegar ao Rio, sabia que o nosso vocalista estava daquele jeito. Quando ligávamos para a casa do nosso vocalista, o Seu Renato nos dizia: "Está tudo normal, tudo bem." "Agora ele está dormindo, está tudo tranquilo." Era como se nada estivesse acontecendo, e essa atitude era possivelmente a de um pai que procurava proteger o filho. Por isso, eu não esperava ver o meu amigo daquele jeito. A última vez que eu o tinha visto, no lançamento de *A tempestade*, ele estava fraco, mas de pé, falando, e com a cabeça a mil, como sempre. Já naquele dia, em seu quarto, o Renato já não era mais quase capaz de se comunicar. Ele não estava mais aqui.

Três dias depois, o Renato morria. Depois da cerimônia no crematório do Caju, parti com minha família e amigos (que foram maravilhosos) para minha casa de praia, onde passei a noite chorando, sentindo uma tristeza profunda. Lá não havia telefone. Os fãs me enviaram telegramas supercarinhosos, a consternação foi geral, perdemos nosso amigo. Mas houve também reações extremadas que chegaram ao meu conhecimento. No município de Euclides da Cunha, interior da Bahia, um rapaz chamado Luís Araújo, de 22 anos, matou-se após saber do ocorrido. O cara trabalhava em um parque de diversões e deixou um bilhete dizendo que não tinha mais motivo para viver – e que em breve encontraria o Renato. No dia 15 de outubro, em Maceió (AL), o administrador de empresas Josenilton Constantino de Oliveira Nascimento, 23 anos, suicidou-se enquanto ouvia músicas da Legião. Depois da morte do Renato, ele tinha se trancado em casa, triste, sem vontade para nada. Na época, houve um temor de que essas atitudes se repetissem pelo País, e a *Folha de S.Paulo* até publicou um artigo da psicanalista Miriam Chnaiderman, que afirmou: "Se de fato alguém se matou por causa da morte de Renato Russo, não entendeu nada. Porque se Renato Russo não gostasse da vida não seria vocalista da Legião Urbana, não seria militante de movimentos gays, não teria composto as músicas que o consagraram."

Os principais jornais noticiaram a morte do Renato em primeira página e fizeram cadernos especiais em sua homenagem. Ao longo da semana, as TVs exibiram especiais. A MTV mudou toda sua programação a partir das 12h daquele fatídico 11 de outubro. Um após o outro, foram sendo reprisados programas e clipes da emissora sobre o cantor e a Legião. A Bandeirantes reexibiu um dos últimos shows da Legião, gravado em dezembro de 1994 no Metropolitan, no Rio, enquanto a Manchete passou o nosso show no Jockey Club. Na Globo, o *Fantástico* preparou uma homenagem ao Renato, com imagens exclusivas e depoimentos inéditos. O *Multishow News* fez um resumo da carreira artística dele. O *TVZ* dedicou a semana toda a clipes do Renato e da Legião. Os tributos à banda se espalharam pelos palcos do Brasil e foram intensos durante pelo menos um ano.

No dia 22 de outubro, eu e o Bonfá demos uma coletiva na EMI, na qual descartamos a possibilidade de a Legião seguir em frente sem o Renato. Segundo o relato dos jornalistas, eu iniciei a entrevista com os olhos lacrimejando (já não me lembro). "Renato é insubstituível", afirmou o Bonfá, e eu reforcei essa ideia dizendo ser "impossível continuar trabalhando com apresentações ao vivo ou com novas gravações" – embora acreditasse que a Legião continuasse de certa forma, pois ela representava "alguma coisa do patrimônio cultural deste país". Descartamos até mesmo a hipótese de fazer música para letras que o Renato tivesse deixado prontas, porque isso seria "oportunismo". Como eu disse, já havíamos decidido que, caso algum dos três deixasse a banda, o que fosse feito depois por qualquer um de nós não levaria o nome Legião Urbana. Tendo o Renato partido, automaticamente o grupo não existia mais – e não faria o menor sentido ele continuar a existir. O Bonfá fez questão de registrar que, ao contrário do que andara lendo nos jornais, o Renato "lutou até o fim" contra a morte. E eu completei com o pensamento de que, diante do que o meu amigo vinha sofrendo, a sua morte "foi um alívio".

A *Bizz*, que estampara o rosto do Renato na capa da edição de março de 1995, inevitavelmente, repetiu a dose em novembro de 1996, quando já se chamava *Showbizz*. A revista homenageou o nosso vocalista, tendo feito uso do seu grande arquivo sobre a Legião. Em dezembro, a publicação fez circular a entrevista que eu concedera ao jornalista Robert Halfoun, sugestivamente intitulada "Depois da tempestade". Quanto aos planos para o futuro, eu revelei que havia muitos e até estava negociando outros contratos de distribuição dos CDs lançados pela Rock it! Naquele momento, eu considerava "impossível" desenvolver uma carreira solo, pois não sabia trabalhar sozinho. E manifestei mais fortemente o desejo de reagrupar o Dado e o Reino Animal, uma vez que a experimentação e a vontade de tocar com os amigos eram aquilo que mais impulsionava.

Em relação aos objetivos da banda, afirmei que tocar as pessoas era o que a gente mais prezava no nosso trabalho, além de ganhar dinheiro (risos). Depois dessa brincadeira, retomei o tom de seriedade e contei que recebia "milhões de cartas de pessoas falando de como nós mudamos a vida delas". E completei: "Me orgulho da credibilidade que conseguimos diante do nosso público. Isso dinheiro algum pode comprar." Mesmo assim, declarei que não me considerava um ídolo: "Nunca!!! (...) O Renato era um grande ídolo. Sei que ele também não queria ser esse mito em que se transformou." Para me divertir, disse que jogava futebol três vezes por semana, ia à praia e fazia reunião com os amigos.

Em termos de som, eu afirmei que os punks do novo milênio eram os caras que faziam experimentos com eletrônica, e que curtia aquelas coletâneas em prol de uma causa política ou social. Nesse sentido, caracterizei o Planet Hemp como a única banda politizada deste país e o D2, um dos únicos rockstars do Brasil. Destaquei também o Beck (de quem eu era fã) e o R.E.M. após Halfoun afirmar que a música é "antes de tudo, entretenimento". E eu ainda tinha redescoberto naquela época o *Clube da esquina*, do Milton Nascimento e Lô Borges (1972).

É lógico que eu tive de falar a respeito do "espólio" (termo que usei ironicamente) da Legião. Esclareci que havíamos gravado 25 músicas, embora apenas 15 delas tivessem entrado em *A tempestade*. E que, naquele momento, eu teria que dar um acabamento para as músicas que ficaram de fora do último álbum, porque a gravadora já nos havia pago pelo novo disco. Informei que as músicas tinham uma carga emocional muito forte e que, provavelmente, o clima melancólico do nosso disco de 1996 seria repetido. Por fim, revelei que veríamos com a gravadora a melhor forma de lançar em CD os nossos melhores shows e *out-takes* (esse último projeto até hoje não saiu do papel).

Mais uma vez, eu assumi a tarefa de produzir as faixas e, em março de 1997, comecei a trabalhar naquele que seria o nosso último disco propriamente dito, intitulado *Uma outra estação*. Lancei-me logo nesse trabalho porque, para mim, se tratava de virar definitivamente uma página, de colocar no mundo aquelas canções que tínhamos feito juntos e pelas quais eu tinha ficado responsável. O meu intuito era de que o lançamento desse álbum pudesse dizer para o público algo como: "Aqui se encerra a Legião; este trabalho é o final de uma saga que começou lá em 1982. Olhem para trás e vejam os caminhos que percorremos. Agora

2012 Rio-Santos

acabou. Vida que segue." Não por acaso, incluímos no encarte a seguinte mensagem: "Ouça este disco da primeira à última faixa. Esta é a história de nossas vidas." Eu vi esse CD como um balanço de todos aqueles meus anos vividos da adolescência até aquele momento. Em julho de 1997, quando *Uma outra estação* foi lançado, eu contava 32 anos.

Esse álbum de despedida talvez seja um pouco heterogêneo, mas acho que, no geral, ele tem uma energia bem diferente de *A tempestade,* contrariando aquela entrevista que eu dei para a *Showbizz.* Possivelmente, isso é resultado do fato de que, na finalização desse disco, eu tomei as rédeas e decidi: "Vamos para a frente, vamos transformar isso aqui em luz e som, e deixar as coisas mais vibrantes." O Bonfá não queria ir muito ao estúdio e, na produção do CD, eu contei mais uma vez com a ajuda do Tom Capone, um cara que realmente sabia tirar som e mixar – e ele trouxe justamente o de que aquele repertório estava precisando: força e energia. O meu objetivo era fazer um contraponto ao álbum anterior, que era por demais introspectivo, melancólico, denso e sombrio. A ideia, portanto, era esta: "Vamos animar isso, porque esta banda merece, porque ela é a nossa vida e tem que terminar de uma forma mais solar, mais para cima."

Essa vibração pode ser notada logo na faixa de abertura, "Riding song", que, como antecipei no quinto capítulo, reproduz uma antiga autoentrevista que fizemos para a divulgação do *Dois* nas rádios.

O Renato fala que tem 23 anos, mas, na verdade, tinha 25 na época (ele já mentia a idade!). Acabei fazendo os versos da música "Eu já sei o que eu vou ser/ Ser quando eu crescer", cantados repetidamente. Era como se estivéssemos respondendo, anos depois, àquela pergunta que encerra a música "Pais e Filhos" ("O que você vai ser/ Quando você crescer?"). E, como eu afirmei no capítulo 7, o Negrete faz o baixo dessa gravação. O tom vibrante está presente ainda em "Comédia romântica" e "Travessia do Eixão", música do Liga Tripa, banda ícone brasiliense que a gente amava na adolescência.

Além do Negrete, convidamos o Bi e o também brasiliense Tom Capone, que tocaram, respectivamente, baixo e guitarra slide em "Antes das seis", uma das mais pops do CD. *Uma outra estação* tem, é claro, canções com uma onda mais *down*, como a já citada "Clarisse", o blues led zeppiano "La maison Dieu" e "Uma outra estação" (feita para a Flora, amiga do Renato). Eu me recordo de o nosso vocalista dizer que o público da Legião não estava preparado para essa última música. Achava que isso era a maior viagem – talvez ele estivesse confundindo a sua subjetividade com a do público. O álbum termina com "Sagrado coração", uma gravação instrumental. A letra está no encarte, mas o Renato não chegou a registrar o seu vocal. Ele ficou exaurido com as gravações e realmente trabalhou no seu limite. Essa balada, que marca a sua ausência, lembra os letreiros que passam no fim dos filmes, e por isso foi escolhida para encerrar o álbum. Para entregarmos um trabalho de qualidade aos fãs da Legião, o George Marino fez a masterização do CD no Sterling Sound, de Nova York.

Bonfá e eu não estávamos preocupados com a recepção do disco pela crítica – ela ser boa ou ruim já não fazia a menor diferença. A sensação que eu tinha era um pouco aquela: depois de um longo e tenebroso inverno, vem a primavera. Era como abrir a janela para arejar. Finalmente, a morbidez e a tristeza começavam a passar. Mas, em julho, as resenhas começaram a aparecer. No *Jornal do Brasil*, o Silvio Essinger registrou uma impressão parecida com a que eu tenho: o novo disco lhe pareceu "desigual e heterogêneo. Mas nem por isso com menos intensidade emocional." A diferença entre nós dois está no fato de que o crítico não enxergou o lado solar desse trabalho: "Se *A tempestade* ainda tinha alguns lampejos de humor (...), *Uma outra estação* concentra o ódio de Renato em sua fase terminal."

Já a *Folha de S.Paulo* publicou um texto de extremo mau gosto intitulado "Legião Urbana abre temporada de necrofilia", estupidez de autoria de Pedro Alexandre Sanches. Ele argumentava que, por termos lançado um disco naquele contexto, eu e Bonfá estaríamos explorando comercialmente a morte do Renato. Vendo uma crítica dessas, eu me lembro inevitavelmente de uma declaração de 1994 feita pelo nosso vocalista, citada pela Assad: "De uns dois anos para cá, a imprensa brasileira, principalmente os cadernos culturais, tem ficado muito perniciosa."

Antes do lançamento do álbum, a música "Dezesseis", de *A tempestade*, ainda ocupava os primeiros postos das paradas de sucesso. Essa canção ficou cerca de um semestre no *Top 10*. No dia 2 de julho de 1997, os principais jornais brasileiros abordaram o lançamento nas rádios do primeiro *single* de *Uma outra estação*: "Flores do mal". A EMI fez uma boa campanha publicitária. Algumas emissoras de rádio pagaram por um espaço na imprensa escrita para anunciar que, a partir das 7h daquela data, começariam a tocar tal música – que logo estaria entre as mais executadas. Em dezembro, seria a vez de "Comédia romântica" conquistar o público brasileiro. Ainda nesse mês, a produção do *Programa Livre*, do SBT, divulgou que Bonfá e eu tínhamos sido os nomes mais reivindicados no ano pelos telespectadores – e, mesmo assim, a entrevista nesse programa não rolou. Em novembro, tinha saído *O último solo*, do Renato, com sobras do *The stonewall celebration concert* e *Equilíbrio distante*. O disco chegou às lojas com cerca de 300 mil cópias vendidas por antecipação.

No ano seguinte, em março de 1998, foi lançada a coletânea da Legião chamada *Mais do mesmo*, que foi disco de platina triplo, com vendagem superior a 750 mil exemplares. Inicialmente, Bonfá e eu fomos contra o seu lançamento. Depois, aceitamos com a condição de que o disco ficasse por apenas um ano no mercado. No entanto, a interrupção da venda do CD nas lojas passou a beneficiar a pirataria, e a EMI então voltou a distribuir o produto normalmente, em agosto de 2000. Também em 1998, no mês de maio, "Antes das seis", de *Uma outra estação*, passou a frequentar as paradas de sucesso. Os lançamentos seguintes foram: *Acústico MTV* (1999), que foi disco de diamante; *Como é que se diz eu te amo* (CD duplo, 2001), ao vivo, que foi disco de platina; *As quatro estações ao vivo* (CD duplo, 2004), outro disco de platina; e *Legião Urbana e Paralamas juntos* (CD e DVD, 2009). Todos eles já foram mencionados nos capítulos anteriores. Em 2011, saiu mais uma coletânea de estúdio, intitulada *Perfil*, pela Som Livre. E, em 2013, foi a vez de *Rock in Rio – Concerto Sinfônico Legião Urbana*, pela Sony/BMG. As gravadoras foram, sem dúvida, as mais interessadas nesses lançamentos, e eram elas que nos procuravam com as propostas. Mas esses discos não deixaram de ser presentes para o nosso público, que permaneceu fiel.

A lealdade dos nossos fãs pode ser vista na recorrência com que aparecemos na *Showbizz*, mesmo após o fim da Legião. O Renato seria capa da revista em 1997 (em maio e na edição especial de outubro), 1999 (outubro) e 2001 (abril) – na última edição mencionada, a publicação, novamente chamada de *Bizz*, veiculou uma matéria sobre a Legião e não especificamente sobre o nosso vocalista. Em 1997, além daquelas duas edições com o Renato, Bonfá e eu fomos capa em julho. No ano seguinte, o Bonfá, sozinho, foi o destaque do mês de maio. Quando do aniversário de dez anos da morte do Renato, em outubro de 2006, a *Bizz* o colocou novamente na capa.

Embora a Legião continue vendendo revistas e, principalmente, discos, hoje eu não penso em resgatar e lançar o que ainda há de registros gravados da banda no acervo da EMI. E ainda há bons momentos em estúdio e ao vivo para, quem sabe, uma bela "Antologia" de *outakes* e inéditos. A questão é que existe um conflito absurdo com a família do Renato, mais particularmente com o seu herdeiro. Para encurtar o caso, o que aconteceu foi que, um mês após a morte do Renato, recebi um telefonema dos representantes dos herdeiros me informando que eu e Bonfá não teríamos mais o controle sobre nenhuma questão relativa à nossa banda. A "marca" era então propriedade da família. A partir desse momento, esperamos a maioridade do filho herdeiro para tentar estabelecer um contato mais apropriado, o que não aconteceu. Nunca pensamos a Legião como "marca", de forma tão perniciosa e mercantilista. Nossa história está neste momento sendo vilipendiada, desfigurada por força da propriedade de uma "marca". O caso esteve nas mãos da Justiça e conseguimos voltar ao controle de parte inexorável de nossas vidas. Na verdade, isso nos prejudicava não só na questão material, mas também na própria alma, no espírito. Afetava o meu sentido moral e ético.

Acho que do fim da Legião para cá, muita coisa mudou em termos universais da música. A própria estrutura da indústria cultural, sobretudo no que diz respeito à produção musical, foi alterada significativamente. Basta ver o lugar da música, hoje, na TV brasileira aberta para entender a diferença em relação à época da Legião. Em horário nobre, a Globo aposta em programas como os *The Voices*, no qual cantores ou bandas iniciantes interpretam de um jeito padronizado, cafona e estereotipado músicas já conhecidas. Isso é completamente diferente do cenário televisivo brasileiro nos anos 1980, quando havia um bom espaço para que, por exemplo, bandas de rock mostrassem o seu trabalho, em regra, original.

Nos últimos anos, o cenário musical e cultural se fragmentou bastante. Na verdade, pode-se dizer que o monopólio da difusão cultural foi questionado em função do acesso de cada vez mais pessoas aos canais alternativos de divulgação, sobretudo com a internet. Isso é muito positivo, pois nós podemos ter acesso a produtos culturais que não têm lugar no grande circuito comercial. Ao mesmo tempo, isso parece ter sido a deixa final para que os grandes meios de difusão da cultura, como as emissoras de rádio e televisão aberta, praticamente excluíssem de suas programações qualquer espaço para atrações não totalmente modistas e pasteurizadas. Isso foi muito ruim, pois, mesmo com a ampliação dos canais alternativos de divulgação, a maioria da população brasileira ainda tem o seu gosto musical formado pelas grandes rádios e pelas poderosas redes de televisão.

Hoje em dia, o que me interessa não está no rádio nem na TV (pelo menos não na aberta). O Brasil midiático não me interessa. Quando eu ligo a televisão, tento interagir com sua linguagem, percebo que ela não fala para mim. Em matéria de música brasileira, gosto de trabalhos que, definitivamente, não estão na grande mídia. Gosto do Otto, do Cidadão Instigado, da Céu, por exemplo. Eu em geral gosto dos artistas que fazem parte de uma cena mais alternativa. No que diz respeito às grandes bandas internacionais – que praticamente não existem mais –, a minha favorita é o Radiohead, que não faz um disco desde 2011. Esse é um grupo que eu admiro e respeito, e procuro acompanhar. De um modo geral, eu não acho o atual cenário musical muito atraente. Eu não consigo vislumbrar a possibilidade de um conjunto de rock novo ter a chance de transmitir as suas ideias e atitudes para um público amplo, como fizeram muitas bandas de rock da minha geração.

A Legião foi um caso ainda mais notável, uma vez que ultrapassou o nicho social normalmente atingido pelo rock e alcançou as grandes massas populares. Hoje em dia, vendo a força que ela ainda tem, eu consigo ter uma noção mais precisa do trabalho que realizamos. Gostos à parte, é inegável a importância da Legião na história da música brasileira. Para a nossa geração, somos tão importantes quanto Tom Jobim foi para a dele. Por que não? No seu berço, a banda foi uma das expressões musicais de um amplo movimento de redemocratização do País. A década de 1980, com o gradual declínio da ditadura, representou um momento particular na história do Brasil. Foi um momento de virada, no qual havia muita esperança e expectativa. O movimento musical do qual eu fiz parte – capitaneado por Cazuza, Renato Russo, Paralamas e Titãs, entre outros – expressou, a seu modo, o espírito da época. Na década de 1990, a frustração se tornou praticamente incontornável, e nós a cantamos também. Em todos os momentos, porém, nós sempre abordamos temas como o amor e a amizade. Com toda a melancolia das letras do Renato, e de certos temas musicais que eu e o Bonfá compusemos, nós sempre tentamos exprimir as coisas boas da vida. "Ter bondade é ter coragem."

O legado da Legião atingiu uma magnitude capaz de atravessar gerações. Foram 14 anos de banda (de 1982 a 1996) e, desde a morte do Renato, passaram-se quase duas décadas. O País mudou, a sociedade mudou, a indústria musical mudou, mas o nosso legado continua vivo, por conta do inexplicável poder da música. Há pouco tempo, apresentei-me no Sesc de Madureira, subúrbio do Rio de Janeiro. Foi ótimo interagir com o público e tocar, com novos formatos, mas com o mesmo vigor, músicas tão antigas como "Teorema", "Índios" e "A dança". Isso renova em mim aquela motivação juvenil – essa é a palavra mais adequada para definir o meu sentimento –, que é sempre um combustível, uma força motriz.

Eu não sou propriamente um saudosista em relação aos meus anos de Legião. A vida é feita de etapas, sendo necessário que cada uma acabe para que outra possa começar. Nada ou quase nada é para sempre, e eu sempre tive a consciência disso. A história do rock parece indicar que quase todas as bandas, mesmo as de grande sucesso (ou talvez justamente elas), cedo ou tarde implodem. Existe o desgaste natural ao próprio processo. Certos fatores, é claro, podem acelerar o estrago e um deles, certamente, é a estrada – que deteriora, mina, mata qualquer grupo (ou, pelo menos, a maioria deles). Cientes disso, nós três sempre procuramos evitar que a Legião entrasse em uma rotina febril de shows. Com o tempo, passamos a tocar menos ao vivo, e a nos concentrar basicamente em compor e em gravar discos. O estúdio sempre foi o nosso principal palco – isso pode até soar antipático, mas é a mais pura verdade. Possivelmente, esse nosso cuidado em evitar fatores desgastantes, como o das grandes turnês, ajudou-nos a preservar a nossa integridade física, psíquica e social. Não teríamos chegado aonde chegamos se tivéssemos entrado em uma frenética rotina de shows. Por consequência, essa nossa atitude contribuiu para preservar a própria banda enquanto tal. Mas, apesar de todas as precauções que adotávamos, eu sempre soube que a experiência da Legião – como qualquer experiência na vida – seria finita. Sem dúvida, isso ajudou a me preparar, em todos os sentidos, para o dia em que o grupo acabasse. Nem por um instante eu sou tomado pelo desejo de retornar a um passado perfeito e, logo, idealizado ("L'âge d'or"); aquela onda de que "eu era feliz e não sabia" está bem longe da minha cabeça. Hoje, quando eu subo no palco, já entendo melhor o que acontece ao meu redor. Evidentemente, sou mais experiente, e isso é bom.

Foi uma grande alegria, por exemplo, lançar em 2013 meu segundo álbum *O passo do colapso*, com a participação de artistas que eu admiro, e depois voltar aos palcos para divulgar esse trabalho – assim como tinha sido muito gratificante gravar o meu primeiro CD solo, *MTV apresenta Dado Villa-lobos e o Jardim de Cactus ao vivo*, em 2005. Devo muito aos

Paralamas por terem me levado de volta aos palcos na gravação e turnê do seu *Acústico MTV*, em 1999 – assim voltei a me relacionar e fazer as pazes com o palco. Em 2012, fundei a Panamericana, com o intuito de estreitar e fortalecer os vínculos culturais e musicais do Brasil com os países vizinhos. Por isso, começamos a divulgar versões em português de algumas das mais importantes canções do rock hispanoamericano. A Panamericana é formada pelos meus amigos Dé Palmeira, Charles Gavin e Toni Platão. Criamos uma nova banda, a essa altura da vida, com novos parceiros musicais, motivação pura.

Continuo ativo e a mil, na companhia de grandes caras. Passo meus dias pensando em música no meu estúdio, ora compondo trilhas sonoras, ora tocando meu programa de TV *Estúdio do Dado* (hoje no canal Bis) e ensaiando meus projetos. Mas tudo tem seu tempo, e cada tempo tem as suas questões, os seus desafios, as suas felicidades e tristezas, isto é, as suas coisas boas e ruins. O fato de eu não ser um saudosista não quer dizer, porém, que eu não sinta um imenso carinho pela época da Legião. Eu me lembro de como era legal aprender a tocar em uma banda e a fazer música com os amigos lá naquele fim de mundo que era, para mim, Brasília no início dos anos 1980. Tudo era muito precário, mas tínhamos todos muita vontade e energia, e eu ainda carrego essa vibração dentro de mim. Como se diz, rock é atitude, e uma banda é sempre uma aventura. Eu acho que todos nós, por mais centrados e contidos que sejamos, nutrimos, com maior ou menor intensidade, o desejo por uma aventura na vida. Eu posso dizer que vivi uma, e das grandes!

Com todos os problemas e eventuais conflitos, a convivência com os meus companheiros de Legião me proporcionou enorme alegria e felicidade. Sempre me dei muito bem com o Negrete, enquanto ele esteve conosco. Com o tempo, infelizmente, perdemos todo o contato, mas a imagem que guardo dele é boa. Com o Bonfá, a relação hoje, até por causa da vida que cada um leva, é um pouco distante. Ele viaja muito para a Bahia e para o seu sítio, em Minas, onde produz uma excelente cachaça orgânica chamada Perfeição. Nós não nos cruzamos tanto, e isso só ocorre quando há uma questão relacionada à banda. Mas eventualmente nos encontramos e é sempre muito bom. Nós tivemos uma vida em comum muito representativa para os dois. E, por causa disso, há ainda uma relação muito forte, que independe de estarmos cotidianamente juntos – e, nesse sentido, é mais ou menos como era na época da Legião. O legal é que, após o fim do grupo, voltamos a tocar juntos, em público, em certas ocasiões: em 2010, no *Altas Horas*, da Globo, em comemoração aos 50 anos de nascimento do Renato; em 2011, no *Rock in Rio*, em uma homenagem à Legião, que contou com a participação da Orquestra Sinfônica Brasileira e de diversos convidados do rock nacional; e em 2012, na gravação do *MTV ao vivo – homenagem à Legião*, com nosso amigo Wagner Moura no vocal, direção do diretor Felipe Hirsch e ainda participação do guitarrista Andy Gill, do Gang of Four!, Bi Ribeiro, Fernando Catatau e Clayton Martin, os dois últimos do Cidadão Instigado. Nessa ocasião, avisamos que não faríamos mais shows-tributo enquanto as questões relacionadas ao nome da banda não fossem solucionadas.

Do Renato, eu sinto muita falta. Ele foi, no cenário artístico, um personagem muito especial, daquele tipo que, talvez, surja apenas um por geração, como diz o Gil em seu novo disco: "Aparece a cada cem anos um/ E a cada vinte e cinco um aprendiz." Se, em termos de música brasileira, a sua relevância é incontestável, no âmbito das relações pessoais ela não foi menor para mim. Desde aquela palheta que eu lhe devolvi no Food's, até a última visita em que o vi em seu leito de morte, os momentos que tive com ele foram, no somatório geral, muito positivos e enriquecedores. Quando o Renato e o Bonfá me convidaram para fazer parte da banda, acabaram, sem saber, selando o meu destino. Eu só posso agradecer-lhes. Quando o Renato morreu, e a Legião acabou, uma parte de mim também ficou para trás. Não somos os mesmos durante a vida inteira. Em resumo, hoje eu sou muito feliz no que faço, seja compondo, tocando e cantando, gravando, produzindo. Ao mesmo tempo, eu me recordo com intensa satisfação da minha época de legionário. Eu sei o lugar da Legião na minha vida. Fizemos rock. Fizemos história. Não foi tempo perdido.